Probability Strategy for Marketing

確率思考の
戦略論

USJでも実証された数学マーケティングの力

森岡 毅
株式会社刀
代表取締役CEO

今西聖貴
株式会社刀
シニアパートナー インテリジェンス

序章
ビジネスの神様は
シンプルな顔をしている

ビジネスの神様はシンプルな顔をしている。
それはプレファレンス（Preference）である。

　ビジネスにおいて、1つ2つのヒットやホームランを打てることはありますが、ヒットやホームランを連続して打ち続けることは非常に難しいと言われています。極めて稀ですから、長期的なヒットの継続を目撃すると「まるでマジック（魔法）のようだ！」と人は驚きます。しかしそれはマジック（魔法）ではなく、本当はタネも仕掛けもあるマジック（手品）なのです。

　魔法ではどうすれば良いか見当もつきませんが、手品ならば訓練次第で誰もがそれなりにできるようになります。同じように、戦略の成否のタネと仕掛けを理解することができれば、誰もがビジネスの成功確率をグンと上げることができるのです。マジックのようだと驚いてくれるのは、手品と同じように、ほとんどの人がまだそのタネと仕掛けを知らないからです。

　テーマパーク「ユニバーサル・スタジオ・ジャパン（USJ）」は、ここ5年間で60以上もの新規プロジェクトを連続でことごとくヒットさせ、激しくV字回復しました。毎年100万人ずつ集客を積み上げて、この5年で660万人も集客を増やし、ハリー・ポッターをオープンさせた2014年度の年間集客は過去最高の1270万人、翌2015年度も過去最高をさらに大幅に更新して1390万人を達成しました。

　世間的にはハリー・ポッターの大成功が突出して目立っていますが、実はハリー・ポッターによる増客効果は増えた660万人のうちの4割にも満たないのです。V字回復の大半は、ワンピースやモンスターハンターなど映画以外のコンテンツを取り入れた試みや、従

来にない発想のハロウィーン・イベントや、新ファミリーエリアの建設、後ろ向きに走るジェットコースターなど、様々な新規プロジェクトのホームランとヒットの積み重ねで獲得してきたのです。

　2010年の入社以来、2016年が明けた現在までの、私（森岡）のマーケターとしてのUSJでの通算成績は、64打数63安打、打率9割8分4厘、本塁打率は51％です（多くの新規事業を含む無数のプロジェクトにおいて、期待どおりコストを回収して会社に収益をもたらしたものを安打、その中でも期待値を著しく上回ったものを本塁打としています）。

　飽きられやすく、めまぐるしく入れ替わりの激しいエンターテイメント業界では、連続でヒットを生み続けることは極めて難しいとされてきました。何年にもわたって成功確率98％のようなことは偶然では起こり得ません。

　当然ですが、タネも仕掛けもある話です。私は不思議な魔法を使っているのではなく、単純な話、勝てる戦いを探しているだけなのです。

　勝てる確率の低い戦いはできるだけ避けて、勝てる確率の高い戦いを選んでいるのです。だって、勝てない場所で戦っても、勝てない相手と戦っても、やっぱり勝てないじゃないですか（笑）。私はめちゃくちゃ負けず嫌いなので、勝てる戦（いくさ）を探すことと、勝てる方法（戦略）を考えることに人並み外れて必死なのです。そうやって勝つべくして勝つことを心がけた、結果としての数字が成功確率98％です。

　また、市場構造や消費者の本質を理解していると、八方塞（ふさ）がりに思える局面や勝てそうにない相手に対してでも、勝つチャンスのある戦い方、つまり勝つ確率の高い戦略を導き出すことができるように

なるのです。頭脳1つの使いようで、大きな仕事を成し遂げたときが、私にとって最高の瞬間です。特に知力と気力を振り絞って、小が大を倒す感動は筆舌に尽くしがたいものがあります。

　たとえば、2015年10月にUSJは過去最高の175万人を集客し、東京ディズニーランド（TDL）の同月の集客数（推計値は約160万人）を抜いてついに集客日本一のテーマパークとなりました。たった1ヶ月ではありますが、約3倍もの人口圏に陣取る最強の東京ディズニーランドの集客を超える日がまさか本当に来るとは、USJがボロボロだった10年前に想像できた人は全くいなかったはずです。USJの関係者でさえ全く想像していなかったのですから（笑）。しかしそれらは決して魔法ではなく、「確率を理解することで操作できるようになる」タネと仕掛けのある手品なのです。

　本書のテーマは「確率思考」です。本書に一貫するメッセージは、**「ビジネス戦略の成否は『確率』で決まっている。そしてその確率はある程度まで操作することができる」**ということです。私はその考え方を、「数学マーケティング」とも、「数学的フレームワーク」とも呼んでいます。

　本書はとっつきにくくてややこしい数学を強制する本ではありません。むしろ、数学が苦手な人でも理解できるように、その結論と考え方の「美味しいところ」をわかりやすくお伝えする本です。これまでの無数の実戦体験の中で、数学を使って必死に苦労して解き明かしてきた、勝つための普遍的な真理をお教えします。数学が苦手な方は、数式などは読み飛ばして下さい（数式は透明性の担保のために載せているだけで本書の理解には関係ありません）。

世の中には、現象だけを見れば千差万別に思えることの方が多いのですが、実はたくさんの違って見えるビジネスの局面には、本質的に共通している「法則」があります。数学はその法則を解き明かします。ビジネスにはわからないことが多いのですが、数学的に証明できていることや数式で導き出される有力な仮説など、すでにわかっていることもたくさんあるのです。数式そのものの理解は必ずしも必要ではありませんが、導かれた結論であるそれらの法則を理解しているだけで、成功確率が非常に高い戦略をつくれるようになります。

　その法則に従って衝くべきビジネス・ドライバーを見極め、そこへ経営資源を集中することで「確率」を有利に操作するのです。そうすることで、勝てる戦いを選んで戦えるようになります。あるいは勝てそうにない戦いを、勝てる戦に変えることができます。企業ならもっと成長しますし、個人ならもっと成功するでしょう。

　また、本書は数学が大好きな方のニーズにも対応しています。巻末にビジネスに勝つ策を立てる上で非常に便利な「数学ツール」をいくつも、なんと取り扱いの説明まで丁寧につけて紹介しています。なぜ私はそこまでして「数学マーケティング」のノウハウを開示することにしたのか？　それは日本経済の今後の発展を願うからに他なりません。現在は絶滅危惧種である私のような「数学マーケター」が未来に増えてくれれば、あちこちの会社がV字回復したり、もっと成長したりして、今後の日本経済の活性化に繋がるだろうと思っています。

　そして、私がいずれこの世からいなくなっても、この本が残っている限り、きっといつか数学マーケティングの領域を発展させてく

れる人が現れると信じています。本書で紹介する数学ツールが使いこなせれば、個別の課題に合わせて「確率」を事前にどう読み解くのか？　という難しい課題にも、1人でチャレンジできるようになります。新しい手品のタネや仕掛けを自分で作れるようになるのです。数学そのものに興味のある方は、是非とも巻末の数学ツールを自分の道具箱に入れて、ビジネスの世界で役立ててください。

　この「数学マーケティング」のノウハウは、私の盟友と二人三脚で培ってきた実戦ノウハウです。ここで、共著者である今西聖貴さんを紹介させてください。今西さんは私の古巣であるP&Gの世界本社（米国シンシナティ）で、20年以上にわたり全世界にまたがって需要予測モデルの開発や予測分析をリードしてきた人物です。元「P&G世界本社の最高頭脳」の1人です。私が米国シンシナティにあるP&G世界本社に赴任した際に、そこで長年活躍していた今西さんと親しくなりました。彼とはビジネスの担当分野が違い、仕事上の接点は無かったのですが、数学好き同士の波動に導かれて意気投合しました。

　私も今西さんも数学を活用したビジネスのノウハウを持っていますが、強みが異なります。マーケターである私は、戦略立案と意志決定の主体であるストラテジストとしてのノウハウを、アナリストである今西さんは、より客観性と需要予測分析に強みのあるリサーチャーとしてのノウハウを、それぞれ積み重ねながらキャリアを歩んできました。今西さんに会うまでは、私は独自のやり方で数学的検証をやっていたのですが、戦略の主体である私自身ゆえの「主観の重力」から完全に自由になることが難しい宿命を抱えていました。また、今西さんは広範囲で深い数学的検証のノウハウを持っていましたが、私とは逆に客観に主軸を置くがゆえに戦略に不可欠な「主

観による意志」を生み出すところは専門ではありませんでした。つまり我々2人は、底辺に分厚い数学愛を共有しつつ、その上でお互いの得意分野の凸凹が完璧に嚙み合った、最高のコンビネーションだったのです。

　我々2人の強みを重ね合わせたライフワークとして、数学をもっとマーケティングに活かすことに取り組んできました。既存のノウハウを新しい実戦データで磨き上げたり、組み合わせたり、戦略的な思索の新たな思考領域を広げるべく試行錯誤を繰り返して、マーケティングに役立つ数学ノウハウの実用化に取り組んできました。
　その後、私はP&Gを卒業してUSJに加わることになりました。そして入社早々にぶち上げたハリー・ポッターの需要予測に数学的確証を得るために、社外で最も信頼できる需要予測の専門家を雇うことにしました。発注先はもちろん、P&Gを勇退されたばかりの盟友・今西さんでした。

　社運を賭けたあまりに恐ろしいリスクでしたから、異なる哲学で導き出したいくつかの需要予測結果を比べてみないことには、夜も眠れなかったのです。今西さんが予測した数字と、自分達で導き出した数字が符合したことで、私はUSJでのハリー・ポッターの成功に数学的な確信を持てたのです。その確信こそが、当時のUSJには分不相応な総投資額450億円という壮大な冒険に踏み切る最大のエネルギー源でした。数学的確信があったからこそ、私は腹をくくって周囲を説得できたのです。

　現在、今西さんは、私の三顧の礼で拠点を米国から日本に移し、USJのマーケティング本部で「数学マーケティング」のノウハウの普及と後進の育成に尽力してくれています。私だけで「数学マーケ

ティング」の本を書くよりも、需要予測の専門家として今西さんが長年培ってきたアナリスト視点の生々しい経験談や真髄も一緒に盛り込むほうが、後世の日本社会にとってより有用な本になるはず。そう確信し、彼に共著者として参画してもらうことにしました。

　<u>本書は、全編にわたり私と今西さんの2人で考えを練り込んだ完全なる共著</u>です。どうすれば我々の考えていることが伝わるのか。構成、内容、文章、事例、数式、それらを2人で試行錯誤しながら書き上げました。前半の戦略パートは戦略家としての私の視点で書いてあり、後半の消費者調査パートは需要予測の専門家である今西さんの視点で書いてあります。書き手の視点はそうなっていますが、全ての章を2人で考えています。私の知識だけでなく、世界の第一線で何十年も市場分析や需要予測を極めてきた「第一人者」である今西さんの示唆に富んだ貴重なメッセージを融合させることで、より価値の高い書物になると確信しています。

　本書の執筆の目的は、日本社会の合理性を高めることに寄与することです。日本企業の戦略立案の合理性を高めるノウハウを開示することで、我々2人が愛してやまないこの日本社会を少しでも活性化したい、少しでも恩返ししたいという願いがあります。多くの実務者やその卵の皆様に役立てていただきたいのはもちろんですが、できれば多くの日本の経営者や経営幹部の皆様にも、本書が言わんとするところをご理解いただければ幸いです。

　<u>本書を読めば、戦略の確率を事前に知り、コントロールしやすい領域とコントロールできない領域を見分け、経営資源をコントロールできる領域へと集中させることで、成功確率を劇的に高めることができるようになります。</u>無意識に情緒的な意志決定をやりがちな

日本人が「もっと合理的に準備して、精神的に戦う」ことができるようになれば、世界と対峙(たいじ)する日本の将来はきっと明るくなるだろうと信じております。

　　　　　　　　著者　森岡　毅(つよし)　2016年2月10日

◆ 目次

序章　ビジネスの神様はシンプルな顔をしている

第1章　市場構造の本質

1 「客引きの兄ちゃんはみんな同じ顔をしている！」 ── 016
2 市場構造を理解する意味 ── 020
3 市場構造とは何か？ ── 021
4 市場構造の本質はすべて同じ ── 023
5 ブランドも同じ法則に支配されている ── 028
6 経営資源を集中すべきは、プレファレンスである ── 034

第2章　戦略の本質とは何か？

1 勝てる戦を探す ── 038
2 戦略の焦点は3つしかない ── 039
3 「認知」の伸び代を探す ── 041
4 「配荷」の伸び代を探す ── 051
5 プレファレンスの伸び代を探す ── 057

第3章　戦略はどうつくるのか？

1 ゴール地点で見るべきドライバー ── 076
2 プレファレンスについて ── 082
3 戦略はゴールから考える ── 097

第4章　数字に熱を込めろ！

1. 意志決定に「感情」は邪魔になる ——————— 110
2. 人間は意志決定を避ける生き物 ——————— 113
3. 日本人の相手はサイコパスだと思った方がいい ——— 117
4. 目的からズレるとなぜ危ないのか？ ——————— 122
5. 意識と努力で冷徹な意志決定はできるようになる —— 126
6. 確率の神様に慈悲はない ——————— 129
7. 「熱」を込めて戦術で勝つ ——————— 132

第5章　市場調査の本質と役割
　　　　—プレファレンスを知る

1. 市場調査の本質 ——————— 138
2. シングル・プロダクト・ブラインド・テスト ——— 140
3. コンセプト・ユース・テスト ——————— 143
4. 購入決定は感情的である ——————— 147
5. 道具には用途と限界がある ——————— 148
6. 本質的な理解は質的データから ——————— 150
7. 未来は質的データから ——————— 152
8. 未来が難しいのであれば過去がある ——————— 154

第6章　需要予測の理論と実際
　　　　—プレファレンスの採算性

1. 需要予測は大きく外さないことを目指す ————— 158
2. 「絶対値を求めるモデル」と「シェア・モデル」——— 160

3　予測モデルは理解のためと、予測の両方に使う ── 162
4　予測の精度と予測モデルの精度は異なる ── 165
5　ハリー・ポッターの需要予測への挑戦 ── 166
6　大枠をおさえることが大切！ ── 170
7　映画の観客動員数からの予測 ── 171
8　増加率を使った予測 ── 175
9　テレビCMを使ったコンセプト・テストによる予測 ── 177
10　コンセプト・テストを基に絶対値を予測する時の注意点 ── 181
11　一般的なシェアの予測方法（直接プレファレンスを測る）　182

第7章　消費者データの危険性

1　消費者データは、常に現実と対応させて読む ── 190
2　消費者データの比率・好き嫌いの順番は比較的正確 ── 195
3　消費者データは「使う目的」と「調査状況」を考慮して使う ── 197
4　毒入り消費者データは無味無臭 ── 198
5　市場サイズの現実は「整合性」を手掛かりに把握 ── 205
6　データは曇りを取って診る ── 207
7　現実は、昆虫のように複眼でみる ── 209

第8章　マーケティングを機能させる組織

1　前提となる2つの考え ── 216
2　マーケティング組織の思想 ── 219
3　市場調査部の編成 ── 225
4　組織運営について私が信じていること ── 228

巻末解説1　確率理論の導入と
　　　　　　プレファレンスの数学的説明

1　二項分布（Binomial Distribution） ─────────── 238
2　ポアソン分布（Poisson Distribution） ─────────── 240
3　負の二項分布（Negative Binomial Distribution） ───── 245
4　「ポアソン分布」と「負の二項分布（NBD）」のまとめ ── 253
5　売上を支配する重要な式（プレファレンス、Kの正体） ── 256
6　デリシュレーNBDモデル ─────────────── 258

巻末解説2　市場理解と予測に役立つ
　　　　　　数学ツール

1　ガンマ・ポアソン・リーセンシー・モデル ────── 277
2　負の二項分布 ──────────────── 280
3　カテゴリーの進出順位モデル ─────────── 283
4　トライアルモデル・リピートモデル ────────── 285
5　平均購入額・量モデル ────────────── 287
6　デリシュレーNBDモデル ─────────────── 288

終章　2015年10月にUSJがTDLを
　　　　超えた数学的論拠

今西よりご挨拶 ─────────────────── 296
森岡よりご挨拶 ─────────────────── 300

参考文献・資料 ─────────────────── 310

装丁／ISSHIKI
図版作成／スタンドオフ

第 1 章
市場構造の本質

1 「客引きの兄ちゃんはみんな同じ顔をしている！」

　私がビジネスをする上で常に心がけていることは、「目に見えているものに惑わされず本質を洞察すること」です。物理的に目に見えているものはほぼ全て「現象」に過ぎず、その現象をつくりあげている物事の「本質」ではありません。現象は見えやすいのですが、極めて表層的です。現象に対してアクションをとったとしても、問題を解決することはできません。その現象をつくりあげている本質的な原因を探さねばなりません。

　例えば、私がかつてやっていたシャンプーのビジネスで、シェアが下がってしまった場合を考えてみましょう。シェアが下がったというのは結果というか現象に過ぎません。そこでマーケターはデータを分析し、シェア下落の原因として競合他社に対して平均価格が上がってしまったことを発見します。しかし「平均価格が上がってしまった」ことも現象に過ぎないのです。平均価格が上がってしまった原因を追究せねばなりません。

　そうやって、なぜ？　なぜ？　と現象から原因を掘り起こし、さらになぜ？　という自問を繰り返すことで辿（たど）りつく奥底に、様々な現象をつくりあげてきた「問題の本質」が見えてきます。そしてちょっと意外なのですが、現象の幾重もの層の奥底に座っている「本質」は、ほとんどの場合は非常にシンプルな顔をしています。

　人の姿を見ているときでも、見えているものは全て現象に過ぎません。なぜ腕は2本生えているのか？　なぜ脚も2本生えているの

か？　なぜ人に比べて私の頭蓋骨（私の頭のサイズは63cmもあります。中学生のときは学生帽のサイズがなく、小さいサイズの帽子を頭にちょこんと載せていただけ）はこんなにデカイのか？　現象であるそれら私の身体の特徴をつくりあげている本質が何かと突き詰めていくと、私の構造を形づくっている本質が私の遺伝子（DNA）であることに行きつきます。私の遺伝子情報であるDNAを本質にして、そこから全ての特徴が発生し、私の身体構造を形成しているのです。

「DNAという**本質を核にして、その他の全ての構造が形成されている仕組み**」そのものは、私以外の人も全て共通しています。人だけではなく、イヌでも、ネコでも、バナナでも、その仕組みは全く同じなのです。遺伝子そのものには種や個体の差はあれども（ちなみにバナナのDNAは人間と50％が共通）、遺伝子を本質としてそれぞれの身体構造が形成されるという仕組みは全く同じなのです。

一見違うように見えるいくつかの現象の奥底を診てみると、人間社会の仕組みも実に興味深く「本質」によって形づくられていることに気がつきます。

私が物事の本質に特別に興味を持つようになったのは、あることに非常に感銘を受けたのがきっかけです。

若かりし頃に、米国カリフォルニア州サンフランシスコを訪れたときでした。旅行会社グレイラインがコーディネートしたナイトツアーで、ダウンタウンの繁華街に降りた私は、次から次に客引きの兄ちゃんに呼び止められたのです。私は驚きつつも全て断りながら、みんなとレストランに急いだのですが、彼らは次から次に商魂たくましく話しかけて来ました。

そんなアメリカの客引きの兄ちゃん達の顔を次から次に見ていた時に、突然私の脳裏に衝撃が走ったのです！「あれっ!?　日本の客

引きの兄ちゃんと同じ顔をしている‼」。彼らの表情、しゃべり方、髪型や服装などの醸し出す雰囲気が、新宿の歌舞伎町などによくいる日本の客引きの兄ちゃん達とそっくりなのです。その大発見の衝撃で私は頭が一杯になりました。国や人種がまったく違っても、同じ職業の彼らが似ていることに非常に感銘を受けたのです。国が違っても似ているという「現象」の奥底に、その表情や服装や雰囲気の共通点を形づくっている「本質」があるに違いないと考えるようになりました。

　客引きの兄ちゃんだけではありません。日本の銀行員とアメリカのBankerも、似たような顔つきと服装と雰囲気と行動様式をしていました。トラック運転手の皆さんも国は違えど同じような顔つき、服装、雰囲気で共通している何かを強く感じます。これらの私の仮説の真偽はいまだによくわかりませんが、それぞれの職業に就く人間の「属性」に、国境を越えて共通している何かがあるのではないかと、私はそう考えています。文化の差や経済の発展段階の差などで多少の違いはあれども、仕事の性格によって人間の属性をふるいにかける「目には見えない仕組み」が社会にはあるのではないかと思うのです。

　それは「人は仕事を選ぶけれど、仕事も人を選んでいる」ということに他なりません。人はその属性によってふるいにかけられ、目に見えない仕組みによって職業や社会において、それなりの人がそれなりのところに落ち着いてゆく。だから国や人種が違っても、よく似た属性の人間がよく似た仕事に就いて、社会全体としては一定の構造に収束していくのではないかと、私はそう考えています。

　ところで読者の皆さんは、資本主義の世界を形づくっている本質

は一体何だと考えていますか？　私はその答えをまだ探求している最中ではありますが、今のところ「人間の欲望」がその本質ではないかと考えています。資本主義とは「人間の欲望」をドライバーにして形づくられている社会のことではないかと。人間の「欲」をエネルギーとして使い、人間同士を競争させることで様々な発展と成長を生み出していく。弱肉強食が激しい欧米型の資本主義は、日本の伝統的な価値観からするとしっくりこない面も多々あります。しかし欧米がリードする世界は、確実にその方向へ向かっているように私には見えます。そして国は違えども、同じ資本主義というシステムを採用している国々は、同じような社会構造になっていくのではないでしょうか。

　なぜならば、社会を構成しているのは結局のところ「人間」であり、国は違っても人間の本質である「欲の発露」は非常に似ているからです。文化や経済の発展の段階によって若干の差はあれども、大きく見ると人間の本質は似通っているのです。人間の「欲」を本質として、資本主義社会は様々な複雑な社会構造を作り上げ、そして我々はその社会構造が生み出す限りなく多くの現象の中で生きているのではないでしょうか。資本主義社会のDNAは人間の「欲」ではないかと私は考えています。

　「本質」によって構造が形づくられて、さまざまな「現象」が生まれてくる。この考え方をもとに、私はビジネスをする上で「本質をあぶり出す」ために尋常でない情熱を燃やしてきました。本章では、自分が戦う市場構造（Market Structure）の本質が何なのか、つまり市場構造を形づくるDNAの正体に迫ります。市場構造の本質さえわかれば、その市場で勝つための戦略をどこに集中すべきか、そしてそれはなぜなのかが明瞭に見えるようになります。また、その結論

を探り当てるアプローチがどういうもので、分析にどんなツールを使っているのか、それらもできるだけわかりやすく解説していきたいと思います。

2 市場構造を理解する意味

　市場構造を理解するメリットとは何でしょうか？　市場構造を理解することによって、私達は成功確率の高い企業戦略を選ぶことができるのです。この世の中には1企業ではコントロールしにくい（あるいはできない）ことが溢れています。それら歯が立たないものに経営資源を投じて消耗しないために、そして踏んではいけない「地雷」を避けて企業戦略を構築するために、最低限の市場構造の理解は不可欠なのです。また市場構造をちゃんと理解しておくと、ヨットが追い風を利用するように、市場のメカニズムを利用して、より高い売上をあまりお金を使わず達成することもできます。市場構造の知識は、まるでヨットレースにおける、海図の様なものです。海図がなければ間違った方向に行ってしまい、暗礁に乗り上げてしまうかもしれません。

　市場構造を理解することは、まるで機械（マシーン）の構造を理解してその操縦方法を考えるようなものです。例えば、自動車を運転するとしましょう。どこがハンドルで、どこがブレーキで、どれがアクセルで、どれがトランスミッションで、それぞれをどう組み合わせてどう操作したら車はどのような動きをするのか、きっとあなたは事前に知りたいはずです。それらを熟知しない限り、決して自動車のキーを回すことはないはずです。そして自動車の構造と操縦方法を理解したあなたは、ようやくキーを回したとします。その時でも、自動車の周囲の歩行者や対向車の有無や道路状態などの様々

な情報に目を瞑って、思い切りアクセルを踏み込むことは決してしないはずです。なぜならば、それは無茶だから。事故を起こす確率が限りなく高いからです。しかし、ビジネスをする際に市場構造に対して無頓着な人は、それに勝るとも劣らない大きな無茶を平気でやっています。その自覚がないだけです。操縦したことのないマシーンに乗り、どこを押すとどうなるのかもよくわからないまま、ただエンジンを起動して、目を瞑ったまま動かそうとしているのです。

　それでビジネスが成功するならば、よほどの直感と運の持ち主でしょう。でも、そのやり方では長期的に成功を継続することはできないのです。USJがこの5年間、やることなすこと全弾命中でV字回復したことについて、「森岡さん、どうして当て続けることができるのですか？　秘訣を教えて下さい！」と質問される方が非常に多いですが、秘訣と言われましても、実は単純な話です。私は市場構造を精緻に理解することに情熱を燃やし、「勝てる戦いを見つけること」と「市場構造を利用する方法を考えること」に思考を集中しているのです。つまり勝てない戦を避けて、勝てる戦を選んでいるから、結果として勝つ確率が高いだけなのです。市場構造を理解する意味はまさにそれ、企業が勝つ「確率」を上げるためなのです。

3　市場構造とは何か？

　市場構造とは、ある商品カテゴリー（例えばシャンプーやスタイリング剤などのヘアケア市場）における、人々の意思と利害と行動が積み上がった全体としての業界の仕組みのことです。消費者、小売業者、中間流通業者、製造業者など、ビジネスに関わる全てのプレイヤーの思惑と利害がミクロのレベルで様々に衝突し、それぞれの力関係

に沿ってある一定の「やり方」に収束していきます。市場構造とは、つまり簡単に言えば「その市場における全体としての人々のやり方」のことです。

冒頭で述べた市場構造を形づくっている「本質」を、市場構造に見える様々な現象の奥底から探してみましょう。それら市場構造を決定づけているDNA、あるいは震源とも言うべき「本質」は一体何でしょうか？ いきなり核心の答えを申し上げますが、それは消費者のPreference（プレファレンス）です。プレファレンスとは、消費者のブランドに対する相対的な好意度（簡単に言えば「好み」）のことで、主にブランド・エクイティー、価格、製品パフォーマンスの3つによって決定されています。プレファレンスが市場構造を支配するのは、小売業者も、中間流通業者も、製造業者も、最強の存在である最終購買者（消費者）に従わざるを得ないからです。**市場構造を決定づけているDNAは、消費者のプレファレンスである**ことを頭の中に入れておいてください。

次に、カテゴリーとは何か？ 例えば、自動車、シャンプー、紙おむつ、テーマパークのように、同じ目的で使用され、同じような方法で便益をあたえる製品・サービスの集まりのことを「カテゴリー」と言います。例えば、スポーツカーとセダンは同じ「自動車カテゴリー」です。東京ディズニーランドとユニバーサル・スタジオ・ジャパンは同じ「テーマパークカテゴリー」になりますし、それらのテーマパークと劇団四季は「エンターテイメントカテゴリー」に含まれる競合同士でもあります。また、郵便による手紙とEメールは「通信カテゴリー」という大きなくくりでは同じですが、目的は同じでも方法が大きく異なるので別のカテゴリーと考えることもできます。同じ目的と似た方法で便益を与えるプレイヤーの集合体

である「カテゴリー」の中で勝っていくこと、つまりシェアを獲得するということは、企業が生存するために不可欠です。

　ただカテゴリーも永遠ではありません。基本的な人のニーズは変わりませんが、ニーズを満たす製品やサービスは、世の中と共に変わっていきます。例えばP&Gは、1837年、アメリカのシンシナティにローソクと石鹸(せっけん)を製造販売する会社として誕生しました。シンシナティは古くから豚の食肉加工が盛んで、食肉加工後の豚のあらゆる"部品"から抽出できる動物性脂肪を利用して生産されたのが石鹸でありローソクだったのです。ローソクは電球が発明されると売れなくなりましたが、P&Gは異なるカテゴリーに展開し続けてきた結果、今では世界一の消費財メーカーに成長しました。誕生当時、シンシナティには同様な会社が18社ありましたが、今ではP&Gしか残っていません。企業の平均寿命が約30年といわれる中、P&Gは消費者や市場構造をよく理解し、170年以上も荒波を乗り切ってきたのです。

　企業の目的は、社会に貢献し、利益をあげ、競争に生き残って行くことです。現在私達が良く知っている会社、トヨタ、任天堂、花王、P&Gなどの会社は、1つまたは複数のカテゴリーで競合他社とマーケット・シェアを争っており、これらの会社は変わる世の中に合わせて自分を変えることで生き残ってきたのです。

4　市場構造の本質はすべて同じ

　さまざまな商品カテゴリーにそれぞれの市場構造があります。それはカテゴリーの数だけ千差万別に見えるのですが、実は市場構造の本質はカテゴリーに関係なく、どれも同じなのです。人間もイヌ

もネコもバナナも、それぞれの遺伝子は違っても、遺伝子を基にして身体構造を作り出しているその仕組みは全く同じだと前述しました。全く同じことがここで言えるのです。

　市場構造の本質とは何でしょうか。それは「消費者のプレファレンスによって決定される購買行動の仕組み」が、どのカテゴリーにおいても同じということです。消費者が自由に意志決定できる限りにおいて、どの市場構造もそれを支配している法則は同じなのです。

　さて、その市場構造の法則の説明に入る前に、「仮説の証明」の考え方について説明しておきます。この後、「仮説に基づいた数式によってもたらされた予測が、実際に観測されたデータに合致していることから、仮説は正しい」という論理の展開がいくつか出てきます。しかし、それは決して難しいものではありません。なぜなら皆さんも毎日の生活の中で常にやっているアプローチだからです。

「私達、お互い一目惚れで、出会って2ヶ月で結婚しちゃいましたー！」と、幸せの頂点にいる若い芸能人カップルを芸能ニュースで見たとします。あなたはこう思うはずです。「きっとすぐに別れるわ……」と。それはあなたの頭の中に「付き合って間もなく結婚した若い連中は離婚する確率が高い」という仮説があるからです。その仮説から「すぐに別れる」と予測を立てているのです。そして半年後、実際に「離婚」というニュースを目にしたあなたは、「やっぱり！」と自身の仮説の正しさに納得するのです。しかもその仮説が当たっていた瞬間は、いろいろな意味でちょっと気持ちよかったりしますよね（笑）。

　それと全く同じアプローチです。私の場合は、仮説を数式で表現しているだけです。その数式から予測数値を導いて、予測数値（仮

説)と実際がどの程度合致しているかを観測するのです。予実(予測と実際)がピッタリと合っていたときは、その仮説が正しい可能性が高いのです。このようにして、ビジネスにおける様々な仮説を立て、実際のデータで証明していくことで知の水平線を拡げていく、それが「数学マーケター」のアプローチです。仮説の数式が実際によって証明される「その瞬間」は、ドーパミン大放出の快感だったりします。

　話を元に戻します。仮説を数式に表す、数式から予測を導き出す、予測と現実を比較する、それらを実際にやってみましょう。この場合の仮説は、「異なるカテゴリーでも消費者は同じ法則に基づいて購買行動を行っている」です。実際に異なるカテゴリーを比べて、その共通の法則を見てみましょう。

　パンケーキ、歯磨き粉、図書館の本の3つは、全く異なるカテゴリーです。一見なんの関係もないように思える3つを敢えて比較することにしましたが、実は3つともまったく同じ構造になっています。
　パンケーキを食べる回数、歯磨き粉の購入回数、本の貸し出し回数は、それぞれ独立した行為です。それぞれお腹が空いた時に好みの食事をとり、それぞれ必要な時に歯磨き粉を買い、それぞれ必要な時に図書館に行き好みの本を借ります。これらは、それぞれのカテゴリーに対する消費者のプレファレンス自体の違い(消費頻度や購入回数などの見た目の違い)はありますが、プレファレンスに基づいてそれぞれのカテゴリーの構造が形成されるという全く同じ規則に従っています。それは主に次の4つの法則に従います。

1) 消費者一人一人が独自に購買決定をしている。

2）購入行動はランダムに発生している。
3）それぞれのカテゴリーに対してほぼ一定のプレファレンスを持っている。
4）プレファレンスの高いものはより高頻度で購買される（ガンマ分布）。

　表1-1を見て下さい。まったく異なるカテゴリーなのに、3つとも現実と予測の数値が非常によく合っています。3つそれぞれの縦の欄にある「現実」と、仮説の数式によって計算された「予測」が、ほぼ一致しているのです。これは、モデルの仮定とこの3つのカテゴリーの行動が一致していることを示唆しています。同じ法則に基づいた1つのモデルで、全く異なる複数のカテゴリーの購買行動が予測でき、それが現実に合致するということは何を意味しているのか？　それはすなわち、**異なるカテゴリーの消費者の購買行動が同じ法則に基づいているということに他なりません。**

　これと同様に、洗剤、インスタント・コーヒー、自動車、シャンプー、紙おむつなども全て、同じ仮定に基づく1つの数学モデルで説明ができてしまいます。つまり、自由に購買意志決定ができる消費者を相手にする限りにおいて、他の消費者市場も同じ構造になっているということです。全てのカテゴリーにおいて市場構造の本質は同じであり、それはプレファレンスに収束する消費者の購買行動によって決まるという法則です。

表1-1 カテゴリー別 回数別構成比

カテゴリー	(1) パンケーキ		(2) 歯磨き粉の購入		(3) 本の貸し出し	
対象者の数 使用・購入回数	2週間 1000世帯		四半期 5240世帯		1年間 9480冊	
	現実	予測	現実	予測	現実	予測
0	62%	62%	44%	44%	58%	58%
1	20%	21%	19%	22%	20%	19%
2	10%	9%	14%	13%	9%	9%
3	4%	4%	9%	8%	5%	5%
4	2%	2%	6%	5%	3%	3%
5	1%	1%	3%	3%	2%	2%
6回以上	1%	1%	4%	5%	3%	3%
合計	100%	100%	100%	100%	100%	100%
全体の平均回数 (M)	0.736	—	1.46	—	0.993	—
K	—	0.6016	—	0.78	—	0.475

表の説明を加えておきます（結論だけで良い人は読み飛ばして下さい）。表1-1-(1) は、アメリカの家庭において過去2週間にパンケーキを食べた回数別の構成比を示しています。例えば、20%の家庭が過去2週間に1回パンケーキを食べたと回答しました。これは1000世帯のアンケートの実際の結果です。予測は21%。表1-1-(2) は、英国の5240世帯の1973年の1月から3月の購入記録に基づく歯磨き粉の購入データです。14%の人が四半期の間に、歯磨き粉を2回購入したと回答しています。予測は13%。表1・1-(3) は、慶應義塾大学日吉情報センターの1983年度の貸し出し記録に基づくデータです。図書館には9480冊の本があり、その内58%は1年間に一度も貸し出しされませんでした。予測は58%。予測は、それぞれのたった2つの数字（平均値MとKと印した数）だけで計算したものです。Kは、平均値と0回の%を使って計算しています。ですから、0の回数の%はすべて予測と現実が同じです。計算には下記の式 (1)「負の二項分布」を使っています。NBD (Negative Binomial Distribution) モデルを詳細に知りたい方は、巻末解説1をご覧ください。これからも数式が出てきますが、興味のない方は無視していただいて構いません。数式は、内容の透明性のためであり、内容の理解に直接影響ありません。

$$\text{NBDモデル（}r\text{回出る確率）}: P_r = \frac{\left(1+\frac{M}{K}\right)^{-K} \cdot \Gamma(K+r)}{\Gamma(r+1) \cdot \Gamma(K)} \cdot \left(\frac{M}{M+K}\right)^r$$

式 (1)

5 ブランドも同じ法則に支配されている

　消費者のプレファレンスを核とした購買行動によって決まっているのは、全てのカテゴリーの市場構造だけではありません。1つ1つのブランドも、同じ法則によって支配されているのです。それは消費者のプレファレンスによって決まるという真理です。

　表1-2を見て下さい。この表は、ドイツの衣料用洗剤の5つのブランドについて、それぞれの購入回数別の構成比を示しています。これらのデータは、5419世帯の1974年から1976年の購入記録の実績値です。予測値は、表1-1と同じように「負の二項分布（NBDモデル）」によって計算したものです。ご覧のように、ほぼ全てのブランドの回数別の予測と実績が一致しています。これは負の二項分布が、5つのブランドそれぞれにおいて、現実の購買行動とよく合っていることを示しています。異なるブランドでもそれぞれの中に同じ構造を持っているのです。

　さらに、ブランド同士の力関係が最終的に表れた「シェア」は、個々の消費者のプレファレンスが集まった全体の姿、つまり市場全体におけるブランドのプレファレンスそのものであると言えます。ここでのシェアをより正確に定義すると、購買意志決定の回数におけるシェアであり、金額シェア（売上金額のシェア）やボリューム・シェア（使用量のシェア）よりも、むしろユニット・シェア（販売個数のシェア）に最も近いと言えます。

　私はP&Gの米国と日本で、ずっとヘアケアのマーケティングを

表1-2 ブランド別 回数別構成比

ドイツの洗濯洗剤：消費者購入パネル（5419世帯）の1974-1976のデータ										
洗剤のブランド	Brand (A)		Brand (B)		Brand (C)		Brand (D)		Brand (E)	
1回以上購入	47%		36%		33%		32%		18%	
全体平均購入回数（M）	1.486		0.912		0.820		0.906		0.372	
1人平均購入回数	3.13		2.56		2.51		2.81		2.02	
K	0.430		0.335		0.300		0.258		0.1825	
購買回数	現実	予測	現実	予測	現実	予測	現実	予測	現実	予測
0	53%	53%	64%	64%	67%	67%	68%	68%	82%	82%
1	18%	18%	16%	16%	15%	15%	14%	14%	10%	10%
2	10%	10%	8%	8%	7%	7%	7%	7%	4%	4%
3	6%	6%	4%	4%	4%	4%	4%	4%	2%	2%
4	4%	4%	3%	3%	2%	2%	3%	2%	1%	1%
5	3%	3%	2%	2%	1%	2%	2%	2%	1%	1%
6	2%	2%	1%	1%	1%	1%	1%	1%	0%	0%
7	1%	1%	1%	1%	1%	1%	1%	1%	0%	0%
8	1%	1%	0%	0%	0%	0%	0%	1%	0%	0%
9	1%	1%	0%	0%	0%	0%	0%	0%	0%	0%
10	1%	1%	0%	0%	0%	0%	0%	0%	0%	0%
11以上	2%	2%	1%	1%	1%	0%	1%	1%	0%	0%
合計	100%	100%	100%	100%	100%	100%	100%	100%	100%	100%

やっていましたが、その日常で最も重視したデータは「シェア」でした。P&Gは全てのカテゴリーにおいて、シェアを最も重要なビジネス指標としてずっと重視してきました。それはすなわち、マーケットの本質である「消費者のプレファレンス」をずっとモニターしていたことになるのです。ただし10万人もいたP&Gの社員の中で、シェアを眺めながらその真理を意識していた変人は今西さんと私ぐらいだったと思いますが（笑）。P&Gがずっとやってきたこと

表1-3 デリシュレーNBDモデルが適用される状況

タイプ	
消費者商品(世帯、個人)	50種類の各種食品、飲料、各種洗剤、パーソナル商材
医薬品	各種売薬、処方箋医薬品
耐久品・その他	自動車、パーソナル・コンピューター、ガソリン
流通販路の選択	チェーン・ストア間、独立店舗間
テレビの視聴	テレビの番組、テレビの放送局(チャンネル)
異なる年代	1950-2000
異なる期間への適用	期間の異なるデータ間
適合が認められている国	日本、イギリス、アメリカ、ドイツ、オーストラリア、他

は、計らずも非常に正しかったと言えるでしょう。

　ブランド間のシェアが、消費者のプレファレンスによってダイレクトに決定されることを、もう1つの数学モデルでより深く理解してみましょう。「デリシュレーNBDモデル」と言います。「デリシュレーNBDモデル」は、先ほどの負の二項分布(NBD)モデルを拡張して、カテゴリーの中の全てのブランドの購入率と購入回数、ブランド・スウィッチを予測分析するのに役立ちます(モデルの詳細な理解は、巻末解説1を参考にしてください)。このモデルには当てはまらない例外もあります。基本的な仮説に合わないのは、非常に規則的に買われるタバコのような商品や、短期間に急激に変貌しているカテゴリーです。それらにはうまく適合しません。しかしこのモデルは、表1-3に示すように広範囲のカテゴリーに適用可能で、日々我々が対応している、非常に多くのカテゴリーの構造の基本的理解に非常に役立ちます。

　「デリシュレーNBDモデル」を成立させるためには4つの仮説が必要です。この4つの仮説に基づいて作られた数式によって、これ

らの多くのカテゴリーの中の各ブランドの購入率と購入回数の「予測」と「実際」が合致することが確認できるのです。表1-4を見て下さい。イギリスの歯磨き粉カテゴリーにおける各ブランドのユニット・シェアをもとに、購入率と購入回数をブランド別に予測したものと、実績との対比になっています。ほぼ予測と実測値が合致しています。それはすなわち、現実の消費者の購買行動が、ほぼここに示される4つの仮説に従って行われていることを示しているのです。

表1-4 英国：歯磨き粉カテゴリー

ブランド名	四半期シェア(%)	四半期購入率		四半期購入回数		年間購入率		年間購入回数	
		実績	予測	実績	予測	実績	予測	実績	予測
コルゲイト	25%	20%	20%	1.8	1.8	34%	37%	3.7	3.8
マクリーン	19%	17%	17%	1.7	1.7	32%	32%	3.2	3.6
クローズアップ	10%	9%	8%	1.7	1.7	15%	17%	3.0	3.2
シグナル	10%	8%	9%	1.9	1.7	17%	18%	3.4	3.3
ウルトラブライト	9%	8%	8%	1.7	1.7	17%	17%	2.9	3.2
ギッブス	8%	7%	7%	1.7	1.7	17%	14%	2.8	3.2
プライベート銘柄1	3%	3%	2%	1.4	1.7	6%	5%	2.4	3.0
プライベート銘柄2	2%	2%	2%	1.5	1.6	3%	4%	3.2	3.0
平均	11%	9%	9%	1.7	1.7	18%	18%	3.1	3.3

表の説明を加えておきます（結論だけで良い人は読み飛ばして下さい）。表1・4で使用している四半期のデータは、表1・1－(2)の英国の歯磨き粉のデータをブランド別に見たものです。それぞれのブランドの予測は、四半期の購入頻度に基づくマーケット・シェア、カテゴリーの全世帯当たりの平均購入回数（M＝1.46回）、NBDのK（0.78）、モデル特有のパラメーターS（1.2）をインプットに式(2)を使い計算しています。$P_r(n, r_1, r_2, \cdots, r_g)$は、予測する期間にカテゴリーの購入回数がn回で、その内訳が、ブランド1＝r_1、ブランド2＝r_2…ブランドj＝r_j…ブランドg＝r_gの全体の世帯に対する割合を意味しています。年間の予測は、期間（T）が4四半期の4倍になっているので、$M \cdot T = 1.46 \times 4 = 5.84$回を使い式(2)で$P_r(n, r_1, r_2, \cdots, r_j, \cdots, r_g)$を計算しています。その他のインプットは、四半期と同じです。

$$P_r = \frac{\Gamma(S)}{\prod_{j=1}^{g}\Gamma(\alpha_j)} \cdot \frac{\prod_{j=1}^{g}\Gamma(r_j+\alpha_j)}{\Gamma(S+R)} \cdot \frac{1}{\prod_{j=1}^{g}r_j!} \cdot \frac{\Gamma(R+K)}{\Gamma(K)} \cdot \left(1+\frac{K}{M \cdot T}\right)^{-R} \cdot \left(1+\frac{M \cdot T}{K}\right)^{-K} \quad \text{式 (2)}$$

$$\alpha_j = S \times （ブランド_jの購入頻度に基づくユニット・シェア） \quad \text{式 (3)}$$

購買行動を支配する4つの仮説（法則）

1) あるカテゴリー（例えば、洗剤）における各消費者の購入は、それぞれ独立して起こる（お互いに影響し合わない。相談して買ったりしない）。

2) あるカテゴリーにおける購入時のブランド選択は、消費者のそれぞれのブランドに対するプレファレンスによって決まる確率に従い、その時点でどのブランドが選択されるかはランダムに決まっている（多項分布している）。

3) あるカテゴリーにおける消費者のブランド選択は、プレファレンスの順位が高ければ高いほど、購入確率がより高くなる傾向にある（ガンマ分布している）。

4) あるカテゴリーにおける消費者のブランド選択は、プレファレンスによって定まる確率に従い、それはカテゴリーの平均購入回数の多い少ないには関係がない。

　これら4つの仮説（法則）をもう少しわかりやすく言うと、消費者の頭の中には、今までの購入経験から買って良いと思ういくつかの候補となるブランドがあるということです。それらの購入候補であるいくつかのブランドの組み合わせを「Evoked Set（エボークト・セット）」とマーケティング用語で呼びます。たとえばビールを買う場合の私のエボークト・セットには4つのブランドが入っています。ザ・プレミアム・モルツ（サントリー）が筆頭、エビスビール（サッポロビール）が次点。その次は一番搾り（キリン）と黒ラベル（サッポロビール）の2つが大差なく並びます。

この場合は、買っても良いと思っているその4つのブランドのまとまり（エボークト・セット）の中からその時々で買うブランドをランダムに選んでいるのです。消費者は誰しも「エボークト・セット」を持っており、プレファレンスに基づいてそれぞれのブランドを購入する「確率」が決まっているのです。私のビールの場合は、上からだいたい50％、30％、10％、10％くらいの確率だと思います。購入の確率は、その人の経験に基づいた好み（プレファレンス）をダイレクトに反映しています。カテゴリー購入時にはその人は「エボークト・セット」の中から確率に沿ってランダムにブランドを選んでいるのです。

　別の例で考えてみましょう。スーパーやコンビニで販売されているアイスクリームのカテゴリーで考えてみます。ある人が年に20回アイスクリームを買うとします。今その人のブランドの「エボークト・セット」に3つのブランドが入っており、それらがハーゲンダッツ、森永チョコモナカジャンボ、雪見だいふくであったと仮定しましょう。プレファレンスに基づくそれぞれの購入確率が50％、30％、20％であるとします。これは、袋の中にハーゲンダッツと書いた玉が5個、チョコモナカの玉が3個、雪見だいふくの玉が2個入っており、袋の中身をかき混ぜて、中を見ないで1個だけ玉を取り出し、またその玉を戻す事象の確率計算と全く同じなのです。この人のアイスクリームの年間の購入回数は全部で20回なので、この袋から玉を取り出す動作を20回繰り返しているのと同じです。

　別の言い方をしますと、この人は、正10面体のサイコロを持っており、年に20回このサイコロを振っているのです。10個の面の中で、5つの面にはハーゲンダッツと書いてあり、3面にチョコモナカ、2面に雪見だいふくとそれぞれ書いてあります。人は1人1人、それ

ぞれのプレファレンスに基づいたエボークト・セットに合ったサイコロを持ち、そのカテゴリーの購買回数の分だけサイコロを振っているようなものです。それぞれの個々人のサイコロを振る動作が、全体として集積されたものが「シェア」であり、シェアは市場全体のプレファレンスを表しています。注意すべきは、先ほどの4つ目の法則。ある特定の「エボークト・セット」を持っている人が、特定の購入回数を持つことはありません。消費者のブランド選択は、プレファレンスによって定まる確率のみに従い、それはカテゴリーの平均購入回数の多い少ないに関係ありません。

6 経営資源を集中すべきは、プレファレンスである

　ここまで、カテゴリーも、ブランドも、ブランド間の関係も、消費者のプレファレンスによって支配されていることを確認してきました。これらを結論づけると、「市場競争とは、1人1人の購入意志決定の奪い合いであり、その核心はプレファレンスである」という真理に辿りつきます。ピーター・ドラッカーは「ビジネスの目的とは顧客の創造だ」と言っています。確かにその通りです。しかし、創造された顧客が購入する商品やサービスのカテゴリーが一旦成立した時点で、市場シェアの争奪戦が始まります。市場の大きさは下の式で計算できます。

　　市場の売上
　　＝延べ購入回数×1購入当たりの平均購入個数×平均単価

　ここで競合と奪い合っているのは、延べ購入回数におけるシェアです。1購入当たりの購入個数や平均単価において、直接的な奪い

合いが起こっている訳ではありません。すなわち、我々は購入意志決定の争奪戦を行っているのです。購入意志決定は、そのカテゴリーにおける消費者が持つ相対的なプレファレンスによって決まっています。**我々が奪い合っているのは消費者のプレファレンスそのもの**なのです。それゆえ市場競争において、企業は消費者のプレファレンスを上げることに経営資源を最大に集中すべきなのです。それは、数学的に導き出されて担保された真理であることを強調しておきます。

　私は機会があるごとに、マーケティング力を増強して消費者視点で会社をドライブする必要性を強調してきました。企業は消費者視点でなければ市場競争に勝てない根本的な理由が理解できたでしょうか？　それは消費者のプレファレンスこそが、市場構造のDNAだからです！　市場構造を正しく徹底的に理解すればするほど、消費者視点で会社をドライブすることがどれだけ大切か、プレファレンスを上げることの重大性というよりも、プレファレンスしかないことが数学的に理解できるのです。また、プレファレンスの他にも購入回数を増やせばビジネスは伸ばせるように思いがちなのですが、購入回数自体も実はプレファレンスによって定まる要素です。やはりプレファレンスと関係なく購入回数をコントロールすることはできません。

　簡単に解説しておきます。❸で説明したように、カテゴリーの市場構造はプレファレンスによって決定されます。それはどのくらいの割合の人がそのカテゴリーの商品を購入するのかも（浸透率：Penetration）、そのカテゴリーの商品を何回購入するのかも（購入回数：Purchase Frequency）、そのカテゴリーに対する消費者のプレファレンスで決まっているからです。例えば、私は男性化粧品に全く興味がな

いので（つまりプレファレンスがゼロ）、そのカテゴリーの商品を買う回数もゼロなのです。逆に、エンターテイメントが大好きな私は、嫁にどれだけ怒られても、そのカテゴリーの商品は映画やアニメのDVDでもゲームソフトでもマンガでも、たくさん買おうと意識している訳ではないのですが自然と頻繁に買ってしまうのです。これが、プレファレンスによって購入回数も支配されているということです。

　プレファレンスを上げることはシェアを上げることに等しく、シェアが上がると結果として売上が直線的に伸びる以上に、会社のパフォーマンスを上げることができます。それは利益率や配荷率や認知率などの様々な経営効率が相乗的に上がっていく、成功が成功を呼ぶ正のスパイラル（ガンマ分布）を巻き起こすことができるからです。だからこそ、**どの企業も消費者視点を最重視して、プレファレンスの向上に経営資源を集中せねばなりません**。その当たり前の法則を実行するにあたって、消費者を理解してプレファレンスを高める戦略と戦術の両方を専門とするマーケターの優劣に、企業は自らの運命を大きく依存しているのです。マーケターが創ろうとしている「自社ブランドが選ばれる必然」も、その正体は、消費者の自社ブランドに対するプレファレンスに他ならないのです。

第 2 章
戦略の本質とは何か？

第1章では、異なるカテゴリーにも、異なるブランドにも、また異なるブランド間にも、消費者のプレファレンスによって決定される「確率」に支配された仕組みが共通であることを確認しました。そこから導いた結論は、市場構造の本質は「消費者のプレファレンス」であり、それこそが様々な構造を形づくり、多種多様な現象を生み出しているということでした。この章では、そのような市場構造の中で生き残っていくべき我々の『戦略』はどうあるべきなのか？　戦略の本質をできるだけシンプルに理解していきたいと思います。

1 勝てる戦を探す

　ヨットを進めるには、風に逆らうより、風を帆にできるだけ受けた方が良い……。トンネルを掘るならば、固い岩盤を避け、やわらかく掘りやすいルートを選んだ方が良い……。海で泳ぐのであれば、潮に逆らってエネルギーを浪費するのは愚者の選択、できるだけ潮の流れに乗って泳ぐ……。そういうことは皆がわかっているはずなのに、どうしてビジネスでは、多くの人が目を瞑（つぶ）ったまま失敗確率の高い方向へ、嬉々（きき）として突撃してしまうのでしょうか？

　海図も持たずに出航して遭難したり、地盤も調べずに穴を掘って固い岩盤の前に挫折（ざせつ）したり、ケアレスな失敗を犯すのはなぜでしょうか？　それは多くの人が目を瞑っていることを自覚していないからではないでしょうか。ビジネスを暗闇でしか判断したことがなければ、当然ですが失敗の原因もずっと暗闇の中だからです。踏む必要が無かった地雷を踏んで失敗したことや、潮に逆らってずっと泳いでいたせいで力尽きたことを知らないのです。そしてその失敗の本質をついに理解することもありません。

水は高いところから低いところへ流れます。それが自然の摂理だからです。では、低いところにある水を高いところに流すことはできるのか？　不可能ではありませんが、それには多大なエネルギーが必要となります。そのエネルギーに見合う経営資源を持たないのであれば、水を逆に流そうとするその戦略は、戦う前から負けることが確定しています。それは決して選んではいけない、最初から決まっていた負け戦(いくさ)です。

市場構造にはコントロールすべきものと、コントロールしにくい(あるいはできない)ものがあるのです。マーケティング戦略に限らず、戦略が失敗する時は、知らず知らずのうちに自分達でコントロールできないことに多くの経営資源を投入してしまっているパターンが非常に多く見られます。

そのコントロールすべきものこそが勝てる戦なのですが、実はそんなに難しくも複雑でもなく、極めてシンプルな顔をしています。なぜならば市場競争において自社がコントロールできることもすべきことも、非常に限られているからです。この章では、多くの市場構造に共通する本質を理解した上で、ほとんどの市場においても当てはまる勝てる戦の探し方を解説します。

2 戦略の焦点は3つしかない

第1章で確認したように、ビジネスの売上は、自社ブランドに対する消費者のプレファレンスによって最大ポテンシャルが定まるのです。その最大ポテンシャルが「認知」と「配荷」によって制限されて、現実のビジネスの結果が決まります。ということは、市場規模が一定と仮定すると、売上を伸ばすためには、1) 自社ブランドへのプレファレンスを高める、2) 認知を高める、3) 配荷を高める、

の3つしかないということです。ならば、ビジネスを伸ばすための戦略の焦点、経営資源を集中するべきはどこでしょうか？

　ビジネス戦略の本質は実はかなりシンプルな顔をしていると私は考えています。ようするに戦略の行きつく先もその3つしかないということです。戦略、つまり経営資源の配分先は、結局のところ **Preference**（好意度）、**Awareness**（認知）、**Distribution**（配荷）の3つに集約されるのです。その中でも無限の可能性を持っているのはプレファレンスのみですから、戦略の究極的な焦点は消費者プレファレンスを高めることです。繰り返しになりますが、プレファレンスは、主にブランド・エクイティー、価格、製品パフォーマンスの3つによって決定されます。

　裏返すと、戦略を立てる上で着眼すべき点も最初からその3つしかないということ。自社ブランドの問題点の発見も、成長させていく有力な伸び代の発見も同じです。最初からその3つのビジネス・ドライバーに絞って探していくことで、確率の高い戦略に早く辿りつくということです。認知にもっと伸び代はないか？　配荷にもっと工夫はできないのか？　プレファレンスに革新的な変化を起こす方法はないか？　その3点にベクトルを合わせて頭の中で追いかけ、仮説を立てながら思考するのです。そうすることで勝てる戦を見つけるのが本当に早くなります。

　プレファレンスが上がれば、自社ブランドの最大ポテンシャルを上げることができ、ビジネスは成長します。消費者が相対的に自社ブランドをより強く好むようになれば、ポテンシャルが上がるのは当然です。またプレファレンスがたとえ一定でも、認知率や配荷率を上げることでも（制限が減るので）ビジネスは成長します。本書に

おいては、プレファレンスを上げることで成長させる前者を「ブランドの質的な成長」と呼び、認知や配荷を上げることで成長させる後者を「ブランドの量的な成長」と呼びます。

　私の経験上、問題のあるビジネスのたいていはプレファレンス以前に、「認知」と「配荷」にわかりやすい大きな問題があります。認知と配荷は、それぞれの割合によってブランドの可能性を一気に制限してきますので、これを拡げることは効果抜群です。認知を上げても、配荷を上げても、ある程度までは直線的にビジネスは伸びていきます。認知を伸ばすこと、そして配荷率を伸ばすことは、一番わかりやすくて確実性の高い勝てる戦なのです。

　例えば、市場で認知率と配荷率がそれぞれ50％ずつしかなければ、プレファレンスによって決定されたブランドの最大ポテンシャル100％は、25％（最大1.0×認知0.5×配荷0.5＝0.25）にまで制限されることになります。100個売れたはずの商品が25個しか売れなくなるのです。この50％ずつしかなかった認知率と配荷率のどちらかだけでも80％に上げることができれば、40個も売れるようになります。両方を80％にまで上げることができたとすれば、25個の倍以上の64個まで売上を伸ばせるのです。

　そして大切なことですが、認知率と配荷率は、0％から100％までの「面積」の世界に加えて、その1ptsの中身、すなわち「質」の世界も診なければなりません。この「質」については後ほど解説します。

③ 「認知」の伸び代を探す

　まずは自社ブランドおよび主だった競合ブランドの認知率を測定

してみましょう。仮に自社ブランドの市場における消費者認知が50％だったとすると、それを10pts伸ばして60％にすることができれば、ほぼ確実に売上は20％も伸ばすことができます。極端な嗜好品の場合はそうはならない場合もありますが、認知率の伸びに対してビジネスはあるレベルまでは直線的な関係で伸長していきます。もし自社ブランドの認知率が、まだまだ競合などに比べても伸び代があるのであればラッキーです。それは「勝てる戦」の可能性が高い。まずはその伸び代をどう埋めるかを考えて戦略を立案してみましょう。

ただ、この際に注意しておく必要があります。認知と言っても、さまざまな認知の質があるからです。「認知の質」とは消費者が認知している内容のことです。消費者が認知している内容が、単にブランド名だけなのか、それともブランドの戦略的ブランド・エクイティーまで認知しているのか、それによって消費者の購買行動に決定的な差を生み出します。例えば、「ダイソン」というブランド名だけを知っている人と、ブランド名に加えて「吸引力の変わらない、ただひとつの掃除機。」という彼らの便益コピーまで知っている人では、ダイソンを買う確率は全く変わってくるのです。

一般的な指標としての認知率は、Aided Awareness（エイディッド・アウェアネス：ブランド名で誘導されて計測された認知）とUnaided Awareness（アンエイディッド・アウェアネス：ブランド名で誘導されないで計測された認知）の2つが代表的です。例えば「ユニバーサル・スタジオ・ジャパンを知っていますか？」という質問によって得られた認知率はAided Awarenessであり、「テーマパークや遊園地のような集客施設として思い浮かぶブランドは何ですか？」という質問によって得られた認知率はUnaided Awarenessです。

Aided Awarenessは、認知の最大面積を測定するのに適しています。ただし、頭の中にほとんどそのブランドが無くても、ブランド名を聞かれたことで「聞いたことがあるような気がする」と思い、「知っています」と答えてしまう消費者がデータに入り込んでくることがあるので留意が必要です。しかしそれでも今西さんのような需要予測の専門家にとってはAided Awarenessが最重要な認知データなのです。なぜだかわかりますか？

　それはAided Awarenessのデータが均一性に優れるからです。「Aを知っていますか？　はい、いいえ」という質問は非常に単純で、カテゴリーやブランドや、調査した時代などを超えて、どの調査でも均一になりやすいのです。そのためそこから得られたデータを比較やベンチマークにしやすいのです。Aidされることによって、知らない人が知っているように答えてしまう問題も、どのケースにおいても似たようなバイアスのかかり方をするので、需要予測上では大きな問題にならないからです。

　対して、ビジネスを作る認知の本質は、消費者の頭の中にある「買っても良いと思っているいくつかのブランド群」の中に入っているかどうか、つまり消費者の「エボークト・セット（Evoked Set）」の中に入っているかどうかです。私のようなマーケターがより重視している認知の指標は「Unaided Awareness」の増減です。

　Unaided Awarenessの中でも、先ほどの「テーマパークや遊園地のような集客施設として思い浮かぶブランドは何ですか？」という質問に対して、真っ先に名前が挙がることが重要です。最初に消費者に名前を挙げられる名誉な割合を、「第1ブランド想起率（Top Of Mind Brand Awareness）」と言います。第1ブランド想起率や第2ブラン

ド想起率は、消費者のエボークト・セットとの相関性が高いので私は特に重視しています。これら認知の指標を定期的に測定し、その増減のトレンドや競合各社との差をモニターすることは、マーケティングの基本中の基本です。

　Unaided Awarenessや第1ブランド想起率などを見てみると、Aided Awarenessだけでは見えてこないブランド成長のための伸び代も見えてくるでしょう。ちなみに、圧倒的なNo.1ブランドでもない限り、たいていの場合は認知の面積や質のどこかに伸び代はあるものです。たとえ圧倒的なNo.1ブランドだとしても、認知の質をよくよく分析してみると、まだまだ伸びる余地がある場合も少なくありません。認知の中に、伸び代を見つけることができれば、勝てる戦になる確実性が高いのです。だから粘り強く分析する必要があります。

　しかしながら問題は、それらの認知を上げる戦略にどれだけの経営資源をかけられるのか、あるいはかけるべきなのかという判断です。同じ20ptsを増やす場合でも、認知率を20%から40%に伸ばすためのマーケティング費用に比べて、70%から90%に伸ばすために必要なマーケティング費用は何倍もかかります。費用に対して認知率伸長の効果は逓減していくからです。ですから、認知を伸ばす戦略と、その他の戦略を比較して、どちらの方が簡単で安くて確実かを検討することになります。

　また、ブランドによっては認知率の面積を広げることが必ずしも長期的なビジネスの伸長に繋がらない場合があります。購入できる消費者層が限定される超嗜好品や高級ブランドの場合などがそれにあてはまります。例えば、フェラーリのような超高級車について

TVCMでガンガン認知を高めていったとしても、そもそも市場のほとんどの消費者はその価格帯の商品は買えません。したがってマーケティング費用の効率としては決して良くはないでしょう。全方位のマス・マーケティングによって、ブランドの高級感や特別感といったターゲット消費者のプレファレンスを毀損してしまうリスクがあるのなら尚更です。

そのような高級ブランドの場合は、購入可能な狭い消費者層にできるだけ経営資源を集中して、顧客1人当たりのマーケティング費用を増やす方が得策です。その場合は、庶民を入れた認知の面積ではなく、富裕層の中での第1ブランド想起率の増減を測定する方が理に適っています。それは認知の面積ではなく認知の深さ（質）を高めるマーケティング戦略と言えます。

◆ Case 1　90％以上の全国認知をどう獲得するか!?

認知で苦労した実例を紹介します。USJが社運を賭けて巨費を投じ、2014年7月にオープンした「ウィザーディング・ワールド・オブ・ハリー・ポッター」。これを成功させるために、どうしても必要だった認知をどうやって獲得したかの実話です。ハリー・ポッターで達成しなくてはいけない追加集客は、需要予測モデルによって導き出された「200万人」でした。そしてその需要予測が示す必要な認知レベルは、全国で90％以上という凄まじい高さでした。地元関西やハリー・ポッターファンの中での90％以上ではありません。北海道から沖縄までの日本全国で、日本国民全体の90％以上の認知がどうしても必要でした。

これは、道を歩いている老若男女10人のうち9人以上が「USJにハリー・ポッターの凄いテーマパークができた」と知っている状態

です。それをオープン前後のわずか半年で達成しなくてはいけないミッションでした。全国での全消費者認知を半年で90％以上に到達させるというのは、マス・マーケティングをご存じの方ならわかると思いますが、非常に困難なことです。まず、それを純広告のみでやろうとすると凄まじい費用がかかります。仮に純広告のみでやる資金があったとしても、関心が必ずしも高くない層にも認知を形成する必要があったので生半可ではできません。

ハリー・ポッターのファン層や、何事にも興味があって記憶力もしっかりしている若者層だけではなく、40代〜50代や60代以上といった中高年層にも確実に認知を形成しないことには、全体で90％以上の認知にはならないのです。また、USJに行くことを現実に考えやすい地元関西の人のみならず、遠方に住んでいる人にも、認知を形成しなければなりません。認知の裾野をそれだけ大きく拡げなければ、200万人もの追加集客を達成するのは不可能であると需要予測モデルは明確に示していました。もう、やるしかありません。

そこで我々は、USJがTVCMなどの純広告に支出可能な経営資源を計算しました。そして頑張っても純広告で達成できるのは、USJの体力では75％が限界であると結論付けました。認知形成の費用に対して効果は逓減してしまうので、75％から90％までの＋15ptsを純広告で実現しようとすると、75％までにかかる費用の倍以上の予算が必要になります。認知は、上げれば上げるほど、上げにくくなるのです。なぜならば認知が上がっていくと、残された空白の中で、なかなかメディアで捕まえにくくて関心も低い「難しい消費者」の割合がどんどん上がってしまうからです。

そこで思案を重ねた結果、TVCMなどの純広告の開発に力を入れ、

それらの質的な強さに磨きをかけることで75％の認知は獲得し、残りの＋15ptsを埋めるためには、ネットを使ったデジタル・マーケティングとPRの力で、つまり低費用で何とかしようと決断しました。どうすればネットの検索キーワードランキングで、常に上位に「USJ」や「ハリー・ポッター」が張り付いている状態になるか？ Yahoo!トップやLINEニュースでバンバン扱われている状態になるか？ TVをつければどのチャンネルも、情報番組だけでなく、バラエティー番組も報道番組も、USJのハリー・ポッターをやっている、どうやってそんな状態にするのか？ 全国認知90％というのは、日本全国で最大の話題で関心事になるということ、オリンピックや万博のようなポジションにならなくてはいけないということです。

　しかし、重大な問題があったのです。今でこそ、USJはそれなりに評価していただけるようになりましたが、当時のメディアの皆様は、USJに対して関心を持つ人が非常に少なかったのです。地元関西ではそれなりに扱ってもらえるUSJではありましたが、全国PRを仕掛けるのに最重要な東京のキー局の皆様は非常にUSJへの関心が薄かったのです。関西にいる私の僻みかもしれませんが（笑）、東京のメディアの多くは日本の中心である東京で仕事をしているという自負が強くて、東京や関東以外の日本に必ずしも関心が高くないと感じていました。

　まして関東には、東京のメディアの皆様が愛してやまない東京ディズニーリゾート（TDR）がありますから、「USJ？ 何それ？ 地方の遊園地でしょ」と思っている方々が大半というか、ほとんどのように我々は感じていました。それまでも何度も関東のメディアに取材のお誘いをしていたのですが、関西まで時間と費用をかけて取材チームを派遣するというハードルが非常に高く、その厳しさは肌で

第2章　戦略の本質とは何か？

感じていました。そんな中でハリー・ポッターをオープンしても、それがどれだけ凄いスケールとクオリティーであったとしても、どれだけ世界最高のテーマパーク・エンターテイメントの結晶だと叫んでも、オリンピックや万博のような強い関心を持ってもらうことは、夢というよりも単なる妄想としか考えられなかったのです。

　こんな状況の中で、お金を使わず全国認知90％以上を獲得する方法はないかと、私は粘りに粘って考えていました。そして私はある<u>一計、奇策</u>を立てたのです。私の当時の思考回路はこのような流れでした。90％の全国認知を獲得するためには、全国PRの大旋風を巻き起こすしかない。ならばメディアのUSJへの関心の低さを事前に何とかしておかなければならない。メディア関係者が取材したい企業はこの2つのうちどちらかのはず……大企業か、成長企業か。USJはいきなり大企業になることは不可能なので、メディアの皆様の頭の中でめざましい注目株の「成長企業」になろう。実際にUSJはかつての大苦境から不死鳥のように甦（よみがえ）り、デフレ時代にもかかわらず値上げをしながら集客をガンガン伸ばし、V字回復を遂げていた大成長企業だったのです。

　その「注目すべき成長企業である」というメディア内認知をどう形成するか？　勝負はそこだと考えたのです。「よし、本を書こう！」。私の奇策は「<u>USJのV字回復を本に書いてベストセラーにし、USJは注目すべき成長企業であるというメディア内認知を形成する</u>」というものでした。メディア関係者は世の中の関心事に非常に敏感で聡（さと）いため、ベストセラーの本は確実に読むことはわかっていました。私はマーケターの端くれですから、ビジネス書を本気で売れば1冊くらいベストセラーにすることはできるだろうと、それなりの勝算があったのです。それは会社としての費用がかからず

（私の個人的な労力は凄まじいですが）、狙ったターゲットであるメディアの皆様にダイレクトに伝えたい情報を届けることができる、ゲリラ・マーケティングの奇策でした。

　そこで2014年7月のオープンに向けて、全てのスケジュールを逆算して設定しました。私は死ぬほど忙しかった2013年10月から11月にかけての6週間で、業務時間は一切使わず、自分のプライベートの時間のほぼ全てを費やして1冊の本を執筆しました。それが私の処女作となった『USJのジェットコースターはなぜ後ろ向きに走ったのか？』（角川文庫）です。この本はアイデアを生み出すノウハウと、USJがV字回復していくドラマチックな実話を私の目線で書きました。執筆の動機は「ハリー・ポッターの成功のため」ではあったのですが、書き始めると少しでも世の中の役に立つものが書きたくなり、文才がなくて苦労しつつ、泣きながら1人で書き上げたのです（笑）。

　その本が出版されたのは年が明けて2014年2月の末のことでした。その本が計画通りビジネス書のベストセラーリストに入ることになったのは3月の上旬のこと。俄然(がぜん)各方面からの問い合わせが弊社PRチームに入るようになりました。部数もグングンと伸びていき（このあたりは正のガンマ分布の教科書のような展開）、3月末には私は作戦の初期段階が成功した手ごたえを感じていました。「メディアには間違いなく届いている！」と。そして、メディア関係者が拙著に一通り目を通し、USJが苦境から抜け出した物語と、ハリー・ポッターという壮大なプロジェクトに賭ける意気込みを理解してくださったタイミングを衝(つ)いて、計画どおり次の秘策を実行したのです。

　拙著の出版から7週間後の2014年4月18日。安倍晋三(あべしんぞう)内閣総理大

臣とキャロライン・ケネディ駐日米国大使が大阪のUSJまでわざわざ足をお運びになり、ハリー・ポッターの城の前で7月15日のグランドオープン日を発表して下さいました。これに衝撃を受けたメディアの皆様は多かったはずです。

　なぜ一国の総理大臣と米国大使が揃って、しかもオバマ大統領訪日前の超多忙な時期にわざわざ大阪まで行って、1私企業に過ぎないUSJのイベントのオープン日を発表しているのか？　なぜそんなことができたのかと今でもよく聞かれるのですが、これはUSJの力では全くないのです。インバウンド振興や日本の観光業活性化の「大義」に本気でコミットしている政府の皆様が、このプロジェクトに賛同して下さったからです。このイベントを実現するために奔走して下さった多くの方々に心の底から感謝しております。

　この驚きのイベントのおかげで、USJのハリー・ポッターは絶対に取材しなくてはいけない対象として多くのメディア関係者に認識されたと思います。万博やオリンピックのような日本規模のポジショニング獲得へ、我々は必死だったのです。2月末から始めた拙著による注目成長企業の認知形成も、この4月18日のイベントも、実はターゲットとしていたのはメディア関係者の中での認知形成だったのです。その甲斐もあり、7月15日のオープンには凄まじい数のカメラと多くのメディアの皆様が、USJに駆けつけて下さいました。その前後のPR露出はとてつもない量と質となり、それは露出価値に換算して2001年のパークオープン時の10倍以上という凄まじいものとなりました。

　結果として認知形成は、目指していた全国90％以上を大きく超え、計測上の数値はなんと「100％」となったのです。想定よりも＋

10ptsも高い認知は、想定した200万人増を大きく超えた集客結果の主要因の1つです。

４ 「配荷」の伸び代を探す

　配荷率（Distribution）とは、市場にいる何％の消費者がその商品を買おうと思えば物理的に買える状態にあるかという指標です。シャンプーのような消費財の場合は、ヘアケアカテゴリーの商品を取り扱う全国に展開する全ての小売店舗のうち、例えばドラッグストア（マツモトキヨシなど）やGMS（イオン、イトーヨーカドーなどの大型スーパー）やホームセンターなど、自社ブランドを取り扱ってくれている店舗数の割合を「ストアカウント配荷率」と言います。またそのストアカウント配荷率を、大型ドラッグストア1店舗と小さな町の小さな薬局1店舗のビジネス上のインパクトの違いを反映させるために、店舗の売上規模やそのカテゴリーの売上規模でウエイトをかけて修正した「ビジネスウエイト配荷率」も指標としてよく使われます。

　配荷率に伸び代がある場合もラッキーです。認知と同様に、ビジネスウエイト配荷率が50％の場合、それを10pts伸ばして60％にすることができれば、ほぼ確実に売上は20％も伸ばすことができます。配荷率を伸ばせる大きな可能性を見つけた場合は、営業任せではなく、どのようにしてその可能性を実現していくのか、マーケティングが知恵を絞らねばなりません。しかしながら配荷率とは、多くの競合ブランドとの配荷シェアの奪い合いであり、限りある店舗の棚スペースを物理的に奪い合う熾烈な戦いです。現状を自社ブランドに有利に変えていくのには、大きなエネルギーが必要になるのです。簡単な話、小売店の側からしてみれば、自分の限られた棚での

売上が最大化する組み合わせで各社のブランドを置きたい訳で、必ずしもそれが我々のブランドである必要はないのですから。

　小売店の棚の売上を最大化するための核心は、その店を訪れる買い物客のプレファレンスに合わせて棚を作るということです。店には様々なプレファレンスを持った客が来ますが、そのプレファレンスに適合した商品群を棚に置いていなければ、小売店は売上機会を喪失してしまいます。店舗によって客層が大きく異なるので、棚割りのパターンは各店舗の買い物客（ショッパー）の属性に合わせてカテゴリーごとにカスタマイズすることが望ましいでしょう。例えば都市型のドラッグストアでは、ショッパーが若い女性に偏っているため彼女達のプレファレンスに比重を置いた棚割りにするべきで、それは中高年層やファミリー層の割合が多い郊外型ホームセンターの棚割りとはかなり様子が異なるのです。例えばヘアケアでは、都市型ドラッグストアではより嗜好性が高く単価も高いブランドが店頭を賑わし、郊外型ホームセンターではいわゆる定番老舗ブランドを中心に大型サイズが山積みされてアピールされています。

　つまり、自社ブランドが、それぞれの小売店にとって「確たる役割」を果たせるかどうかが非常に重要なのです。小売店それぞれの客層のプレファレンスの中で、自社ブランドが担えるユニークな役割があり、その役割が店舗業態を超えて普遍性が高ければ高いほど、配荷率はより高く伸びやすくなります。売上金額のボリュームで貢献するのか、プレミアム戦略で小売店のカテゴリーの売上単価を引き上げることで貢献するのか、利益率なのか、利益額なのか、自社ブランドの小売店における役割を競合のポジショニングに比して明確にせねばなりません。そうやって配荷の面積（市場のカバー率）を増やすことで、ビジネスは直線的に伸びて行きます。

また、自社の持つ既存の流通システムの中での配荷率の可能性だけでなく、会社としてもっと革新的に大きく配荷を伸ばす視点も常に頭の中で模索し続けなければなりません。炭酸飲料で世界最大のコカ・コーラ社が、世界制覇を成し遂げたのは配荷システムを大革新したからです。自社の業務をブランディングと原液の販売に集中し、現地での生産と販売を担うボトラーを募るフランチャイズ方式を発明しました。これによって、消費者により近いところでの生産が可能になり、より新鮮な商品を届けることができる上に、流通システム構築に必要な経営資源を他社に依存できたのです。この新システムのおかげで、コカ・コーラ社は全米への配荷拡大をあっという間に達成して、世界制覇へと向かうことができました。

　最近では、日本の誇るサントリーが、米ビーム社をなんと兆の桁（けた）と言われる巨費で買収しましたね。ビーム社と言えば「ジムビーム」など数々の世界的ブランドを持つスピリッツメーカーです。その買収価格に私も驚きましたが、それらの強力なブランドの獲得のみならず、サントリーの最大の狙いは全米・全世界への強力な販売チャネルの獲得と、海外での経営ノウハウの習得だったのではないでしょうか？　私の古巣であるP&Gも、1985年にリチャードソン・ヴィックスを買収し、販売チャネルの大幅強化によって配荷を大幅に改善し、その後全世界で飛躍的な成長を遂げました。このように会社ごと買収してしまうことも、スケールは大きいですが、配荷を大幅に強化するための革新的な手段となります。

　もう1つ重要な視点があります。配荷率を上げて面積を広げるだけでなく、「配荷の質」をプレファレンスに合わせて改善することによっても、ビジネスを飛躍的に伸ばすことができます。「配荷の質」とは、同じ配荷率の1ptsでも、店頭での扱われ方が実は月とスッポ

ンくらい差があるということです。自社ブランドがその店に配荷されていると言っても、何SKU（SKU：商品の最小管理単位のこと。Stock Keeping Unitの略）配荷されているのか、そのSKUの組み合わせはその店の顧客のプレファレンスに嚙み合っているのか、棚のどのくらい有利な位置に置かれているのか、理想の価格設定は実現できているのか等々、その実情においては大きな質的な差があるのです。配荷の質、すなわち配荷の内容を質的に改善することでも、1配荷単位あたりの売上を伸ばすことができ、ビジネスを大きく改善することができます。

◆ Case 2　配荷の質を改善してビジネスを伸ばせ！

　私が米国シンシナティのP&G世界本社に赴任して、2004年から2006年にかけて北米パンテーンのブランド・マネージャーをしていた時の話です。当時の北米パンテーンは、日本のパンテーンとは比較にならないような圧倒的なメガブランドでした。北米ヘアケア市場のNo.1ブランドであり、利益だけでV字回復前のUSJの売上金額以上を余裕で毎年稼いでいたP&G最強ブランドの1つでした。P&G世界本社では極めて珍しい日本人の私が、そんなメガブランドへブランド・マネージャーとして赴任して、アメリカ人に交ざって仕事をすることになったので、風当たりは非常にきつかったです。

　ただ、そんなメガブランドにも大きいゆえの悩みがありました。それ以上どうやって成長すればいいのか、北米のブランドチームは悩んでいたのです。私の英語力ではアメリカ人には勝てないので、頭脳で勝負することにしました。いつもの数学マーケティングの力で市場を分析し、すでに大きかった北米でのパンテーンを、さらに大きくするための成長戦略をどこに打ち立てるか、徹底的に分析しました。そして、「配荷（Distribution）」に大きな機会があることに着

眼しました。

　当時の北米パンテーンは圧倒的なメガブランドでした。ストアカウント配荷率でもビジネスウエイト配荷率でも、すでに98％、99％とか限りなく100％に近かったので、会議で私が「配荷を改善することでビジネスを伸ばす！」と言ったときに、アメリカ人の部下達の間にはバカにしたような失笑が起こりました。ただし、私が着眼したのはそんな100％近い配荷の面積や量ではなく「配荷の質」の大幅な改善余地だったのです。それは膨大な量の<u>パンテーンのSKU数を、それぞれの店舗タイプに応じた消費者のプレファレンスに合わせて最適化していく「店頭SKUの最適化プロジェクト」</u>でした。

　圧倒的なNo.1ブランドであったパンテーンは、次から次に新SKUを発売していたので、SKU数は実に数百に及んでいたのです。米国の小売店の規模は、ほとんどが日本の大型ホームセンター並みかそれ以上に大型なため、物理的に多くのSKUを店頭に並べることができてしまいます。また、米国は多民族国家であるため髪質やその悩みのバラエティーも日本人の比ではありません。とてつもない種類のバージョンを豊富なサイズ別で販売しているため、SKU数は半端ではない数になってしまいがちなのです。

　その結果、店頭に行くと「白い壁（White Wall）」と消費者に呼ばれるパンテーンの白いパッケージに圧倒されます。凄まじい種類と数の商品が上から下まで集まった巨大な商品棚が多くの店で展開されていました。この白い壁のおかげでパンテーン・ブランドがどこにあるのかが誰にもすぐわかることは素晴らしいのですが、白い壁の前に立った消費者は、肝心の自分に合ったSKUがどこにあるのか非

常に探しにくかったのです。加えて、そこにある膨大なSKUは長年にわたる新製品の押し込み押し込みで形成されてきたので、必ずしも消費者のプレファレンスをうまくカバーした組み合わせになっていなかったのです。

私がそれになぜ気がついたかと言うと、第1章で紹介したように、市場におけるヘアケア製品の用途別のシェアが、市場全体の用途別のプレファレンスそのものであるという本質を私は知っていたからです。パンテーンのSKU数の種類配分と市場全体のプレファレンスを比較した瞬間に、そこにギャップ（成長の余地）があることに気がつきました。あとは、小売店の店舗タイプごとの買い物客のプレファレンスを分析して、売上を最大化する既存のパンテーンのSKUの最適な組み合わせの解を計算で導き出したのです。

ようするに、簡単な話です。「野球の試合で、全選手が30人いる中で9人しか出場させられないときに誰を出場させますか？」という話です。私は、雑然と編成されていたチームから打率の低い選手を見つけてさっさと引っ込めて、打率の高い選手を組み合わせて9人を選んだということです。確率、つまりチーム打率は上がって当然です。棚スペースのシェアを競合に奪われることだけは気をつけて、今ある白い壁を同等の面積のまま、その中身を最適の組み合わせに入れ替えて、しかもショッパーにとって選びやすいように並べ方と棚のデザインを開発し、その棚の什器ごとインストールするイニシアティブを展開しました。

そうすることで3つの良いことが起こりました。1つは当然ですが、店頭での売上が伸びたことです。SKUの過不足を調整して、店頭に来るショッパーのプレファレンスをより広くカバーできる組み

合わせを店頭に並べていますから、白い壁の攻撃力は以前よりも格段に増しています。また、以前よりも視覚的に選びやすくしているので、ショッパーが自分に関連のある商品を手に取る確率も大きく上がっているのです。棚のシェアは一切増やしていないのに、例えばウォルマートのテスト店舗では売上が147％（＋47％）に伸びたケースもありました。

2つ目の良いことは、市場のプレファレンスをカバーするという観点で効率の非常に悪いSKUを大量に廃止することができたので、我々の製造や在庫に関わる大きなコストカットに繋がったことです。売上増とコストカットの往復ビンタで会社を儲けさせることができたのです。3つ目の良いことは、当初は笑っていた部下達も、風当たりがきつかった他部署の人間達も、この1件以降は私を信用して素直についてきてくれるようになったことです（笑）。米国P&G本社のヘアケアカテゴリーでも、こういう数学を使った芸当ができる人間は私だけだったのです。

このように配荷の課題は、配荷の面積だけではありません。配荷の質にも改善の伸び代がないかを探ってみなければなりません。店頭空間は、消費者がブランドを選ぶ真実の瞬間であり、それは市場の縮図そのものなのです。パンテーンのような圧倒的なブランドでさえも配荷に大きな伸び代があったように、多くのブランドにとって配荷の量も質も、認知と並んで最も確実な経営資源の投資先であることを理解しておくことは大切です。

5 プレファレンスの伸び代を探す

ついにこの章の最重要な内容に入ります。戦略の3つの焦点の中

でも、プレファレンスはそのブランドの最大ポテンシャルを決定するため最重要です。そしてすでに説明したように、認知率（Awareness）と配荷率（Distribution）はそれぞれ上限によって、プレファレンスが決定する自社ブランドの最大ポテンシャルを制限するのです。戦略の本質である「消費者のプレファレンス」に迫ります。

まず「消費者のプレファレンスが一体何であり、そのプレファレンスを伸ばすということは結局どういうことか？」を解説していきます。第1章で説明したように、自社ブランドが選ばれる「確率」の正体である「消費者のプレファレンス」は、下記の式 (1)、負の二項分布の式で計算できます。この数式そのものを計算できるようになる必要はないですが、この式の中に登場している「M」と「K」の意味を理解することで、プレファレンスをより理解してみましょう。

NBDモデル（r回出る確率）： $P_r = \dfrac{\left(1+\dfrac{M}{K}\right)^{-K} \cdot \Gamma(K+r)}{\Gamma(r+1) \cdot \Gamma(K)} \cdot \left(\dfrac{M}{M+K}\right)^r$

式 (1)

このややこしく見える数式の中に、「M」と「K」という文字が見えますよね？　この式を見ると、自社ブランドが選ばれる確率（P）は、MとKによって決まっていることがわかります。しかし、実際のところ我々がコントロールすべきはMしかありません。

Mが意味するものは何か？　Mは選ばれる確率そのものです。数学的にMは、自社ブランドを全ての消費者が選択した延べ回数を、消費者の頭数で割ったものです。例えば、選挙の時に、現実社会のように投票する時期や投票数（1人1票）などのしがらみのない世界

で投票することを想像してみてください。AKBの総選挙のような世界です。その世界では一定期間内に、いつ、誰に、何票、投票してもしなくても自由です。その世界で一定期間に自社ブランドに投票された全ての投票数を、選挙権のあった全ての人間の頭数で割ったもの、つまり「（一定期間内の自社ブランドに対する）1人当たりの投票数」、これがMです。AKBの総選挙ならば、推しメンA子ちゃんへの総投票数を総人口（投票しなかった人も含めて）で割ったものがMになります。投票しなかった人を含めた総人口で割るのは、投票しないという選択を含めないと市場全体の確率を正しく計算できないからです。

ではKとは何か？ Kは消費者の購入確率がどのような分布の形になるかを決めている指標です。「購入確率の分布の形」を理解するために、わかりやすく架空のラーメン屋の例で話します。あるラーメン屋に私が客として頻繁に通っているとします。1週間に何回くらい行っているか？ 1年間に私がこのラーメン屋を訪れた回数の合計を、全ての週の数52（1年間は52週間）で割れば、1週間あたりの平均購入回数が出ます。

仮に、私の1週間あたりの平均購入回数が5回（M=5）だったとしましょう。

図2-1を見て下さい。これは1週間あたりの平均購入回数がぴったり5回（M=5）の個人を例として、ある1週間における現実の購入確率がどのように分布しているかを示しています。私がこの店のラーメンを購入する頻度は、長期的（1年を通してみたとき）には1週間につき平均5回なのですが、特定のある1週間において私が5回きっかり訪れるとは限らないのです。ある週では倍の10回かもしれませんし、別の週では全く行けなくて0回かもしれません。

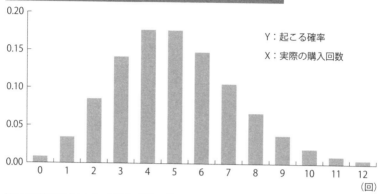

図2-1　各個人‐長期的平均購入回数5回の場合の分布

注1：長期的な視点からは、消費者・個人の購買行動は一定の確率で発生します（このケースでは平均購入確率は1週間で5回）。その確率分布は「ポアソン分布」になっています。詳しく知りたい方は巻末解説1を見て下さい。

　つまり、この0回から12回までそれぞれにその回数だけ購入される確率があり、それらの購入回数の平均が5回（M=5）になるということです。例えば、私がそのラーメン屋を週4回訪れる確率はこの表から約0.18（18%）です。これらの確率を全部足すと1.00（100%）になります。

　さてこの確率分布のグラフを見ると、0回から12回までのそれぞれの確率が、なだらかな山のような形に分布していますよね。この形が「購入確率の分布の形」です。

　次に図2-2を見て下さい。これは消費者全体の購入確率の分布図ですが、3つとも平均値Mは5で一定にもかかわらず、Kを変化させただけでバラつきの形（確率分布の形状）がこんなに変わります。パッと見ただけの視覚的な印象ではAしか平均値が5にならないように見えますが、実はBもCも平均値は5です。またそれぞれのグラフの面積もちゃんと1.00（100%）になっています。このようにKは確率分布の形状を支配しているのです。しかしながら、Kだけを変え

図2-2 消費者全体-分布のかたち（M＝5）

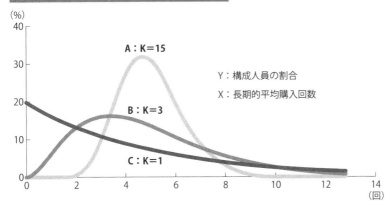

注2：先ほど個人の購買行動は「ポアソン分布」と言いましたが、消費者・全体ではそれらの無数の個人の平均購入確率が「ガンマ分布」になっています。NBDモデルのKはその分布の形状を決めているのです。詳しく知りたい方は巻末解説1を見て下さい。

てもこの3つの総面積が変わらないように、Kが売上に直接影響することはないのです。

　もしこのラーメン屋が味を劇的に改善し、市場におけるプレファレンスを大幅に強化したら、どんな変化が起こると思いますか？そのときはMが拡大するので、その結果としてKも増えて、購入確率のバラつきも大きくなります。図2-3は、このラーメン屋（K=1、M=5）が劇的に味を改善して、M＝10になったときの長期的購入確率の分布を表したグラフです。ご覧の様にKも増えていますし、より高頻度で買う人の割合が増えて（右方向に分布が拡がる）バラつきが大きくなっています。

　Kについてこれ以上詳しく書くと専門的になりすぎるので、Kをもっと知りたい方は巻末解説1をご覧ください。ここでは、1）Kは確率分布のバラつきの形を支配している、2）Kはプレファレンス

図2-3　Mが5から10に増えた時の消費者全体の分布

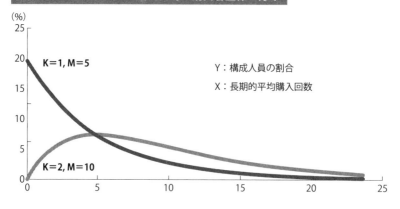

(M)によって結果的に決まる、という2つのざっくりとした理解だけで十分です。

　重要なのは、Kは消費者のプレファレンスによって結果的に決まってしまうので、実際のところは我々が直接的にコントロールすべき対象ではないということ。Kは確率分布の形状は決めますが、Mは決めません。MがKを決めるのです。そして選ばれる確率そのものであるMを伸ばすために、我々がコントロールすべきものは「プレファレンス」しかありません。我々が着眼すべき戦略の焦点はこのNBDモデルの式中のMであり、それはすなわちプレファレンスを伸ばすことです。繰り返しになりますが、Mとは「自社ブランドへの1人当たりの投票数」のこと。つまり、戦略の本質とは、市場全体の中で自社ブランドへの1人当たりの投票数をどう増やすかを考えることに他なりません（数学に詳しい人は、我々が原因と結果を混同して書いているのではないかと疑問を持つかもしれません。しかし我々はその原因と結果が表裏一体であることを確信しています。詳しく検証されたい方は巻末解説1の論証を参照して下さい）。

AKBの総選挙を例に、プレファレンス（つまりM）を伸ばしていく戦略を考えて見ましょう。先ほど、推しメンA子ちゃんへの総投票数を総人口（投票しなかった人も含めて）で割ったもの、つまり「1人当たり投票数」がMであると言いました。このA子ちゃんが次回のAKB総選挙でもっと得票数を伸ばして順位を上げるためには、どのような戦略オプションがあると思いますか？　プレファレンスを伸ばす戦略には、主に2つの選択肢があります。1つはプレファレンスの水平拡大、A子ちゃんのファンの数を増やして拡大していく戦略。もう1つはプレファレンスの垂直拡大、A子ちゃんのファン数を増やすのではなく、既存のファン1人当たりにもっと多くの投票をしてもらう戦略。

　新規ファンを獲得していくために水平方向にプレファレンスを強化する方が良いのか？　あるいはもうすでに投票している人に1人当たりの投票数を増やしてもらうための特別なファンサービス等を行って垂直方向へプレファレンスを強化する方が良いか？　私の経験上では、プレファレンスの垂直拡大よりも、水平拡大の方が成功する場合が多い気がします。どちらがもっとMが増えるのかを計算すると、水平方向が簡単である場合が多いのです。主な理由の1つは、既存のユーザーを深掘りするよりも、その外を耕す方がマーケットがずっと大きい場合が多いからです。このA子ちゃんの場合も、既存のファン数よりもファンでない人数の方が圧倒的に多い（投票しなかった圧倒的大多数も含めて）のです。

　垂直方向のプレファレンスの拡大が理論上はあり得るのは、既存のファンに特別にアピールするプレファレンスの大幅な強化が成された時です。A子ちゃんが特定のファンのみに何か特別のサービスを始めるとそうなるでしょう。他にもたとえば、好き嫌いの分かれ

る食材「くさや」が香り倍増キャンペーンを行ったとします。結果は、新たに「くさや」が好きな人が増えるのではなく、きっと既存の「くさや」ファンの中で購入回数が増えることでしょう。それが垂直方向のプレファレンスの拡大、つまりMの増やし方です。理論上はあり得ます。しかし実際には、A子ちゃんの場合も、垂直方向（既存ファン）により多く投票させることができている状態なら、ファンの裾野も広がっている場合がほとんど、つまり水平方向の方がもっと拡大しているものです。

　それはA子ちゃんの魅力度（プレファレンス）が大幅に強化される時には、くさやのように既存ファンのみにアピールする強化方法は現実的には考えにくいからです。A子ちゃんの魅力度（プレファレンス）が大幅に増すと、市場においてより多くの人がA子ちゃんのファンになるのは避けられないとも言えます。先ほどの分布の形の指標「K」の話を思い出してください。「K」は、プレファレンスが大幅に増すことによって、より全体に広がって（バラつきが大きくなるように）変化していくからです。より魅力のあるものは、より皆が好きになっていく（拡散してバラつきが大きくなる）のです。そして同時に、結果として垂直方向にも、今までA子ちゃんを好きだった人はもっと好きになっています。

　市場全体のプレファレンスを水平方向へより多く獲得していくことは、自社ブランドの基本戦略となる場合が多いのです。自社ブランドの魅力を増すことによって新たな消費者を獲得し、市場全体における自社ブランドの「M」を増やしていくのです。そのために消費者の中で誰をターゲットとして狙うのか？　その戦略的な考え方がマーケティングのWHOであり、消費者のターゲティング。注意すべきは、新規顧客を獲得しようとして増強したプレファレンスが、

既存顧客のプレファレンスを毀損しないようにすることです。あくまでも自社ブランドのプレファレンスの総和としての「M」を増やす選択を取り続けることが重要です。

重要なまとめになります。つまり、**消費者を区切ってターゲティングすることは、Mを増やすためであって、決して自社ブランドのMを狭めるためではない**のです。この本質を理解していないマーケターは多いように思います。ターゲティングや競合との差別化、などの手段が先に立ってしまって、大切な自社ブランドのMを不必要に狭めてしまっていることが多いのです。あくまでも、**自社ブランドの市場全体における魅力度（プレファレンス）を拡大するのが目的**であって、ターゲティングはそのための1つの手段に過ぎないのです。ターゲティングは自社ブランドにとって「M」を増やすためにやっているのであるという自覚を持つことで、マーケターは自社ブランドにとってのプレファレンスの伸び代を正しく見つけ出していくことができるでしょう。

◆ Case 3　USJブランドのプレファレンスを伸ばすには？

ここまで解説してきたように、特定の消費者ターゲットのプレファレンスを高めることは、マーケティングの目的としては視野が狭いのです。目的はあくまでも市場全体のプレファレンスを視野に入れて、自社ブランドのために市場全体のプレファレンスを効率的に獲得していく（Mを増やす）ことです。消費者ターゲットを選んでそのプレファレンスを上げること（ターゲティング）は、その大きな目的である市場全体のプレファレンスをより大きく捕捉するための手段でしかないのです。

私は5年半前にUSJに着任したとき、USJというブランドの市場

におけるプレファレンスを高めるために何ができるかを必死に考えたのです。最初に気づいたのは、USJを好きな消費者が、東京ディズニーランドを好きな消費者と比べて、非常に偏っていることでした。端的に言えば、東京ディズニーランドの方が子供から大人まで、独身層から家族層まで、文字通り老若男女にそのファン層が広がっていて幅が広いのです。対するUSJのファン層は、大人、特に独身女性層にあまりに集中していたのです。分布の形の指標「K」の数値が小さく、バラつき自体がとても小さい状態……。これはUSJが東京ディズニーランドよりも市場全体におけるプレファレンスがずっと弱いことを表していました。

　ブランドのプレファレンスを伸ばそうとするときに、実戦経験の浅いマーケターがよくやってしまう過ちは、既存の特定の消費者ターゲットの中でのプレファレンスを伸ばすことで頭が一杯になってしまうことです。しかし、我々が肝に銘じておくべきは、あくまでも市場全体での自社ブランドへのプレファレンスを上げることです。もっと言えば、それはUSJの「M」を増やす戦い。USJのチケットを買うファンの人数を、市場全体でどう増やしていくのか？　という勝負なのです。先ほど述べたように、既存顧客の深掘りばかりが芸ではなく、むしろ市場全体から新規顧客を獲得する方法を常に意識しておく必要があります。

　そういう視点に立ったときに、私はUSJの既存のファン層である映画が大好きな人達に更にUSJを好きになってもらうよう投資することよりも（プレファレンスの垂直方向への拡大）、明らかに効率が良く見えるファンの増やし方がいくらでも思いついたのです（プレファレンスの水平方向への拡大）。つまり、狭すぎる消費者ターゲットの幅と、限られた範囲の消費者のプレファレンスしか満たさない狭すぎる

パークのコンテンツを本気で改善すれば、USJは市場全体におけるプレファレンスを格段に大きく捕まえてもっと高く飛べると確信しました。実行できるかどうかのチャレンジはあったとしても、実行できればそれは高い確率で「勝てる戦」だと判断したのです。

　そうと決まれば、あとは誰を狙って何をやるかです。まずブランド戦略を「映画だけのテーマパーク」から「世界最高のエンターテイメントを集めたセレクトショップ」に大転換し、アニメやマンガやゲームなどの様々なジャンルから優れた集客力を発揮するコンテンツをパークに集めました（ワンピース、モンスターハンター、バイオハザード等）。これによってその時点でのビジネスの目的に合わせて特定のファンベースのプレファレンスをUSJに取り込むことが可能になります。しかしここで質問をされたい読者はいらっしゃるはずです。「映画だけのテーマパーク」が好きな既存のファン層のプレファレンスを毀損するリスクは考えなかったのか？と。

　当然ですがそのリスクは分析した上での結論でした。それは「映画好きなファン層」のプレファレンスの本質、彼らがなぜUSJに来るのかを見極めることに他なりません。簡単に言うと、彼らは「USJが映画だけのテーマパークだから来ている」のではなく、「自分の好きな映画のコンテンツがあるから来ている」のです。もっと言うと、彼らは映画のコンテンツだから来ているのではなく、自分の好きなコンテンツがあるから来ているのです。映画だろうが、アニメだろうが、ゲームだろうが、そんな「フォーマット（形式）」によって消費者のプレファレンスが決まっている訳ではないのです。つまり映画かどうかなんて、プレファレンスに関係がありません。

　という訳で、「映画だけ」にこだわることがUSJにとっては百害

あって一利なしであることは明白です。私の中では論点にすらならないので一切迷いませんでした。しかしUSJがそれを実績で証明するまでは、多くの厳しい御意見の大合唱でした。映画のテーマパークからズレると失敗するとか、ディズニーとの差別化ができなくなるから失敗するなどのご意見です。既存ファンの皆様のみならず、社内の根強い意見や社外のブログやネット記事などでも実に猛威を振るっていたのです。

　もちろん映画だろうが何だろうが、あるテーマによって統一された世界観で非日常体験を強調することでプレファレンスを上げていく戦略が存在することは、ディズニーランドの成功からもわかっていました。しかし、テーマパークが成功するためにはその方法しか存在しないような口ぶりのそれらの意見は本当に正しいのか？　ようするにそういう人達は、わかりやすいディズニーランドの話をしているだけです。表層の現象を見て言っているだけでビジネスの本質を見ていないのです。私にとっては、1つのテーマ性にこだわって世界観を作っていくことも、「M」を増やすための1つの手段に過ぎないのですから。結局は「M」を増やせば良いゲームだとわかっていた私には、ディズニーランドのやり方以外にもMを増やす方法がいくつもあることが見えていました。

　私はこうも考えていたのです。ディズニー映画という1つの巨大なジャンルだけで、市場の大幅なプレファレンスをカバーできるTDRが設定したルールに沿って、彼らと同じ土俵で戦ってどうするのかと。そんな巨大な1つのテーマは、ディズニー以外には、なかなか手に入らない。それは誰でも想像できると思います。しかも、TDRでさえ、よく見れば、インディ・ジョーンズ、スター・ウォーズ、そしてこれからはアバターと、およそミッキーマウスの世界観

とは相容れないバラエティーをパークにいくつも含んでいます。Mを増やすために彼らも正しいことをやっているのです。

　ようするに「USJにとって最も成功する確率が高いMを増やす戦略が何か？」という話です。現象を眺めただけの無責任な妄想論ではこのパークを救えないのです。私が入社したときに既にUSJは関西に10年前から建っていたのです。3倍の人口圏である関東に座っているTDRよりも、ずっと丁寧に隅々まで市場を開墾しなくてはいけません。だからUSJブランドは、よりバラエティーに富んだ多くのコンテンツを納め、それらを束ねる傘とならなくてはなりません。映画などのフォーマットに絞り込む無意味を犯してはいけません。1つの感情便益に絞り込む非効率を犯してもいけません。

　そう考えて、このブランドを、すべてのコンテンツと感情便益を繋ぎとめられるエンターテイメントの「世界最高品質」で作ろうと考えました。USJというパークの「文脈」を変えたのです。映画やアニメといった形式でくくるよりも、世界最高のエンターテイメント品質でくくる方が、よほど消費者のプレファレンスに意味があるからです。それが「映画の専門店」から「世界最高のセレクトショップ」への転換でした。

　さらに、USJの最大の弱点（空白地）であった、「小さな子供連れファミリー」をファンとして獲得することも非常に効果的な戦略に思えました。そこで2012年に新ファミリーエリア「ユニバーサル・ワンダーランド」で、市場全体の中におけるUSJの多くの新規ファンを獲得、総集客はこれだけで2割も伸びました。ハリー・ポッターの10分の1程度の費用しかかかっていませんが、何十年にもわたって長期的に「M」を拡大する大きな効果があります。生涯来場回数を3

回程度増やす(幼児のときに+1回、親になって+1回、孫を連れて+1回)上に、関西地区だけで毎年20万人もの新幼児が生まれるので、その家族も入れると年間で70万人もの新規顧客層が期待できるのです。

　他にも様々な施策を打ち込んでプレファレンスを高める工夫を続けました。たとえば「ハロウィーン」という新しい季節イベントで、広範囲な消費者からプレファレンスを獲得するためにパーク中をゾンビで埋め尽くす、当時としては画期的なイベントも立ち上げました。スリルが大好きな消費者のプレファレンスを獲得するために、ジェットコースターを後ろ向きに走らせたこともありました。大人気で体験者も多いスパイダーマンのアトラクションをより精緻な映像技術「4K」でアップグレードしたのも目的は同じです。これらは全て、何人の消費者のプレファレンスをどう上げて、その結果としてどれだけ「M」を増やせば良いのかを事前に数学的に論証しながら実行しました。

　そして、地元関西のみならず、遠方からUSJにどうしても行きたくなる物凄いものを作ることで、日本全国やアジア全域にわたってUSJへのプレファレンスを上げることも考えました。だから社運を賭して「ウィザーディング・ワールド・オブ・ハリー・ポッター」を建てたのです。ハリー・ポッターは、プレファレンスによる質的成長だけでなく、劇的な量的成長(認知や配荷による成長)を遂げる両方の目的で実行しました。まず、ハリー・ポッターで消費者のUSJへのプレファレンスは劇的に上がります。同時に、このとてつもないハリー・ポッターができたという社会的なニュースをテコにして、メディア投下エリアの関西近郊から全国区への大幅な拡大という勝負に出て、全国での認知拡大によるブランドの量的成長をも企図したのです。それはプレファレンスの伸びと認知の伸びの「往復ビン

タ」で会社を勝たせる戦略でした。

　それらの全てを何のためにやっていたのかと言えば、「<u>市場全体におけるUSJへの消費者プレファレンスを高めるため</u>」にやっていたのです。それらは全て、USJファンの頭数を水平方向へもっと増やすことを志向した施策でした。全てはUSJへの投票数である「M」を増やすために一貫して、緻密な計算式を使って目的から逆算してやっていたのです。ここ数年にわたるプレファレンスを伸ばすための一貫したマーケティング戦略によって、USJは日本の全主要ブランドの中で、ブランド価値の成長率1位という驚異的なプレファレンスの伸びを達成しました（日経BPコンサルティング・ブランド・ジャパン2015。全業態1500のブランドにおいて、USJはブランド価値の「総合力」上昇ランキング1位、総合的ブランド力12位を記録）。

　2015年度に年間集客はまた過去最高を更新して1390万人を達成していますが、それは私が入社した当時から＋660万人もの集客増です。そしてその増えた膨大な集客数のほとんどは、かつてのファンの来場回数の増加よりも、プレファレンスを拡大したことで新規に獲得したファン人数の圧倒的な増加によるものです。では、「映画だけのテーマパーク」が大好きだったかつてのファン層が離れたかと言えば、そんなことは決してありません。水平方向に大幅に伸びただけではなく、かつてのファンの垂直方向への伸びも確認できています。それは5年半前に計算したとおりです。より多くの消費者の頭の中にUSJを買う必然（プレファレンス）を築き上げて、1人当たりの投票数「M」を劇的に増やしたのです。

第 3 章

戦略はどうつくるのか？

マーケティングはアート（芸術）だという人がいます。アートの意味するところは、抽象概念を人間が知覚可能になるように具現化すること。たとえば音楽や絵画は、「喜び」や「悲しみ」のような抽象概念を、人間が耳や目で具体的に感じられるようにしたアートです。「目的を達成する」という抽象概念を、人間が理解できるように具現化する「戦略」も、その意味では確かにアートです。たとえば、戦況分析でどれだけ客観的な情報を集めたとしても、その状況をどう読むのかという判断は確かにアートです。目的設定や戦略決定のギリギリの瞬間も、「意志」が必ず入り込むアートであると言えるでしょう。

　しかし私はマーケティングをアートからできるだけサイエンスに近づけたいと考えています。「主観」は最終手段として大切にしつつも、できるだけ「客観」によって主観のランダム性をコントロールしたいのです。たとえ、直感の閃（ひらめ）きというアートで戦略ができた場合でも、サイエンスによってその妥当性をできる限り担保した方が、成功確率が高くなるからです。合理性を超越したところにあるギリギリの判断自体はアートですが、だからと言ってその瞬間までのサイエンスに怠慢が許されるべきではないと考えています。マーケティング戦略をアートのまま実行する訳にはいかないのです。それでは単純に確率が低くなるからです。

　絶対に失敗できない戦いがそこにある時、重圧に対して我々が正気を保つ拠（よ）り所は「合理性で担保されている領域がどれだけ大きいか」です。ハリー・ポッターを建てるまで一度も大きな失敗は許されませんでした。30回も40回も勝ち続けなければならなかった戦いにおいて、私は「アート」なんて言っていたら発狂しそうな恐怖を何度も何度も経験して来ました。脳細胞の1つ1つがパンクしそ

うになるくらい考え抜いて、合理性をできるだけ大きくし、マーケティングを限りなくサイエンスに近づけた。そのおかげで、かろうじて勝ち続けることができたと感じています。マーケティングは、どれだけ成功確率を高められるかを模索し続ける「科学」を基本としなくてはならない。それは私の信念です。

　そして科学である以上、その理論には再現性が求められます。ビジネスにおいては「同じ川を二度と渡ることはない」と言われます。たとえ同じ川の同じ場所を同じ時間帯に渡ったように思っていても、水量や水流や水温などが必ず違う訳で、文脈が同一条件になることは厳密にはあり得ません。しかしそれら文脈の違いがあったとしても、それらに共通する考え方の理論的再現性は求められるのです。

　簡単な話、アートばかりだったら真似しにくいし、教えにくいのです。マーケティングを科学と捉えて、その手法を可能な限り体系化し、共通の法則性から再現性を希求することで、よりスマートなマーケティング組織が出来上がっていくと私は考えています。

　本章のテーマは「戦略をどうつくるのか」についてです。私の中での戦略づくりは「つくる」というよりはむしろ「さがす」という感覚です。戦略は必ずそこにあるものだからです。目的を達成するために確率の高い道筋がどこかに「ある」のであって、誰も気がついていないその道筋を探して見つけ出すという意識に近いのです。そのためにあらゆる知力を注いで探していきます。ただし、戦略は必ずしもスタートからゴールに向かって探していくのではないのです。むしろ逆です。ゴールからスタートに向かって逆算して探していきます。

1 ゴール地点で見るべきドライバー

◆ ブランドの売上を支配する7つの要素

　戦略で大切なゴール地点での景色が見えるようになるためには、ゴール地点で一体何を見れば良いのかを理解できていなくてはなりません。つまり、売上を支配している要素が何であるか、そしてそれらがどう機能して売上が決まっていくのか、その仕組みが理解できている必要があります。

　最終的にブランドの売上を支配することになるドライバーをよく理解しておきましょう。それらの中には、我々がコントロールしやすいものと、コントロールしにくいものがあります。コントロールしにくいものに経営資源を集中するのはオススメしませんが、どうしても必要な場合はその難しさを知った上で工夫すべきです。また、比較的コントロールしやすいものの中にも、その効果をよりよく発揮させるための様々なノウハウがあります。その性質を理解しておきましょう。

　わかりやすくするために対象期間を1年間とし、年間売上をコントロールしている7つの要素を詳しく見てみましょう（表3-1）。これらの7つは後ほど詳しく述べる目的（ゴール地点）で見るべき具体的なポイントとなりますので、よく理解しておいて下さい。

　7つの内の2つ「認知率」と「平均購入金額」は、比較的容易に我々がコントロールできます。「認知率」は、認知ドライバーの質、全ての認知に関わるマーケティング活動の結果で決定します。例えばテレビ・コマーシャル（TVCM）の質は「商品を覚えてもらえるか」が

表3-1 売上を規定する7つの基本的要素

	売上の基本的要素	コントロール	1（主要因）	2	3
1	認知率	◎	認知ドライバー（TVCM、WEB広告等）	広告量	店頭活動
2	配荷率	○△	**プレファレンス	店頭状況	取引条件
3	過去購入率（延べトライアル率）	○	**プレファレンス	カテゴリー購入回数	配荷率
4	エボークト・セットに入る率	○	**プレファレンス	ポートフォリオ内の銘柄数	配荷率
5	1年間に購入する率	×	カテゴリー購入回数	**プレファレンス	配荷率
6	年間購入回数	×	カテゴリー購入回数	**プレファレンス	配荷率
7	平均購入金額	◎	サイズ選択肢・値段	サイズの好み（プレファレンス）	サイズ別配荷率

◎：我々が主にコントロールできる　○：ある程度できる　△：少し可能　×：あまりできない
**競合ブランドに対する当該ブランドのブランドエクイティー、製品のパフォーマンス、価格

主な要因で、我々が誰に、何を、どのようにコミュニケーションで訴えるかにかかっています。また、認知を作り出す効率の話ですから、ある程度は広告量（お金）で解決できます。

　平均購入金額は、ひとえに我々がどの様なサイズ・値段で提供するかにかかっています。一般にブランド選択の方が、サイズ選択より消費者にとって大事だからです。特に強力な親ブランドから派生した同一カテゴリーの商品の場合、商品の質の心配がないので初めての購入時（トライアル）でも、大きなサイズに変更しやすいのです。複数のサイズにそれぞれ違う単価がある場合には、平均購入金額はビジネスウエイトを考慮した平均ユニット価格を用います。

　「配荷率」に関しては、私と今西さんの間で意見が少々分かれます。

マーケターである私は、配荷率はそれなりにコントロール可能であると考えています。流通の利害を洞察しつつ、小売店の買い物客（ショッパー）のプレファレンスを効率的に捉えるための「確たる役割」を自社ブランドに備えさせることによって、伸ばす余地は十分にあると考えています。また、様々な流通へのインセンティブを駆使することで短期的に操作しようと思えばそれも不可能ではありません。第2章で紹介したように配荷の質の改善も有力なドライバーになります。少なくとも私自身は過去の経験として、それなりに配荷率をコントロールして来たのです。だから私は○判定。

対してアナリストである今西さんの考え方は、配荷率というものは多少のコントロールはできても、なかなか我々の思い通りにはいかないというものです。多くのカテゴリーを見てきた彼の経験知として、配荷率は、そのブランドのマーケット・シェアによって結果的に決まってしまう傾向が強いと言うのです。シェアの主な要因は消費者のプレファレンスですが、それはマーケティング活動の総結果なので、なかなか直接的にはコントロールできない。だから△判定。カテゴリーによって差が大きいのかもしれません。皆さんはどのように考えるでしょうか？

「過去購入率（延べトライアル率）」は、もちろんカテゴリー購入回数と配荷率が物理的に確率を決めています。しかし製品導入してからの期間がカテゴリーの購入回数に対して十分長く、例えば2、3年カテゴリーの購入回数が6回から10回であれば、プレファレンスによって決まってしまいます。エボークト・セット、つまりサイコロの目に入っていれば、何回か振れば目が出るようなものです。トライアルにとっては1回出れば良いのです。

「エボークト・セットに入る率」は、新たに魅力的なブランドが出現したときに、自身のエボークト・セット内の既存のブランドをベンチマークにして決定しているのです。人によりエボークト・セット内のブランド数は異なりますが、基本的にはその数は一定なので、新しいブランドを認知したり体験したりすると、エボークト・セット内のブランドの入れ替えがおこなわれます。もし配荷等の問題でそのブランドが簡単に手に入らない場合は、実質的にエボークト・セットから抜け落ちてしまいます。

　「1年間に購入する率」と「年間購入回数」は、カテゴリー購入回数が主に決めており、プレファレンスを根本的に改善しない限り増えません。もちろん価格を下げたりして一時的にお金で増やすことはできますが、長く続きません。

　こうして見ると、カテゴリーの構造である、年間のカテゴリーの購入回数（サイコロを振る回数）、各自のエボークト・セット内にある競合品・サービスに基づく好み・価値の基準が大枠を決めており、我々がフォーカスすべきは、競合に対して相対的にプレファレンス（サイコロの自社ブランドの目が出る割合）を上げることです。NBDで見たようにプレファレンスを上げることは、すなわち売上を伸ばすことであり、マーケット・シェアを増やすことです。シェアが上がれば、配荷率も上がり、利益率も上がります。

◆ **簡単な売上予測モデルの理解**
　これらの7つの要素が組み合わさって売上がどう決定されるか、その検証に汎用性高く使えるわかりやすいモデルを紹介しておきます。これは簡単な売上予測のモデルですが、威力抜群で文系の人も使えるようになります。ぜひ覚えてください。

わかりやすく1つのブランドを例にしてモデルを見ていきましょう。図3-1は、ある既存の洗剤の状況です。全世帯の75％がこのブランドを認知し、市場に存在することをわかっていますが、そのうち80％の世帯しか購入の可能性がありません。買いに行っても店に置いていないのです（80％の配荷率しかありません）。ですから、全体の60％の世帯しか購入できないのです（認知率×配荷率=75％×80％）。

そのうち60％が今までに購入し、そのうちの60％が洗剤のブランドのエボークト・セットに入れました。つまりこの段階で全体の内の22％がこの洗剤をエボークト・セットに入れています。人により、その中のブランド数は異なります。1個の人もあれば、10個の人もあるかもしれません。また、このブランドをエボークト・セットの順位の一番上に入れている人もいれば、一番下の人もいます。ですから1年間に購入する人は全員ではなく、その内の60％、すなわち全体の13％でした。

まず注意したいのは、認知率、配荷率、今までの購入率、エボークト・セットに入れる率、1年間に購入する率、これらはすべて掛け算になっており、年間の売上を直接的に規定する要素です。認知率と配荷率が掛け算できるのは、それぞれの事柄がほぼ独立して起こるからです。もちろんマスメディアを使って宣伝をしない場合、たとえば店頭での販促のみによる宣伝活動などの場合は、掛け算はできないので配荷率そのものが購入可能者の上限になります。それ以外の率は、それぞれが前の条件を満たさないと掛け算できないため、前の条件を満たした人々に対する比率として算出してあるのです。

さて、このケースの年間購入者の割合と、この洗剤ブランドの年間の売上を計算してみましょう。このモデルを使って、個別の数値

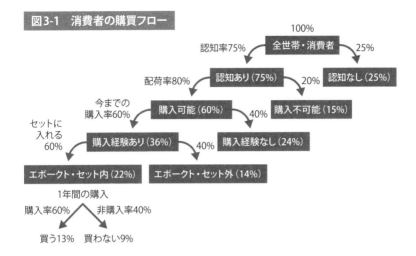

図3-1 消費者の購買フロー

を代入すれば多くのブランドの年間売上が計算できます。ぜひ様々な局面で利用してみてください。

年間購入者の全世帯に対する割合
= （認知率）×（配荷率）×（過去購入率）×（エボークト・セット率）
  ×（年間購入率）
= 75% × 80% × 60% × 60% × 60%
= 13%

この洗剤の年間の売上
= （総世帯数）×（1年間に買う人）×（平均購入回数）×（平均購入金額）
= 49,973（千）× 13% × 1.3回 × 420円
= 35億円

これらの式は逆算に使うことの方が多いのです。例えば必要な「年間売上」や「年間購入者の割合」などの目的となる必要数値を入

れてみて、それらを実現するために必要な認知率や配荷率（つまり式を成立させるために必要なそれらの条件数値）を、どの程度目指さなくてはならないのかを逆算します。その時に、これらのドライバーのうちで、自社のもつ経営資源や組織の強みを考慮して、どのドライバーに集中的に投資して目的を達成するのかを判断していくのです。

2 プレファレンスについて

　プレファレンスを決定しているのは主に、ブランド・エクイティー、製品パフォーマンス、そして価格の3つであると述べました。戦略をつくる上でもっとも重要になるプレファレンスの要素であるそれら3つに対して、私の基本的な考え方を述べておきます。

◆1) ブランド・エクイティー

　ブランド・エクイティーは全てに優先してプレファレンスを支配する最重要な要素です。この後の製品パフォーマンスも価格も、ゆくゆくは消費者の頭の中でブランド・エクイティーへと咀嚼され定着していくのです。製品を使用した感想も、価格に対する価値（Value Perception）についての感想も、特徴があるならば尚更のことブランド・エクイティーになっていきます。つまりブランドを長い眼で見た場合には、プレファレンスを決定する究極の要素はブランド・エクイティーであるとも言えるのです。

　ブランド・エクイティーは競合との相対で決まってしまいます。消費者にとって購買意志決定を左右する重要な判断軸が何なのか？　そのエクイティーをOwn（所有）しているのが誰なのか？　自社ブランドのエクイティーは何で、競合に対して強みと弱みはどのあた

りにあるのか？　それらを測定して、自社ブランドの消費者の頭の中における競合も含めた「ポジショニング」を知るところから始めなくてはなりません。

　ちなみに、ブランド・エクイティーに関する調査手法は公表されているものが様々にあります。基本的にオーソドックスな手法で構わないですが、経年での比較ができないと意味がないので、コロコロと調査手法やエクイティーの表現を変えてしまわないように注意してください。それらのエクイティーの実測値と、消費者のプレファレンス（シェア：できればユニット・シェア）の相関関係を分析して、「M」を増やすために重要なエクイティーが何であるのかを理解していきます。

　そうやって自社ブランドが戦うカテゴリーにおける競合も含めたポジショニングの地図が理解できたとします。もしあなたが1つのエクイティーに着眼してそれを新たに獲得しようとしても、そのエクイティーを競合が既に強固に所有している場合は、強奪するのは簡単ではありません。1人目の恋人は忘れられなくても、2人目の恋人を忘れるのには苦労しないのが人間です。一度所有した強固なエクイティーはなかなか陥落しません。だからブランド・エクイティーは文字通り「財産」なのです。

　2番手や3番手として挑むのには、それなりの策も経営資源も必要です。そこでよくやるのは「差別化」です。大きな競合のポジショニングの裏側を狙うカウンターポジショニングは、No.1ブランドにはなりにくいですが、巨人からの攻撃には遭いにくい戦い方です。例としては、「東京ディズニーリゾート（TDR）」に対して、スリルライドを揃えて戦う「富士急ハイランド」がわかりやすいでしょうか。

「夢と魔法の王国」は、自身のポジショニングゆえに「絶叫パーク」を同質化して潰すことがなかなか難しいのです。

また、核となっているエクイティーに付加要素を与えてより優れた便益に見せたりするのもよくやる手段です。例としては、P&Gの洗剤「アリエール」が、花王の「アタック」が優勢で所有する「白さ」というエクイティーを奪うために、「除菌もできる」という付加便益で「除菌もできるのが本当の白さ」と謳って仕掛けた戦いがそれです。差別化に情熱を傾けるマーケターは実に多いのです。

どのような場合でも、重要なのは、差別化は市場全体から自社への「M」を増やすためにやっているという目的意識です。差別化することで自社ブランドへの投票数が増えるならば素晴らしい差別化でしょう。しかし、現実には差別化してMが増えるとは限らないのに、意味のない差別化を行っているケースもよく見られます。かつてのUSJの「映画だけのテーマパーク」もまさにそうです。

「M」を増やした見事な差別化の例として私の記憶に残っているのは、資生堂「TSUBAKI」でしょうか。当時ヴィダルサスーンのブランドマネージャーをしていた私は本当に酷い目に遭いました（笑）。TSUBAKI登場の数年前に、茶髪や金髪ブームに世の中が飽きた頃合いを狙って花王から「アジア人の黒髪こそ美しい」としたアジエンスという新ブランドが登場しました。西洋への憧れをイメージにしている多くのメガブランドからの差別化に成功し、シェアを獲得して成功しました。TSUBAKIはそのアジエンスのポジショニングからヒントを得たのでしょう。アジエンスのポジショニングから更に焦点を絞った、「日本の女性は美しい」という資生堂ど真ん中のポジショニングで勝負してきたのです。

実は他のアジア人と一緒にされたくないというインサイトがあった多くの日本女性の中では、「アジエンス」よりも「TSUBAKI」へのプレファレンスが高く、当時のNo.1ブランドだったラックスをはじめ、モッズ・ヘアやヴィダルサスーンのような西洋っぽいブランドからも見事に「M」を獲得しました。そのポジショニング戦略の秀逸さに加えて、新発売時の行き届いたマーケティング戦術の素晴らしかったこと！　敵ながらアッパレでしたよ（笑）。天下は一時期だったとしても、発売からあっという間に、あれだけ鮮やかにNo.1ブランドになったブランドをヘアケア・カテゴリーで見たのは初めてでした。

　ポジショニングやその差別化は、「M」を増やすためなのです。消費者のターゲティングもそうですが、差別化も狭めるためにやっている訳ではないのです。エクイティーを尖らせるのは、あくまでも市場全体から自社ブランドへの投票数「M」を増やすために行っている手段であることを肝に銘じておきましょう。目的はあくまでプレファレンスを伸ばすことです。

◆ 2）製品パフォーマンス
　製品機能としてのパフォーマンスは重要ですが、ブランドへのプレファレンスに占める重要性はカテゴリーによって大きく異なります。製品の機能性が重視されるカテゴリーにおいては、製品パフォーマンスの占めるプレファレンスへの影響は絶大です。例えば、自動車とか、家電のような工業製品。また、製品パフォーマンスの判断が消費者にとっても比較的しやすいカテゴリーの場合も、その影響は大きくなります。例えば、薬とか、洗剤などの問題解決カテゴリー。薬なんて効いたかどうかの実感を、消費者はじっと意識して待ち構えています。洗剤ならばよごれが落ちたかどうかの変

化を、消費者は凝視しているのです。

　そのようなカテゴリーでは、製品パフォーマンスによって一度満足させることができると、エボークト・セットに入りやすいのです。その上、消費者は失敗したくないので、一度信頼したブランドをスイッチすることが比較的少ないのです。消費者はリスク回避の選択をする傾向が強くなるのです。ブランドの防衛という観点では良いようにも聞こえますが、こういうカテゴリーではなかなかエボークト・セット内のブランドをスイッチしないので、短期でトライアル（初回購入）を取ってシェアの拡大を狙うことが難しいとも言えます。そのようなカテゴリーで製品力によほど自信がある場合は、消費者のブランドスイッチへのリスクを軽減する商品サンプリングなどのマーケティング戦術が効果的になるでしょう。

　その逆の位置にあるカテゴリーは製品パフォーマンスがプレファレンスに与えている影響は小さくなるのです。つまり、機能性が重視されておらず、消費者にとって差がわかりにくいカテゴリーです。代表的な例を挙げるとすると、ミネラルウォーターなどです。水の味については、特別に味覚に優れた人でもない限り、その差を感知できるものではありません。たとえ水道水でも、ある程度冷やして適温で飲めば美味しく感じるものです。水を売るマーケターにとって勝負になるのは、製品パフォーマンスではありません。先ほど紹介したブランド・エクイティーの増強に集中せねばなりません。同様に化粧品カテゴリーも（女性は信じたくないでしょうが）、製品パフォーマンスの割合は小さく、美しくなれるかもしれないという「希望」と、提案する「美のイメージ」を訴求するブランド・エクイティーの方が圧倒的に重要です。

機能性をどこまで消費者が重視しているかという点の他にも、製品パフォーマンスの重要性の決定的な分かれ道となる観点があります。それは、リピートビジネスなのか、それともトライアルビジネスなのかという判断です。

　リピートビジネスとは、中長期の売上の大半を再購入（Repeat Purchase）から得るビジネスモデルのことです。もう一度消費者に買ってもらうために、使用体験の満足をドライブする製品パフォーマンスは決定的に重要なのです。リピートビジネスの典型は、洗剤などの安定した需要のある消費財や、カルビーやグリコのようなお菓子ビジネスなどです。一度食べて不味ければ2回目の購入は基本的にないのです。そのような市場において、製品パフォーマンスに問題がある場合は、プレファレンスを中長期で維持向上させるのは難しいでしょう。USJも地元関西を中心としたリピート顧客抜きには経営を維持することが難しいリピートビジネスです。常に投資を繰り返してゲスト満足に注力するのはそのためです。

　トライアルビジネスの場合はどうか？　トライアルビジネスは基本的に中長期の売上の大半をトライアル（初回購入）に依存しているビジネスモデルのことです。この場合は製品パフォーマンスは重要ではありません。典型的な例は、観光地の土産物屋やレストランです。彼らは基本的に同じ顧客に2回来てもらうつもりはありませんから、あのような品質をあのような値段で売っているのです。もっとエッジが立ったトライアルビジネスの例は、ぼったくりバーです。ぼったくりバーは、基本的に二度とリピートする人はいない訳ですから、迷い込んだその客の一生分の料金を強奪することに迷いがないのです。だから、あのようなわかりやすい接客サービスになります（笑）。法律的には正しくないですが、ビジネスモデルとして

は正しいことをやっているのです。

　最後に製品パフォーマンスの高低や優劣をどう判断するのかについて述べます。結論から言うと、これは「消費者が判断するべきもの」です。研究開発（R&D）の責任者や、作り手のエゴで判断するものでは全くありません。できる限り、消費者が判断する文脈に近づけて、消費者に使わせてみて、その反応を客観的に測定するシステムが必要です。製品テストは、決して研究開発関係者だけにやらせてはいけません。それは被告人と裁判官を同じ人間にやらせるようなものだからです。

　時として、こちら側が必死に開発した機能や新機軸の性能が、消費者には全く評価されなかったり、それどころか全く理解や感知すらされなかったりもします。寝込みたくなる衝撃を受けるのですが、それが真実です。消費者に認識されない、消費者価値に繋がらないどのような製品機能も全く意味はありません。作り手が「売れる」と思っているものと、消費者が「欲しい！」と思うものは、必ずしも一致しません。だから製品テストを行うのです。消費者に実感できて評価される製品パフォーマンスでなければ、プレファレンスを上げることは1ミリもありませんから注意しましょう。

◆ 3）価格
　価格に関して私の考え方をまとめておきます。まず、大前提となる認識として、価格を最終的に決めているのは消費者であるということです。消費者には常に買わないという選択があります。他の競合ブランドの代替品を買うという選択もあります。だからどのような値段をつけようと、ビジネスを成り立たせるために十分な数の消費者が買ってくれない限り、その価格は成立しないのです。逆にそ

の値段で売れているということは、消費者がその値段を肯定しているということに他なりません。

　特殊なラグジュアリー・カテゴリーは例外として、価格を上げることはプレファレンスと反比例します。当然ですが、価格を上げるとプレファレンスは下がるということです。一般論として、価格を上げること、特に競合よりも高値をつけるプレミアム・プライシングには大きなリスクが伴います。例えば、シャンプーや洗剤のような消費財のカテゴリーでは、リーディング・ブランドに対して2割以上ものプレミアム・プライシングを行う時には、消費者にとって割高感が突然顕著になる傾向がありました。プライシングは、十分に目的の売上を達成できるかどうかに注意して設定しなくてはなりません。

　しかし私は、中長期の観点でブランディングを考えた場合、プレミアム・プライシングは多くの戦局において正しいと考えています。競合よりも高い値段をつけてビジネスが成立しているということは、それだけより多くの付加価値のあるブランドとして消費者に支持されているということ。つまりブランド・エクイティーが価格のマイナス影響を跳ね返すほどに強く、プレファレンスが成立しているということだからです。それは消費者から合格点を頂いているということで、マーケター冥利に尽きます。

　「プレミアム・プライシングは正しい」。それは、私が尊敬しているP&G世界本社の元CEO（かつては日本法人の社長でもあった）ダーク・ヤーガーが残してくれた教えでもあります。その一番の根拠は、消費者を継続的に喜ばすために必要な原資を獲得するためには、プレミアム・プライシングでないと難しいということです。製品パ

フォーマンスの継続的な改良、ブランド・エクイティーの継続的な強化、それらには投資が必要なのです。新たな投資を継続することで、市場の需要を喚起し続け、消費者の生活をより良くする我々の使命が継続できるのだと。彼は<u>「消費者と企業は、プレミアム・プライシングや値上げによる果実を共有している」</u>と教えてくれたのです。

誤解を恐れずに言えば、<u>適切な利益を乗せて儲(もう)けることは正しい</u>のです。儲けすぎてもダメです、しかし儲けなさ過ぎてもダメなのです。そのバランスを考えたものが、松下幸之助(まつしたこうのすけ)が言ったところの「魂を入れた値段」です。よりよい消費者の生活のためにも、必要な価格をつけるのです。投資し続けるために、経営状態を維持するために必要な価格をつけて、もし消費者に支持されず、商売が成り立たないのであれば、その会社は滅びるしかありません。

技術革新もなく、ブランディングによる差別化もできず、プレファレンスを上げる方法が価格の値下げしか思いつけない市場がどうなるか？ 価格競争が始まって、その連鎖が業界価値をどんどん破壊していきます。「値下げは消費者にとって嬉(うれ)しい！」というのは消費者の発言としては当然でしょうが、経済に少なからず責任のあるビジネスマンやメディアで発言する識者の視点としては間違っているのではないでしょうか？ そのカテゴリーの市場価値が下がるということは、そのカテゴリーが保持している雇用や所得が下がるということ、つまりそのカテゴリーに従事している人々（消費者）が困窮していくことを意味しています。そのネガティブな経済の連鎖はカテゴリーを飛び越えて伝染していきます。それが不況です。

我々マーケターの仕事は、ブランディングによってエクイティー

を強化し、ブランド価値を大幅に高めて、その結果として中長期に投資可能な水準の価格を消費者からいただくことを可能にすることです。一流マーケターの仕事は、値上げしながらも「M」を増やすことだと思っています。私はそこに一切の迷いはありません。なぜならばそれが、企業の存続、消費者の幸福、地域経済の発展、どれをとってもより良い方向へ導く正しいことだからです。企業がその儲けを投資に回す限り、消費者と企業はプレミアム・プライシングの果実を共有しているのです。

◆ Case4　業界の価格革新に挑戦！

　2010年に私がUSJに着任したとき、会社の成長の伸び代として着眼した有力な柱の1つに、テーマパークチケットの値上げがありました。日本のテーマパークのチケット価格は、世界水準と比べてあまりにも安かったからです。どのくらい安かったかと言うと、私が入社した当時のチケット価格はUSJも東京ディズニーリゾートも同じ5800円で、それは購買力平価から分析すると世界水準のおよそ半額で売られていたのです（購買力平価[PPP: Purchasing Power Parity]とは、自由貿易を前提に「同一商品は同一の物価に収束する」という法則のもと、各国の購買力を比較して為替動向などを分析する考え方。各国のビッグマックの単価の差を比較して、それらの国々の購買力を比較する「ビッグマック指数」などが有名）。

　日本人の購買力から考えたら、本来テーマパークのチケットは1万円以上の価格で当然なのに、なぜかその半値でずっと売られていたということです。確かに当時の米国ディズニーや米国ユニバーサルのパークの値段は100ドル前後に設定されており、1ドル100円で計算すると1万円程度のチケット価格が世界の相場でした。日本は凄まじくテーマパークが安い国なのです。購買力に比較して日本で

特別に安いお買い得なものは、テーマパークの他には、水と、個人的には日産GT-Rだと思っています（笑）。

　ちなみにパークのクオリティーを考えても、世界最高品質のディズニーパークも、ユニバーサルパークも、その両方が日本に存在するのです。日本人が運営して日本人が顧客だからそうなるのでしょうが、サービス面でも施設のメンテナンスでも、日本のパークの品質は行き届いていて世界最高です。さらにコスト面を考えると「半額」はますます解せません。日本の人件費の高さも、アトラクション等の建設費の高さも、土地代の高さも、世界最高です。品質は一番高い、コストも一番高い、でも価格は半額……。

　一体これはどうなっているのだろう？　USJに入社した私の最初の大きな疑問の1つでした。日本のテーマパークの値段はなぜそんなに安いのか？　これは正直に指摘して申し訳ありませんが、日本のパーク業界のガリバーである東京ディズニーリゾートが長年にわたって低い価格設定で業界の天井を極端に低く抑えてきたからです。意識的だとは思いませんが、それは結果として東京ディズニーリゾートの運営会社であるオリエンタルランドが設定してきた業界ルールなのです。

　日本の最大の人口圏である関東に陣取り、年間2〜3000万人もの集客を得てきたオリエンタルランドにとっては、世界の半額のチケット価格でも全く困らなかったからということでしょう。それだけの規模があれば、低い価格でも次の大型アトラクションの設備投資費用も余裕で賄うことができます。あるいは、低い価格で集客してパークを大混雑させておいて、ディズニーの強いソフトパワーを活かした園内の物販や飲食品の販売で儲ける方法が魅力的だったの

かもしれません。チケット価格は低い設定でも、東京ディズニーリゾートは全く困らなかったのです。

しかし、そんな規模を持たない他の全ての施設にとってみれば、その低い価格天井はあまりにも厳しいものだったのです。USJも2001年にオープンしたとき、業界であまりにも巨大な存在だった東京ディズニーランド（TDL）のチケット価格の上限に合わせて、同じく5500円のチケット価格でスタートしました。その後、両者ほぼ並んで5800円に。業界第2位のUSJでさえ、その低い価格設定では長期的に追加の大型アトラクションの費用を捻出するのは至難の業でした。USJよりも圧倒的に小さな規模の多くのパークは、それよりも更に低い価格に抑えなければ集客できない訳で、それでは追加アトラクションへの投資どころか、安全管理に最低限必要なメンテナンスやパークの維持費を賄うのにも四苦八苦する状態であったことは間違いありません。

実際に東京ディズニーリゾートやUSJが建ってから、その低いチケット価格に圧迫された影響で、多くの遊園地が日本から姿を消しました。それは市場原理だから仕方ないという意見もあると思いますが、私は消費者利益の視点から選択肢はより多くあった方が良いと考えています。競争という意味でも業界の活性化という意味でも、様々な規模や価格帯のテーマパークや遊園地のオプションから、消費者が選べた方が良いに決まっています。

仮に、市場競争の結果として零細プレイヤーが姿を消すことがあったとしましょう。その理由が東京ディズニーランドやUSJのようなバトルシップ・テーマパークが世界水準の半値までチケット価格を抑えていることにあるとすれば、それは業界にとって大いなる

不幸、消費者利益にとっても大いなる不幸だと私は考えます。本来は、業界の圧倒的なガリバーであり盟主であるはずの東京ディズニーリゾートが、世界水準に向けて価格の天井を上げていく責任があると思うのですが、USJに入社した当時に分析したTDRの歴史的な動向を考えるに、私にはどうしても彼らが自分達からそういう動きをするとは思えなかったのです。

そこで私は覚悟したのです。「TDRが動かないのであれば、USJから動くことで、価格にまつわる業界ルールを動かしてみせる」と。幸い、価格の与える売上への影響（価格弾力性）を数学的に分析することは、私の得意中の得意の技術でした。業界の第2位に過ぎないUSJでしたが、USJを装置として使うことで業界の相場を変える挑戦をやってのける自信はありました。USJから先にどんどん値上げを仕掛けて、価格を上げても集客を伸ばせることを証明していくのです。そうすれば、オリエンタルランドも、今よりも高い価格で安心してプレイできることに気がつくはずです。

彼らには業界の盟主としての誇りがあるはずなので、USJが彼らよりも高いチケット価格でプレイしていることはきっと気になるはず、つまり必ず彼らはついてきてくれると私は確信していました。彼らさえついてきてくれれば、USJがもう1つ上の価格点を証明して、徐々に業界のチケット価格を本来あるべき水準に向けて誘導していくことができるはずです。なぜならば、東京ディズニーランドの価格こそが「消費者の感じるテーマパークの値頃感」に最強の影響を与えるドライバーだからです。

こうやって私が入社した時点から即座に5800円は6100円になり、6年連続で毎年値上げを繰り返し、今では＋21％の値上げを達成し

て7400円になっています。ちなみに我々が2015年12月に7400円を発表した直後に、東京ディズニーリゾートも4月から500円値上げして7400円にすることを2月に発表しました（にもかかわらず、いきなり4月から地元関東の消費者を対象に平日6800円の値下げプロモーションをやっている弱気は気になりますが）。オリエンタルランドはこの2年で1000円も定価を値上げしました。業界価値創造のためには素晴らしいことです。

USJが値上げを続けている間に地元大阪で伝統ある遊園地の「ひらかたパーク」も、ビックリな値上げを実現して集客も伸ばしています。素晴らしいことです。業界価格の天井が上がることで業界が活性化されていき、経営に余裕が出てきたパークから新たな設備投資が起こり、消費者はより魅力的なエンターテイメントを楽しむ選択肢を得ることができるようになっていくでしょう。USJもハリー・ポッターのみならず、もっとゲストを喜ばせる大規模な投資計画を次々に考えており、皆様のより高い満足に還元していきます。

関西大学大学院の宮本勝浩（みやもとかつひろ）教授の試算によると、2014年にハリー・ポッターをオープンしてから10年間のUSJの経済効果は5.6兆円だそうです。これまでの大成功を加味すると更に上回っているでしょう。今後もますます大型投資を継続して多くの観光客を関西に呼び込み、交通インフラ・宿泊・飲食物販・旅行業など様々な関連産業を巻き込んで、より多くの雇用と所得を生みだします。例えば、USJだけでも従業員数は、4〜5千人だった以前と比べて今では1万人近くまで増えています。成長する経済の果実は消費者に還元されていくのです。「毎年値上げ」と批判されながらも、USJはその利益を内部留保ではなく積極的に大型投資を実行することで、地域社会と果実を共有してきたつもりです。

しかし消費者の中には、USJやTDRの値上げに対して「7400円って高すぎる！　もう行けない！」という声を上げる人もいます。それは今までの安すぎた日本のテーマパーク価格の値頃感からの判断であり、その反応は当然とも言えます。ただ、本当に多くの日本人にとって高すぎるならば、どうしてUSJもTDRもこんなに人が一杯なのでしょうか？　「混み過ぎて嫌だ！」という批判は更に強い大合唱で聞こえていますが、それならば客数を抑える方向に働く値上げを歓迎しないのはなぜでしょうか？　「混むのは嫌だし、値上げも嫌」というのでは論理が破綻しています。「混んでもいいから安くしてほしい」か「値上げして混雑しないようにしてほしい」のどちらかしか実行できません。

　しかもお金が無いと言いながら、例えばテーマパークの入場料7400円よりも高い料金を毎月スマホに払っているのが日本人です。スマホをいじりながらお金が無いと言っている日本人を見て世界は笑っています。スマホの単月料金よりも安い7400円という入場料を、可処分所得から数年に1回も払うお金が無い人は日本にどれだけいるのでしょうか。3年に1回パークに行ったとして、毎月あたりの負担はたった206円です。お金が無いのではない。要は「相場感」と「可処分所得の配分の優先順位」の問題なのです。真実は、日本国民の購買力に比べて日本のテーマパークは安すぎるから、こんなに混雑しているのです。

　私も庶民の出身なので「値上げアレルギー」は一消費者の感覚としては、とてもよくわかります。しかし20年もの日本経済のデフレ停滞の中にいながら、経済を多少なりとも理解しているはずの方々にまで「値上げ＝悪」のような論調が多くみられることを、私は残念に思っています。真実は、値上げできるようなプレイヤーが少な

いこと、それを断行する能力や勇気のある経営者が少ないこと、つまりブランド価値の大幅な向上や、技術革新や、大型投資が起こらないことこそが、日本経済停滞の原因でしょうに！　影響力のある識者やメディアの皆様には、「どの企業も業界も値上げできるようにもっと頑張れ！」と言っていただきたいのです。

　5年前に、この業界の価格に関するルールを変えると決心してから、ここまでは計画通りに進んでいます。日本の業界価値の向上と、日本の消費者の選択肢を充実させるために、TDRやUSJのようなバトルシップ・テーマパークの価格は世界水準並みになるべきだと、昔も今も私は信じています。7400円になった今でも、世界水準に比べてまだ数千円も安いのです。業界価値をもっと高めなくてはなりません。

　<u>価格は最終的には消費者が決めるものですから、先にブランド価値を高めることで初めて値上げは実行可能になります</u>。今後もその真理を忘れずに、消費者のプレファレンスに投資し続けることで、業界の天井を押し上げる挑戦を続けていきたいと思います。そして大型投資でパークの魅力を更に向上させていく好循環を今後も回していきたいと考えます。企業と消費者は値上げの果実を共有しているのですから。

３　戦略はゴールから考える

◆ いかに到達地点の景色を明瞭にできるか？

　いくら戦況分析の能力に秀でていようとも、数式やデータを使いこなせようとも、それだけでは戦略をつくることはできません。なぜならば、戦略とは明確な「目的」がないのであれば存在するもの

ではないからです。企業のリーダーにとって、その目的設定こそが最初で最重要な仕事になります。「結局、どうしたいの？」という話です。そこに人間の生み出す強烈な意志がなければ目的は生まれようがなく、まして戦略の出番など永遠にありません。

　達成したい目的があるとき、次になすべきことは、その目的が達成できているときの状況を想像力と数値を使って徹底的に考えることです。ここはずいぶんとアートな部分ですから、後に必ずサイエンスで検証しなくてはなりません。しかし、とにかく最初にやるべきはゴールの達成状況を具現化していくことです。特に目的達成時に主なビジネスドライバーがどうなっているべきか、具体的な数値を当てはめていきます。そうすると、目的達成に必要ないくつかのクリティカルな条件が見えてきます。次に、その条件を達成するために、今日とのギャップをどう埋めていくか？　そのための戦略を考えていくのです。そのように私はゴールを具現化するところから始めます。

　迷路はスタートからよりも、ゴールから解いた方が速く解けます。富士山（ふじさん）も頂上から見下ろした方が、樹海から見上げるよりもどのルートを登るべきかが明瞭（めいりょう）にわかります。チェスも、チェックメイトの盤面が頭の中に見えて、そこから逆算して手を組み立てます。手前から先を発想してもなかなか無駄が多くて困るものです。戦略は必ず達成したい目的付近の地景を明確にしてから逆算で組んでいくのです。そうしないと、あらゆる無駄な道に迷い込んで時間と労力を消耗するだけでなく、正しい戦略に辿（たど）りつかなくなる恐れも大きいのです。

　私の場合は、まず目的を設定した後に、目的達成時と現在のギャッ

プを定量化しながら徹底的に想像します。目的に到達するために、市場全体の中で新たに獲得すべき「M」の数量を明確にするのです。その「M」の票田として消費者ターゲットは誰を狙うのが正しいのか、必要なプレファレンスの増加を実現するドライバーはどれとどれが必要で、それらはそれぞれどういう値になっていなくてはならないかを考えていきます。

　例えば、3年以内に1000万人の集客を達成したいと目的に掲げた2010年のUSJの場合。1000万人のパークになるためは、それだけを集客するのに必要なブランドの強さはどの程度必要なのだろう？ キーとなるブランド・エクイティーは何で、認知率はどの程度になっているべきだろう？　1000万人の「M」の内訳はどうなっているだろう？　年齢別？　性別？　エリア別？　通常チケット入場者と年間パス来場者の割合は？　各種チケットの値段はどうなっているべきだろう？　それらを可能にするアトラクションやイベントはどんなものをどのくらいの頻度で行っているべきだろう？　その時には、今の組織にどのような人材を増強していなくてはならないだろうか？　組織が獲得すべき必要な能力は何なのか？　新たに整備すべき組織システムは何だろう？　などなど……。

　私の場合はそのような目的達成下の諸条件の組み合わせを想像力で描き出して、需要予測などのビジネス結果を予測するモデルなどを使ってサイエンスで妥当性を検証していきます。目的である解を導き出すために必要な諸条件を変数としておいて、そこに具体的な数値をあてはめて、もっとも達成に現実感のあるシナリオを明確化していくのです。そうすることで、想像の産物であった条件の組み合わせは、より具体的な達成確率の検証により、目的を達成するシナリオ（つまり戦略）へと変貌を遂げていくのです。

そうやってベストだと思える目的から逆算したシナリオ（戦略）を導き出すとき、私が必ずやることにしていることがあります。同じ目的を、そのベストシナリオとはできるだけ違う道筋で達成する戦略をもう1つ考えてみるのです。一番良いと思えるプランAに対して必ずプランBを考えてみる、この習慣は多くの局面で私の危機を未然に防いでくれました。プランBを考える過程で、プランAを相対化することができるのです。それによって前提とした想定の脆弱さや盲点に事前に気がつくことができる。場合によってはプランBの方が成功確率が高くなることもあります。

◆ どんな高い壁でも、階段さえ作れば登れる

　戦略とは、到達したい高い「目的」に辿りつくために組んでいく「足場」のようなものです。数学者・高木貞治の著作の中に興味深い話がありました。天才数学者ガウスは、完成された「美しい数式」しか公表しないという話です。ガウスは数学の世界における天才建築家と呼ばれ、完成された美しい建物（数式）の部分しかみせないので、その天才ぶりは恐ろしく際立って感じるのです。しかし実際には、ガウスの建物を支えるために地中には土台となる大きな基礎が埋まっています。膨大な雑然とした足場を組んで建物を構築していったに違いないのです。しかしその美しい数式の完成に辿りつくまでに、どれだけ膨大な泥臭いアプローチがあったのかは、世の中の人が知ることはついにないのです。

　ガウスが天才であったことは間違いないです。その数式の完成形だけを見せられた時に感じる「もはや人間とは思えない天才ぶり」は尋常ではありません。しかし、実際の彼はまだこちら側にいる人間だったということです。ガウスは超人的に速い計算能力に加えて、異様に記憶力が良かったそうです。彼の脳に一度入って蓄積さ

れていく膨大な数式同士の関連に、きっと常人ではあり得ない閃きが走ったのでしょう。「あるものとあるものに関連がある」ことに気がついた彼は、その閃きの真相に辿りつく「目的」のために、地道に足場を組んで登っていったのだということです。天才といえども、ちゃんと足場を組んで目的に迫るのです。

　達成すべき目的があまりに高いところにあったときに、多くの人間は目指すことを諦（あきら）めてしまうでしょう。あるいは目的として最初から意識できないことの方が多いかもしれません。その結果、何が起こるのか？　自分の目に見えるものだけを目的として追いかけるようになります。今の自分にとって手の届きそうなもの、足場を組まなくてもちょっとジャンプすれば届きそうなものしか、個人も企業も追いかけなくなるのです。個人も企業もチマチマとした目的設定しかしなくなると、当然ですが日本社会は停滞していきます。

　逆の場合もあります。とてつもなく高く現実味の無い「目的」だけが掲げられていて、そこへ辿りつく道筋が全く示されていない場合です。よくある企業の「スローガン」のようなものです。よくわからない妄想のような目的だけが掲げられていて、現実の企業活動がどうそこへ繋がっているのか全く感じられない。組織を構成する人々が、その目的への到達を信じられていないのであれば、その目的は無意味です。戦略のない目的は空しい飾りに過ぎません。

　登りたい壁があるならば、まず足場をつくる技術が必要なのです。高い壁があった時に一気に壁を跳び越えることしか考えられない人は、無理だと思って諦めます。そのような人は、階段（＝戦略）をつくる方法を知らないだけです。目的が高いところにあっても、目的から現在を逆算して、巧みに足場を組んでいく技術があれば、ガウ

スのように辿りつけるのです。**どれだけ壁が高くても、階段さえ作れば必ず登れる**。まずはそれを信じることです。

そして自分の視点を登りたい壁の上に持っていけるかどうか？幽体離脱はできませんが、思考の中で視点をゴールに飛ばすことはできます。壁の上から景色を見下ろせば、どこに足場や階段を組めばいいのか、とてもよく見えるのです。ゴールの具体的な景色が見える、そこへの実現性ある道筋を見つけられる人が、「戦略をつくれる」人だと私は考えています。

◆ Case5　V字回復の大戦略をつくる

　USJがハリー・ポッターのテーマエリアを、総投資額450億円をかけて建設することを目指したのは、当時の経営規模から考えると信じられない暴挙のような賭けでした。よく年間売上の6割も投じたと報道されますが、実際に投資に回せるのは売上ではなく利益ですから、そこから考えると無茶の程度は「借金もそれなりにある年収100万円の人がフェラーリを買うようなもの」という方が適切です。当然のことですが社内の上層ではほとんど誰もが反対しましたし、本当に成功すると思っていた人は極めて少なかったはずです。しかし、今現実にハリー・ポッターの城は建っていますし、大成功してUSJは大きな飛躍を遂げています。

　ハリー・ポッター建設をUSJで初めてぶち上げた私にはそれなりに勝算があったのです。後の章でも触れますが、自分ではじき出した需要予測の数字が、別の違う考え方で検証した今西さんの予測結果と符合したことが大きかったのです。つまり、無事に建ててマーケティングさえ成功すれば、投資案件として回収できる確率が高いことはわかっていました。しかし最大の問題は、それまでの3年間

をどうやって生き残るかということ。ハリー・ポッターの建設のために猛烈な勢いで出ていく費用をどうやって賄い、キャッシュフローを切らさずに繋いでいくのか？　しかも、ハリー・ポッターに投資を集中するために、それまでの3年間は非常に少ない費用で集客を大きく伸ばさないといけなかったのです。

　その3年間に極端な低予算で、当て続けて集客を伸ばし続けることができるか？　それはUSJというブランドの「M」を、毎年どれだけの数増やさねばならないということなのか？　「M」獲得の確率が高い消費者セグメントがどれだけ存在しているのか？　その消費者セグメントのプレファレンスを上げる現実的な方法はどのようなものがあるのか？　そのような分析を繰り返し、現実的な戦略のオプションを確度の高いものから順番に並べてみました。最初は3年間を生き残るのに必要な弾数があるようには見えませんでした。しかし撃ち込む弾の順番を何通りも変えてシミュレーションして、やりようによってはいけると思える順番が見つかりました。

　ハリー・ポッターの実現による関西依存体質からの脱却という目的達成のために、目的から逆算して導き出した必要な「M」を獲得する弾を並べて、壁を越えるための階段を作っていったのです。大きな「M」の伸び代は4つありました。

1) ファミリー層からの「M」の獲得：できるだけ早く新ファミリーエリアを建設して、パークの長年の弱点だった小さな子供連れ家族のプレファレンスを獲得することが最大のドライバーでした。新ファミリーエリア「ユニバーサル・ワンダーランド」を最速で建てるタイミングは2012年。そこを全てに最優先してセットしました。この新エリアが大当たりして、それからUSJの「M」が以前に比べて

毎年2割も増えたことが、ハリー・ポッターを建てるための最大の稼ぎ頭となりました。

2) ハロウィーン・シーズンからの「M」の獲得：当時も既に年間で最大の集客月だった10月のハロウィーン・シーズンに、最大の伸び代を発見しました。「ガンマ・ポアソン・リーセンシー・モデル」を使ってその存在を確認したのです。これは、リーセンシー（最近いつそのブランドを購入したか）のデータさえあれば、そのブランドやカテゴリーの購入頻度（Frequency）や浸透率（Penetration）を計算で導き出すモデルです。普通は10月などはもう伸びないと思いがちですが、数学はその伸び代を客観的にあぶり出します。戦術としては、ゾンビでパークを埋め尽くすハロウィーン・ホラー・ナイトを実施しました。現在のハロウィーンの集客はそれ以前に比べて倍増しています。

ちなみに「ガンマ・ポアソン・リーセンシー・モデル」は、すでに紹介したNBDモデルを応用した数式です。実際の式は次のようになります。使い方に関して詳しく知りたい人は巻末解説2を参照してください。

$$P_n\{t-(t-1)\} = \left\{1+\frac{m(t-1)}{k}\right\}^{-k} - \left(1+\frac{mt}{k}\right)^{-k}$$

表3-2

期間	P_n：期間別の浸透率（人口に対する来場率）
$T_0 \sim T_1$	$P_n(1-0)$
$T_1 \sim T_2$	$P_n(2-1)$
$T_{t-1} \sim T_t$	$P_n\{t-(t-1)\}$

3) 個別ブランド・ファンからの「M」の獲得：アニメのワンピースをはじめ、ゲームやマンガなどの多くの強いブランドのファンベースを獲得するだけで、多くの「M」を積み上げられることも勝算としてありました。これはそれら個別のブランドのファンベースのサイズと属性を調べることで容易に測定できます。テーマパークにとっては既存のファン層と重なりが少ないほど追加集客には都合がよいのです。そのためにUSJは多様なブランド群を内包できるように、「世界最高のエンターテイメントを集めたセレクトショップ」へとブランド戦略を転換したのです。

4) スリル・シーカーからの「M」の獲得：若者比率がこれだけ高いUSJでも、若者を中心としたスリルが大好きな人々にはまだ伸び代があることもわかっていました。なぜか？ これも数学の力です。回帰分析によって、テーマパークへの年齢別来場分布と非常に相関性が強いのが、なんと男性ホルモン（テストステロン）の年齢別分布であることがわかりました。その男性ホルモンの示すあるべき若者の来場数の天井に比べて、USJの現状がまだまだ伸び代があることがわかったのです。これは既存のコースターを後ろ向きに走らせた2013年の「バックドロップ」や、この2016年春にオープンする第2のジェットコースター「ザ・フライング・ダイナソー」を導入した根拠になっています。

　回帰分析（数学の線形分析の1つ）とは、ある変数Yに対して、独立した変数であるAやBやCが、どの程度Yの変動に影響を与えるのかを分析するのに使います。独立した変数が1つの場合は単回帰分析、複数の場合は重回帰分析と言います。我々は常に、数学を駆使して「人はなぜテーマパークに行くのか？」という根源的な理由を研究し続けています。人体の生理現象の中に、テーマパーク来場と

相関する何かがあるのではないかと考えて、基礎代謝量、血圧、心拍数、毛髪量、視力、聴力、随意筋の筋肉量……それらのあらゆる変化と、テーマパーク来場の関係性を分析しました。

　その結果、男性ホルモン「テストステロン」の年齢別分泌量と、テーマパーク来場者の年齢別分布の強い相関関係を発見したのです。ちなみに「テストステロン」は男性にも女性にも存在し、男性の方が分泌量は多いですが、年齢別の分泌曲線は男女ともに似た形をしています。テストステロンは行動の活発化や生殖行動などに関係するホルモンと言われています。ということは、人は無意識のうちにテストステロンに促されて、もしかして本能が「刺激」や「異性との出会い」を求めてテーマパークに来ているのかもしれません。

　また、「M」を増やすことに対して逆向きに働くので注意が必要ですが、チケット価格を値上げすることは売上を伸ばす大きなチャンスだと考えていました。値上げによる客単価の向上は売上の大きな伸び代だと考えていたのです。「M」を減らさずに値上げをまんまとやってのけるには、価格弾力性の精緻(せいち)な分析能力が必要ですが、それも数学好きである私の得意技だったのです。単価を上げて入場者数も増やすことができれば、キャッシュは往復ビンタで増強できますから。

　それらのアイデアを2011年、2012年、2013年と並べて階段をつくり、それらの新しい施策で獲得する「M」からもたらされるキャッシュを2014年のハリー・ポッターの原資に注いでいく、そのような戦略を考えたのです。いろいろな低予算のアイデアを導入して、そこから稼いだキャッシュをユニバーサル・ワンダーランドに1点集中して、さらにそこから稼いだキャッシュでもっと多くの「M」を

増やす仕掛けに投資して、もっと大きなキャッシュを稼いで、最後は全てをハリー・ポッターに交換する……。言ってみれば「わらしべ長者の戦略」です（笑）。

そして、ハリー・ポッターを建てた後のキャッシュの増強も見越して、その先には集客ビジネスを多拠点展開して一気に会社としての量的成長を可能とする戦略の構想を固めていきました。すなわち、ユニバーサル・ワンダーランドによるファミリー層の獲得までを第1段階、ハリー・ポッターによる関西依存体質からの脱却までを第2段階、その後の大型投資による量的成長を第3段階とした大戦略「3段ロケット構想」として、2010年からUSJは社運を賭けた大冒険に踏み出したのです。

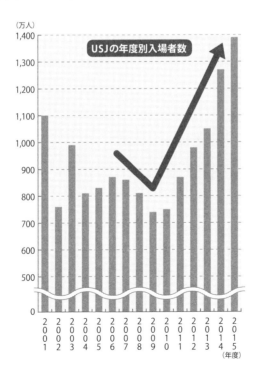

第3章 戦略はどうつくるのか？

第4章
数字に熱を込めろ！

この章では、企業戦略の立案・意志決定・実行を担う当事者として、私は何に気をつけて仕事をしているのか、自分自身の心構えを率直にまとめてみたいと思います。確率論者として世の中の仕組みを数学で解き明かし、戦略の足がかりを探していく四角い頭の私でも、成功の確率を高めるために自分の行動を導くリーダーシップの原則を大切にしています。私の心構えは「数字に熱を込めろ」です。

　以前NHKのドキュメンタリー番組『プロフェッショナル 仕事の流儀』が私を特集してくださった際に、この言葉を番組中で紹介してくれました。さまざまな解釈で世の中に伝わったと思いますが、意味を逆にとられている人もいるようです。決して熱に数字を込めてはいけないのです。戦略家としてやっていく上で私が大切にしている心構えですので、より明確にお伝えしようと思います。

　数字によって導かれた確率の高い戦略を見極めて、目的にとって純粋に最も正しい選択肢を、一切の感情を圧し殺して意志決定できるかどうか？　そしてその戦略を実現させるための戦術段階では、情熱的に人を巻き込んでいく圧倒的な熱量を、絶やすことなく燃やし続けることができるかどうか？　私が悩みながらやってきた、そして今もずっと悩んでいることです。

1 意志決定に「感情」は邪魔になる

　2015年8月7日の放送だったと思いますが、NHK Eテレで非常に興味深い番組『心と脳の白熱教室』をやっていました。英国オックスフォード大学での授業内容を紹介していたのです。その回は「サイコパス」の研究者の授業でした。サイコパスというと、映画『羊たちの沈黙』のハンニバル・レクター博士のような人だと思ってい

る人が多いと思います。人の胸腺(きょうせん)が食べたいと思ったら、平気で人を殺して胸腺を取り出して料理して食べてしまうような反社会的性格異常者です。しかし、実はそうではないという画期的な視点の授業で非常に勉強になりました。

　サイコパスと聞くと、冷酷非情な凶悪連続殺人犯やテロリストのように、誰もが恐ろしいイメージを思い浮かべます。しかしサイコパスであるかどうかということと、暴力的であるかどうかは研究によると関係がないということです。冷酷非情な連続殺人犯は「暴力的なサイコパス」であって、この世には実は「暴力的でないサイコパス」がむしろたくさんいるという話。また、サイコパス性というのは、白と黒のようにはっきりと分かれるような性質ではないということ。誰もが多少なりともサイコパス性を持っていて、サイコパスと認定されるかどうかは「程度の問題」であるということでした。実に興味深い！　NHKは良い番組を作っています。

　ではサイコパスとは何なのか？　要約すると、研究者はこのような意味のことを言っていました。サイコパス性とは、感情的葛藤(かっとう)や人間関係のしがらみなどに迷うことなく、目的に対して純粋に正しい行動を取れる性質のことだと。暴力的なサイコパスはその性質が犯罪として表れているだけで、自分の欲求に対して純粋で素直に行動してしまうのだと。暴力的なサイコパスである連続殺人犯は、自身の欲求（目的）のために人を殺す必要があれば平気でできてしまうのです。相手の痛みとか、歩んできた人生とか、家族とか、そのようなことを思いやる情緒的な葛藤が少ない（あるいはない）ので、自分の目的に対して純粋に正しい行動（この場合は殺人などの反社会行為）を取れてしまうのだそうです。つまりサイコパス性とは、「感情が意志決定の邪魔にならない性質」だと私は解釈しました。

「暴力的でないサイコパス」も現実社会にたくさんいるとその研究者は言っていました。暴力性の有無はサイコパス性とはそもそも関係なく、ちゃんと教育されれば普通の人と同じように決して暴力的にはならないと。しかも驚くべきことに、暴力的でないサイコパスの中には、高い知性と教養を身につけて、社会で大活躍して大成功を収めている人が少なくないと言うのです。

　刑務所の中にいる凶悪犯罪者と、現実社会で暮らしている人々との心理実験による比較で、興味深い示唆がありました。刑務所の中にいる凶悪なサイコパスと、非常によく似たサイコパス性（除く暴力性）を持つ人々が、大企業の重役に非常に多いというのです。研究者はまた、サイコパス性を持つ人が多く見られる職業として、会社の重役の他にも、CEO（最高経営責任者）、外科医や弁護士、ジャーナリストなどを挙げていました。逆にサイコパス性の低い職業としては、介護士、看護師、療法士、教師、アーティストなどを挙げていました。実に興味深くないですか？

　CEOや会社の重役などの企業トップは、常人では心を切り裂かれて耐えられないような厳しい意志決定をしなくてはいけないことが日常茶飯事です。全体のために正しい意志決定をする場合は特に、誰を生かして誰を殺すかのような非常に辛い選択を強いられる場合が多いのです。辛いけれども正しい意志決定（タフコール）を行わなければならないとき、感情は多くの場合において邪魔にしかなりません。だから感情が正しい意志決定の邪魔にならないサイコパスは、意志決定の局面で有利です。

　企業の上層まで上るサイコパスは、「出世する」という目的に対して迷いなく行動できる強みもあるでしょう。私ならば恥ずかしくて

できないようなあからさまな「上司はべり」や「ゴマすり」などを平気でできることでしょう。出世するという目的のためにそうした方が良いのであれば、「恥ずかしい」とか「自分のプライド」とか「周囲がどう見るか」などの感情的な葛藤は、邪魔にしかならないのです。目的が何であれ、成功するためには、目的に対して純粋に確率が高い選択をせねばなりません。やはりサイコパスは出世にも有利なのです。

　大企業のCEOや重役もそうですが、成功するために「感情」が邪魔になるような職業において、サイコパス性は非常に有利に機能するということです。サイコパスは、常人では悩んだりパニックに陥ったりする危機においても、感情に囚われず冷静に行動することができます。逆に、看護師や教師のように豊かな感情が有利に作用する職業では、サイコパス性の強い人は少ないというのも非常に納得性が高い。第1章の冒頭で「人は仕事を選ぶけれど、仕事も人を選んでいる」と述べましたが、このサイコパスの話もそれに通じるものがあります。その人の特徴を文脈が選び、社会全体ではそれなりの人がそれなりの職業に落ち着いていくということです。

2　人間は意志決定を避ける生き物

　多くの人間はサイコパスではありません。多くの人は、感情が意志決定に入り込みますし、自己保存を最優先にして現状維持を好みます。つまり「痛がり屋さん」です。自分自身の感情が痛む「タフコール」はしたくないのです。先述の番組中での仮定の実験で、「二股に分かれる線路の片方に人が5人いて、その方向に列車が進んできています。二股のもう片方には1人しかいないとき、方向変換機の前にあなたしかいないとして、方向を変えて5人を救うために1

人を殺しますか？」という質問がありました。もう1つ、「線路の上の橋に自分と大男がいる。その列車が橋を越えて進むと5人をひき殺してしまうことが明らかで、列車を止めるには目の前の大男を橋から線路に突き落として障害物にするしかない時、あなたはその大男を突き落としますか？」という質問もありました。

　番組中の観客は悩みながらも1つ目の質問に対しては、切り替えると答えた人がそれなりにいました。しかし2つ目の質問に対しては、ほとんどの人が大男を自らの手で突き落とすという選択をできなかったのです。自らの手で突き落とすという自分自身の関与度の大きさに感情が邪魔してしまうからです。ところが、サイコパス性の強い人間は、一切の迷いなく即座に大男を突き落とします。なぜならば、それが正しい選択だから。1人を犠牲にすることで5人を救えるならば、差し引き4つの命を救える。そういう合理的な判断に迷いがないのです。そして彼らは感情の呵責（かしゃく）や罪悪感がない（もしくは非常に少ない）のです。だからサイコパスは目的に対して、正しい選択と行動を迷わずでき、なおかつ判断が速いのだと。

　同じく『白熱教室』からですが、別日の放送回にも人間は負荷のかかる意志決定を避ける生き物であることを如実に語るデータが紹介されていました。それはヨーロッパの国々における「死亡した人の臓器提供への同意調査」について。自分が死んだ後にドナーとして遺体から臓器を摘出して提供することに対し、本人の同意の有無を調べた調査が実に興味深いのです。欧州各国で臓器提供への同意率を調べた研究者は、あまりにも国によって同意率に差があることを発見して驚いたのです。（表4-1）を見て下さい。

表4-1

デンマーク	オランダ	イギリス	ドイツ
4%	28%	17%	12%

スウェーデン	ベルギー	オーストリア	フランス	ハンガリー	ポーランド	ポルトガル
86%	98%	100%	100%	100%	100%	100%

番組中で紹介されたデータ：Johnson & Goldstein 2003年

　ある国では4%、また別の国では100%、なぜこれほどに差があるのか？　研究者はそのあまりの差を解明するために様々な仮説を立てます。同じヨーロッパの国でもそれだけの違いがあるのであれば、何か原因があるに違いないと。文化や宗教観などの違いで、国によって医学や臓器提供などへの考え方が違うのか？　あるいは教育システムが国によって違うために、国民の理解がそれぞれ違うのか？　様々な仮説に基づいて調査をした結果、研究者は意外なほど単純で最も説得力のある結論に行きついたのです。

　それは「同意書の書き方が違う」というものでした。同意率の低い国々では、「同意しますか？」という質問にチェックを入れなければ「臓器提供に反対した」とみなすことを同意書のデフォルトにしていたのです。反対に同意率が高い国々では、「同意しませんか？」という質問にチェックを入れなければ、つまり反対しなければ「臓器提供に同意した」とみなすことをデフォルトにしていました。国民性や教育の違いなどが主なドライバーではなかったのです。

ようするに、人間はデフォルトに従う傾向が強いということ。自分でデフォルトから離れることを避ける、つまり面倒なことや負荷のかかることが嫌なのです。できるだけ意志決定などしたくなくて、独自の判断などしたくないということです。番組中では、オランダでは臓器提供を促進しようと国がメディアを巻き込んだ盛大なキャンペーンを行ったにもかかわらず、同意率は28％にしかならなかったと言っていました。質問の作り方を「反対しなければ同意」としていただけの国々に、それらの努力はまるで及ばなかったと。<u>人間は判断や意志決定をできるだけ避ける生き物である</u>ということが、このことからも強くうかがえます。

　ビジネスにおいても同様のことが言えます。意志決定は多くの場合において、それが重大な決定であればあるほど、当事者たちが判断している文脈は強いストレス下にあります。よほど訓練されていないと、無意識のうちに「正しく判断する」という使命から人間は逃げたくなります。これは会社の上層部の大掛かりな意志決定の話ばかりではありません。多くの人の日常の仕事の中で見られることです。

　例えば、その件に関するある程度の決定権を持ち、正しいと思ったことを相手に伝えて、その正しい方向で進めようと思っていたあなたが、相手といざ話してみると感情的で非常に強い反対に遭い、気が付けば本来の目的とズレてしまった妥協案を自分の中で探し始めている、なんていうことはないでしょうか？　しかも目的からズラしてしまったことの、様々なもっともらしい言い訳を心の中で並べて自分自身を正当化しようとしている、なんていうことは身に覚えがないでしょうか？　それは直面しているストレスのせいで正しい意志決定ができなくなる典型的なパターンの1つです。しかした

いていの場合は、本人はそのことに無自覚です。真実は「会社のために正しい意志決定をすること」よりも「自分が直面しているストレスから逃れること」を優先している、自己保存の本能に基づいた行動です。簡単に言えば、人の嫌がる顔を見るのは、自分が辛いからなのです。

　また、何を選ぶかによって重大な結果がもたらされるような場合。そもそも意志決定に際して必要な情報が8割も9割も揃うなんていうことは滅多にないのに、大局に影響のないもう少しの情報が足らないことを言い訳にして、決定を先延ばしにする上司を見たことはないですか？　悩み困った顔で、以前に話したはずの論点を蒸し返し、議論をグルグル回したりして、なかなか決められない上司を見たことはありませんか？　選択による結果が重大であればあるほどストレスは猛威を振るいます。自己保存の本能の強い人間は意志決定をしたくないのです。そういう人を「決断力がない」とか「リーダーに向いていない」と評することは間違っていません。しかしながら、サイコパスでもない限り、ほとんどの人間がそのような性質を持って生まれてきているので、それが人間らしくて普通であるということ。悩みに悩んで何かを選ぶことよりも、何も選ばないことを選ぶ人の方が圧倒的大多数なのです。

3 日本人の相手はサイコパスだと思った方がいい

　CEOや重役などの企業幹部に多くいるサイコパス性の強い人達も含めて、我々が相手にしている世界には、感情に惑わされず目的に対して純粋に正しい意志決定をすみやかに下せるリーダーがたくさんいるということです。これはアングロサクソンの会社で彼らと

競いながら長く働いてきた私の実感値に基づく仮説ですが、近現代の国家や企業の発展と競争を俯瞰して見たときに、アングロサクソン系の組織がこれだけ優勢に人類の中で突出してきたということは、彼らが感情を排した合理的な意志決定をできる確率と無関係ではないように思うのです。目的に対して彼らが正しい選択をしてきたからではないでしょうか？　日本人ならば「そんなエゲツないことはちょっとできない」とためらうことも、彼らは目的に対して正しければ平気でやれてしまうのです。

　アメリカに住んでいた時、私の小さかった娘は現地の小学校で、アメリカ人の子供達に交じって学んでいるマイノリティーでした。そんな娘の友達の中にすごく仲良かった白人の男の子「ボビー」がいました。娘は学校で一緒によく遊んでいて、家でもボビーの話をしょっちゅうしていたのですが、いつの間にかあまり彼の話をしなくなっていました。私がふと気になって「そういえば最近ボビー君とは仲良くしているの？」と聞いたら、子供は「うーん、最近あんまり仲良くないの。ボビーは自分が負けそうになるといつもルールを変えるからイヤやねん」と。

　都合が悪くなるとすぐにルールを変えてでも勝とうとする西洋人と、ルールを守って従うことが大好きな日本人の衝突は、こんなに小さい子供の世界にも起こっているのかと、私は思わず笑ってしまったのを覚えています。国際スポーツなどでもよくあることです。自国の人間が勝てない時に、もっともぶった別の理由をつけて、ルール自体を自国に有利に変えようとするのは西洋人の得意技です。ビジネスの世界でも、我々の強みを封殺するような業界のルール変更や、ゲームの軸をひっくり返す、戦略的ゲームチェンジの機会を常に狙っています。

良いか悪いかという道徳の話ではないのです。どちらの方が勝つ確率が高くなるかを純粋に考えた時、私はやはり発想の視野がルールを変えるところまで及ぶ、西洋人の方が日本人よりも圧倒的に強いと思うのです。日本人は武士道の精神と言いますか、勝ち負けそのものよりもプロセスでの名誉も重んじますので、卑怯(ひきょう)に思える手段を使って勝つことには大きな心理的抵抗があるものです。しかし彼らは「勝つ」という結果そのものに純粋にこだわるので、心理的抵抗はないとは言いませんが、我々とは別次元にあります。勝敗の分かれ目がどこで決まっているのか、勝てるようになるための必要条件は何か、必死に合理的な分析を行います。そこにためらいがないのは、まさに日本人からはサイコパス的に見えます。

　日本人が純粋に今のルールを信じて練習をしている時に、彼等はきっと脳から汗が出るくらい考えているはずです。「この強い日本人が勝てないようにするためには、どうやってゲームのルールを変えれば良いだろう？」と。私の知り合いのイギリス人のスポーツ評論家は、だいぶアルコールが入った時に「西洋のスポーツマンシップというのは、そもそもそういう考え方が本音ではないからこそ、声高に叫ばれているに過ぎない。我々は基本的に勝つためには手段を選ばないのが常識だ。油断させるためのプロパガンダなのに、キレイな戦いを信じて引っ掛かるのはお人よしの世間知らずだ」と、私にはっきりと言いました。その考え方は、私から見るとかなりサイコパス的に感じました。

　かつて、日本の家電業界が世界を制覇した時には、開発力のみならず日本企業が独自に培ってきた下請け孫請けなどの系列化された企業グループの縦の製造システムは強みでした。しかしアップルなどは、マーケティング力と開発力に特化して、めまぐるしくデザイ

第4章　数字に熱を込めろ！

ンや規格を変更するスピードとフレキシビリティーを獲得しました。しかも製造システムをその時々の製造力や価格に合わせて、世界中の下請けに特化したメーカーの中から適時アサインすることで、製造コストを抑えるアドバンテージをも獲得したのです。上から下まで一気通貫でやっていた日本企業にとっては、従来の強みが逆にしがらみとなり、気がついたら開発スピードとコスト面で後れをとってしまう世界へと土俵が変わっていました。私には、いつの間にか彼らが競争のルールを塗り替えたようにも見えるのです。

　これからも日本が豊かな国であり続けるために、そのような連中と繋（つな）がった世界で競争していることを自覚すべきです。感情云々（うんぬん）ではないのです。成功するためには、純粋に「成功する確率が高い戦略を見つけられるか？　そしてそれを選べるか？」ということ。確率における正しさというのは、情緒的な尺度の話ではなく、純粋に「目的に対してどうなのか？」という話のみです。戦略レベルの議論に「感情」は要りません。まして企業レベルの意志決定に感情は邪魔にしかなりません。情緒を極力排除しなければ、組織として正しい選択をできなくなることを肝に銘じなければ、合理的な彼らには勝てないのです。

　日本人は感情と理性を切り離すのが苦手な人が多いと私は感じています。意志決定に情緒が深く入り込んでいるのです。英語では、感情（Heart）と理性（Mind）を言葉で使い分けることが多いですが、日本人は感情と理性という単語で使い分ける人よりも「心（こころ）」という1つの言葉で、その2つを一体として感じている人の方が圧倒的に多いのではないでしょうか？　目的に対して正しくあることよりも、周囲との人間関係がうまくいくことや、自分にとって痛くない選択肢を優先する傾向を感じませんか？　情緒的なベクトルが入り

込んで、目的に対して正しい選択肢よりも、できるだけ痛くない方向へ進もうとする。あるいは皆が納得しやすいように調和を重視するあまり、皆の意見を足し合わせて丸めた「落としどころ」を最初から考えている。それらは、本当に中長期的に全体にとって正しい意志決定なのでしょうか？

　日本にもサイコパス性の強い人はいると思いますが、どうでしょうか？　おそらく先ほどの西洋のデータのように、企業の上の方には感情をコントロールすることが比較的得意な人（サイコパス性が強い人）が集まっている傾向はあると思います。しかし、日本人が理想とするリーダー像は、冷酷非情に正しい意志決定ができるタイプというより、感情豊かで人間味のあるタイプなのではないでしょうか？　立志伝中の多くの起業家や実業家達も（伝記を鵜呑みにするわけではありませんが）、生まれながらのサイコパス的人物というよりも、思いやりのある「人格者」として伝わっている場合が多いように感じます。

　日本人の願望がそうさせるのでしょうか？　たとえば大久保利通は近代日本の礎を作る最大級の貢献をしたと、私の中では非常に評価が高いのですが、世間ではさっぱり不人気です。大河ドラマの主役になれるのはやはり西郷隆盛の方であって、大久保利通では視聴率が厳しいのではないでしょうか。日本の歴史上で真性のサイコパスっぽい合理主義者は誰でしょう？　織田信長などは、かなりそれっぽいように感じます。護国の権威であった比叡山を焼き打ちにして皆殺しするなど、当時では禁じ手だったことをいくつもやらかしていますね。

④ 目的からズレるとなぜ危ないのか？

　合理的な決断ができないと、どのようなことが起こるかを確率的に考えてみましょう。ある戦略を決め、その戦略に基づく戦術が決まった状況を想像してください。皆さんも経験されているように、戦術が実行段階において必ずしも100％目標（ターゲット）に的中するわけではありません。常に目標に対して誤差が生まれます。もちろん、誤差が大きいと効果はありません。誤差も確率の神様が操っているのです。

　誤差に関して身近なゲームを使い説明します。例えばバーなどにある、ダーツを思い浮かべてください。なかなかうまく目標にあたりませんよね。中心にある目標を凝視して慎重に狙いをつけて矢を放ったとしても、矢はその目標ドンピシャにはなかなか当たりません。明確に正しい目標を狙っていたとしても、結果は的の中心からの様々な誤差を生み出すのです。それなのにもし、あなたが狙うべき中心から目標をズラして矢を投げてしまったら、そこからの誤差も加わって、矢は本来の目標である中心から一体どれだけズレてしまうことでしょうか？

　簡単な仮定を設定して数学的に検証してみましょう。ダーツ盤の大きさは半径15cmで、中心から半径5cm（小さい円）と10cm（大きい円）の2つの円がボードの中に描かれています。あなたの腕前は今までの経験から、中心から外れる距離は平均5cm（1標準偏差 standard deviation: 5cm）としましょう。中心を狙って矢を真剣に100回投げたとします。中心からの距離を誤差と考え、この誤差も他の一般的な

誤差と同じように正規分布していると仮定します。

　すると、100本中68本は、バラバラですが小さい方の円（1標準偏差）の中に入ります。27本は小さい円と次の大きな円（2標準偏差）の間に当たります。残り5本の内4本は大きい方の円とダーツ盤の端（3標準偏差）との間に刺さります。最後の1本はぎりぎりダーツ盤の端に当たるか、ダーツ盤をはずれ、壁に刺さるかも知れません。

　施策の実行段階における目標からの誤差も、ダーツの誤差と同じように正規分布すると仮定しましょう。計算を簡単にするために、この目標から1標準偏差以内は効果が同じであり、1標準偏差以外では効果が0と仮定します。今、次の3つの場合を想定して効果を比較します。

1）正しい決断がされ、正しい目標が設定される。
2）正しい決断がなされず、目標が正しい目標から1標準偏差ずれる。
3）正しい決断がなされず、目標が正しい目標から2標準偏差ずれる。

　図4-1の1のように施策は、それぞれの目標からの標準偏差の距離により0.34、0.14（0.1354）、0.02と左右に分布します。左右の数字を足すと、0.68、0.27、0.04とダーツの結果と同じです。この分布は確率を表し、この3つの数字を足すと正確には0.997となります。目標は太い縦棒で示してあります。正しい決断の場合、実施した施策の68％に効果があります。正しい目標から1標準偏差ずれた時も、施策は目標から同様に分布します。ただし、決断は左右にぶれ、左にずれた場合も右にずれた場合も、施策が効果を発揮できるのは、それぞれ0.34と0.14を加えた割合です。左右にぶれる確率はそれぞれ50％と考えられます。

第4章　数字に熱を込めろ！

この事を考慮に入れると、2）の場合、$(0.34+0.14)×50\%×2=0.48$。48％の効果となります。正しい目標からたった1標準偏差ずれただけで、正しい決断に対して成功確率は7割になってしまいます。たったそれだけで成功確率が3割も低くなるのです！　更に怖いのは3）の場合です。もしかなり情緒的な決断を下し、正しい目標から2標準偏差ずれたとします。その時には、同様に計算すると、$(0.14+0.02)×50\%×2=0.16$。施策の16％しか効果がありません。2標準偏差もずれてしまうと、正しい決断をした時に対して約4分の1にまで成功確率が激減してしまうのです。これらは仮定に基づく計算結果ですが、あながち非現実的な想定ではないと思います。

　正しい決断がなぜ重要か？　成功確率を高めるためには、目的に対して純粋に正しい意志決定をすることがどうしてそれほど重要なのか、理解できたでしょうか？　ダーツのように、明確な目標を狙いすましても誤差でブレるのに、目標をズラしてしまったらビジネスの結果はとんでもないことになるのです。冷酷非情と言われようが、誰が泣こうが喚こうが、成功するためには正しい意志決定をしなくてはならないのです。サイコパス性の高い人は、的の中心を狙うことに迷いがない上に、「感情や雑念による揺らぎ」を限りなく意識の中から排除し、ランダムな誤差によるブレを小さくコントロールすることに長けた人種なのです。

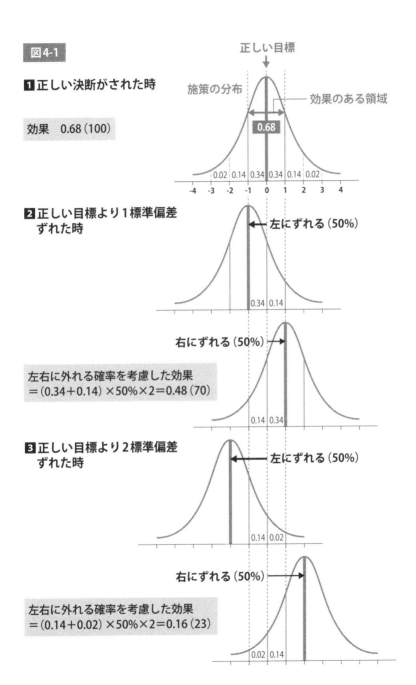

図4-1

第4章 数字に熱を込めろ！

5 意識と努力で冷徹な意志決定はできるようになる

　前述の番組中に、私は1つ大きな希望を見つけました。英国や欧州の歴史上の人物を検証したところ、ヘンリー8世やアドルフ・ヒトラーを筆頭に多くのリーダーのサイコパス性の高さが確認されました。しかしその中で、多くの人が真性のサイコパスではないかと思うマーガレット・サッチャーについて、実に興味深い話をしていました。マーガレット・サッチャーはサイコパスではないとのことです。彼女に近しかった人達からの証言を元に分析していましたが、彼女は非常に感情が豊かで人間味に溢れた女性だったそうです。そんな彼女は、あれだけ多くの極めて厳しい修羅場で、明確なタフコールを繰り返し、英国を強力にリードしていたのです。彼女は強い意志と訓練によって、決断の際には自分の豊かな感情を押し殺していた。情緒を排した正しい意志決定をすべく、卓越した努力を重ねて、「鉄の女」の異名を持つほどのリーダーに成長していったのです。

　これは希望です。サイコパスでなくても、正しい意志決定ができる人間にはなれるということです。意志と努力次第で、情緒を押し殺して冷徹なタフコールができるようになるということです。つまり、最初にすべきは正しいことを見極めること。目的にとって何が正しいのか、「目的を達成する確率が最も高い戦略は何か？」ということを、どれだけ客観的に見極められるのかが最初で最大のカギとなります。一見すると偶然に思えるようなビジネスの様々な「現象」の中から、「本質」を、つまり勝つための法則を見つけ出す技術が必要になります。個人としてそれを極める人もいて良いと思います

が、企業としては組織の能力としてそれができるかどうかということが問われているのです。

　私の場合は、そのために確率思考を使います。数学は客観の塊です。様々な数学ツールを使うことで、まずは何が正しいか知ろうと「客観のメス」を入れ、現象という混沌や闇を切り拓いて真理に向けて突き進むことができるのです。「数字に熱を込めろ」の「数字」とは、情緒を排した成功確率の高い戦略のことを意味しています。誰が反対しようとも、誰が泣こうとも、どれだけ私が組織で孤立しようとも、どれだけ露骨に嫌な顔をされようとも、私の自宅に何十通もの熱狂的「映画だけのパークファン」からの苦情や陳情が寄せられようとも、どれだけネット上であることないことを書かれようとも……。目的に対して純粋に正しい道を選ばないといけなかったのです。だからそれを選んで歩いた！

　痛くなかったか？　辛くなかったか？　よく聞かれますが、きついに決まっているでしょう（笑）。あまりにも痛かったので、私は「人に好かれようなんてこれっぽっちも思わない」という鎧を着ることに決めたのです。それでも「心」はどうしても反応してしまうものです。USJに来てから毎冬のように血尿生活でした。悔しさで眠れずに、夜中に車で山の上に行って車内で絶叫したことも何度もありました。悪夢で目が覚めて眠れない時は、日本刀を眺めては自分の弱さと戦っていました。私はサイコパスではないのです。昔から『フランダースの犬』を何度も見ては号泣し、今でもミュージカル『レ・ミゼラブル』の曲を1フレーズ聴くだけで涙腺崩壊するような人間です。決して、特別に頑丈なわけでも、何も感じないわけでもありません。自分の心の中で暴れる激烈な感情といつも戦っています。だからとっても痛い！

何かを決めることは痛いのです。それは選ぶことだから。全員を喜ばせることができればいいのですが、ほとんどの場合はそうはいきません。意志決定とは、目的のために正しいことを選ぶことだからです。笑う人と泣く人が必ず出てきます。そして現状の組織を改革しようとすれば、泣く人の方が多いものです。大多数が望むのは、自己保存であり現状維持ですから。全体の方向性を大きく変える時には、とりわけ激しい痛みを覚悟しなくてはならないのです。しかし、その痛みを自分で背負うことができない人は、より大切な目的のために、大切な別の何かを切り捨てることができません。だから結局は何も変えることができないのです。

　現実問題として、船全体を沈ませないためには、「正しくて厳しい道」を選んで進まなくてはいけないのです。誰かが、全体のためにやらねばならないのです。その痛い仕事を、誰かがやらねばならない。その組織の中に、そのババを引く人がいるかどうか？　痛みを引き受けて矢面に立つ覚悟と能力のある人間がいるかどうか？　そのほんの一握りの人間のみを「リーダー」と呼ぶのだと思います。そこから先は人それぞれへの質問だと思いますが、それができる人間になりたいと思うかどうかです。ついていくのも大変なことは多いと思いますが、その方が間違いなく痛くありません。決めたり矢面に立つ当事者になるよりも、斜に構えて文句を言ったり評論する方が間違いなく楽です。だから大多数はリーダーにはならないし、なれないのです。

　しかし意識と訓練の積み重ね次第で、冷徹な意志決定ができるようになると私は実感しています。私は、多くの人を勝てる場所に連れて行ける人間になりたいと思うので、冷徹な意志決定ができるようになりたいと強く願ってきたのです。そう思って、そういう「痛

い」経験が少しでも多く積める場所を求めてキャリアを選んで来ました。そしてたくさんの痛い思いをしてきました。その結果、目的に対して正しいと思えたならば、自分の感情を押し殺して選ぶことが、昔に比べてずいぶんと楽にできるようになりました。もちろんまだまだ痛いですが、痛みには少しずつ慣れるものです。志さえあれば少しずつ……。

　意志決定そのものに「熱」は要りません、むしろ「熱」は邪魔になります。極めて冷徹に、目的に対して純粋に確率が高いものを選ぶだけです。熱量が要るのはその後、決定した方向に人を説得したり、戦術を実施したりする次の段階です。

6 確率の神様に慈悲はない

　いきなりですが、確率の神様の顔を見たことはありますか？　私の悪夢の中によく出てくる恐ろしいビジネスの神様である「確率の神様」は、こんな顔をしていました（笑）。先ほどダーツの話で紹介した確率の正規分布の輪郭に、「お金」という資本主義の欲望の象徴を顔面の中心に据えています。何事をするのにも、この「確率の神様」の頭のど真ん中を狙いすましてダーツの矢は投げなくてはいけません。ここ一番という勝負のとき、一番精神的に辛いときに、この「確率の神様」がしょっちゅう私の夢に出てくるのです。この顔は、確率の神様の本質を考えると、あながち外れていないのではないかと思います。

　「確率の神様」は、冷酷で無慈悲です。90％成功する確率を持っていたとしても、その大切な1回で振り出したサイコロの目が、運悪く10％の「失敗」にたまたま当たることも起こります。確率の発生

はランダムだからです。無慈悲というよりも、「確率」以上でも以下でもない、そこには情緒も感情も何も存在しない、それが確率の世界としか言いようがありません。この神様が夢の中に出てきて、「もし、悪い目を出しちゃったらどうする？ 分かっているよね、ランダムだよ。ロシアンルーレットと同じだよ……」と言うのです。ギリギリのものを背負っているときに、それは怖くて重いです。確率計算では想定し切れていないことがある上に、主なものを想定できていたとしても、ビジネスは100％なんて絶対にない世界だからです。

　たとえば、私がUSJの10周年プログラムを立ち上げた矢先、確率上では数百年に1度というあまりに稀な巨大地震が日本を襲いました。2011年3月11日に発生した東日本大震災です。私のシミュレーションでは、10周年プログラム自体は、「前年比＋8％で成長しなくてはいけない」という使命を9割以上の確率で達成できると計算されていたのです。なのに、その巨大地震の影響は、我々の全ての計算と想定をひっくり返して余りある破壊力を発揮しました。1回しか振れないサイコロで、少ない「失敗」の目が出てしまうことは現実にあるのです。この場合は、たまたま10％という不運の目にはまってしまったのです。

身に降りかかる不運は怖いので、人は単に不運として放置することができず、自分の行動との間に何らかの因果関係や理由を求めたがります。中にはそのせいで宗教活動をされる人もいます。しかし、そのタイミングで稀な「巨大地震」が発生したことに特に理由はないのです。敢えて言えば、長い目で見たときに地球上における地震の発生確率はポアソン分布しているという「確率の神様」のルールがあるだけです。

　我々がどれだけ努力して10周年の準備をしていたとか、その立ち上げのタイミングだけはあまりにも都合が悪すぎるとか、USJが倒産してしまうかもしれないとか、そういう情状酌量は無慈悲な「確率の神様」には全く通用しません。ランダムとはそういうことです。こちらの思いとは無関係に、「確率の神様」は大地震であまりにも多くの尊い命を奪い、人々からテーマパークに行くような気分を奪い、東日本だけでなく関西にも強烈な自粛ムードをあっという間に広げ、USJへの来場者を一気に3割も減少させてしまったのです。

　この10周年の時は、その大幅なダメージを取り戻すための「アイデアの神様」を降ろしてきて追加施策を次々に打ち込み、結果的には前年比+16％という大戦果を上げることができました（アイデアの神様の正体も実は「確率」です。革新的なアイデアを生み出すノウハウやUSJがV字回復した生々しい実話については、拙著『USJのジェットコースターはなぜ後ろ向きに走ったのか？』（角川文庫）を読んで下さい）。上手くいったのは、その地震による危機の時点で、確率が高いと判断して打ち込んだ挽回策が、それこそランダムの無慈悲をくぐり抜けて全弾命中した結果論に過ぎません。今からこの5年半を振り返っても、あの巨大地震に見舞われた状況は、会社の存続という意味で最も危なかった局面でした。確率の神様の怖さを実感した瞬間でした。

7 「熱」を込めて戦術で勝つ

　どれだけ精緻に勝てる戦を探したとしても、確率に「絶対」はありえないのです。ではどうするべきなのか？　冷徹な意志決定まですれば、もうその後は確率の神様のランダム判定を待つしかないのか？　そんなことはありません。戦略家は、戦略をつくったら終了ではなく、ようやくスタートした合図だと考えるべきです。どうしてもやるべきもう1つの大きな仕事があるからです。

　戦略がある程度正しいことは、成功するための必要条件ですが、それだけでは全く十分ではないのです。戦略だけでは決して成功しない。ビジネスにおける最終的な成功確率は、戦略と戦術の両方を合わせて決まるのです。「戦術的勝利」がなければどれだけ優れた戦略でも絵に描いた餅で終わります。もちろん優秀な軍師がいて、勝つ確率の高い戦と正しい戦略を選べている場合は、よほどマズイ戦術でない限り勝てる場合が多いものです。しかしながら、同じ勝ちでも、戦術の出来具合によっては勝ちの度合い（戦果）に雲泥の差が生まれるのです。だから戦術が何としても大切。戦術で勝たねばなりません。

　戦略家の立場で、組織を戦術で勝たせるためにはどうするか？　多岐にわたって広がる多種多様な戦術レベルの課題があります。それらを把握し、細かく指示を出して、勝ちをコントロールできるスーパーマンならば素晴らしいですが、実際には時間と気力、体力などの個人のキャパシティーがパンクしてしまいます。そこで戦略家は、1）自分自身の時間をどこに集中して使えば戦果が最大化するか、2）自分以外の人々をどこにどう集中させて使えば戦果が最大

化するか、この2つを冷静に考えるのです。

　槍(やり)をとったら天下無双のような豪勇の士であれば、戦術の最前線で大きな槍働きをするのが一番でしょう。しかし戦略を統率するリーダーの最も大切な仕事は、人々をより生き生きと動かすために自分の時間を集中することだと私は考えています。人を動かすために最前線に出ることはあっても、戦術で槍を振り回すことは目的ではないのです。しかし戦術レベルの仕事が大好きで部下の仕事のスペースを圧迫している上司は少なからずいます。それでは本末転倒です。もちろん自分がいないとどうしても勝てない重要戦局ならば、槍をとってでも最前線で戦わねばなりませんが、それは戦略家本来の役割ではないのです。

　私にとって、最前線の現場を頻繁に視察して指示を出す最大の目的は、戦術の重要性を組織全体に浸透させて、戦術局面に従事する人々の士気を高めて良い仕事をしてもらうことです。私自身がどれだけ戦術を重要視しているか、私自身の勝ちへの執念、その「熱量」を現場に伝えるためです。もちろんマーケティングのプロとしての戦略眼で、さまざまな課題を早く理解して対処するためにも有効なのですが、私個人が現場に出て解決できることは実はたいしたことではないのです。私1人で物理的に対処できることなど最初からたかが知れています。私1人がどれだけ槍を振り回しても、組織全体の能力の総和に比すれば、ちっぽけな仕事量しか生み出さないことは、数学的にも自明です（笑）。だから私は人々を動かすために戦術の現場に出るのです。端的に言えば「人に良い仕事をさせる」のが私の仕事です。

　「熱」は人に伝わるのです。人々の中心に立つリーダーの圧倒的

な熱量は、直接それに触れた人から、その部下や周辺へ、そしてそのまた周辺へ、拡散していきます。最初の熱源が「熱い」のと「ぬるい」のでは、組織全体の体温に決定的な差が生まれます。後者では組織は低体温症になり、末端では凍りついて仕事をしない（できない）人が増えていくのです。だからリーダーは戦術のど真ん中へ出向いて、彼らが達成すべき目的が何なのか、彼らの困難が何のためなのか、彼らの頑張りが組織の未来にとってどれだけ大切か、「熱」を伝えなくてはいけません。できるだけ現場の直面している困難やバリアを理解して、彼らが良い結果を出しやすいように「決めること」や、場合によっては「援軍（追加リソース）」を送り込むことが重要です。絶対に勝つのだという気迫とともに。

　戦術の現場において、彼らの仕事が目的からズレている、あるいは期待値に達していない場合は、冷酷な鬼にもならねばなりません。勝つために必要なラインからは絶対に退いてはならないのです。正直、きつい惨状の中で頑張っている部下達を目の前にしていると、「可哀そうだな」とか「そこまでやらせなくても勝てるのではないか」という声が頭の中に響いてきます。しかし、誰が泣こうがキレようが、重要なことは決して妥協してはならないのです。なぜならば、目的に対して純粋に正しい選択をしないと勝つ確率が大幅に下がるからです。会社というところは結局、結果を出さないと部下や同僚の涙ぐましい努力に報いることができないし、結果がないと彼らを守ることもできないのです。だったら、私自身はどれだけ煙たがられても嫌われても、勝つ確率の高い期待値にまで彼らの仕事のレベルを引っ張り上げることができる人間になりたいと思うのです。

　人をどこかへ連れて行きたい人は、誰よりも「熱」を持っていな

ければならないと思います。なぜならば、ビジネスにおいて1人で達成できることなど1つもないからです。USJのV字回復においても、私1人で成し遂げたことなど1つもありません。組織に属する人は皆が同じでしょう、多くの人を巻き込んで動かしていくことでしか、大きな成果は達成できないのです。氷のような戦略の行きつく先にあるのは、できる限りのあらゆる「熱量」を注ぎ込んでいく戦術なのです。そうやって成功する確率（戦略＋戦術）をできる限りギリギリまで上げてから、人事を尽くして天命を待つのです。そう、最後の最後に確率の神様のランダムの審判が待っています。

　合理的に準備して、精神的に戦うのです。この戦術面での強さ、現場の団結力、士気や規律意識の高さ、勤勉さなどは、日本人の卓越した強みだと思います。確率思考をはじめ戦略の合理性を増すことは、日本人の戦術面の強みをもっと活かすことに他なりません。100％は絶対にない世界で、残りの数％なり数十％なりの不確定さや想定外の困難を乗り越えていくのは、ギリギリまで戦術にこだわって確率を高めていく、戦略家本人の意志の力であり情熱の力です。それが「**数字に熱を込める**」ということ。

　左手には数字に裏打ちされた氷のような冷徹さを、右手には涸れることのない執念を燃やしたマグマのような情熱を、それぞれ両手に備えて、ようやく困難なゴールに辿り着く、私はそう考えています。

第5章

市場調査の本質と役割
―― プレファレンスを知る

この章から第7章まで、森岡さんに代わり、私（今西）が主に担当します。私は30年近く市場調査と調査に基づく需要予測をしてきました。衣料用洗剤、石鹼（せっけん）、食器用洗剤、柔軟仕上げ剤、シャンプー、紙おむつ、市販の医薬品（OTC）、テーマパークなどの幅広いカテゴリーで、日本、北米、南米、東南アジア、インド、ヨーロッパと様々な地域において担当してきました。この経験に基づいた市場調査に関する知見を皆様と共有したいと思います。

1 市場調査の本質

　会社の究極の目的は、競争の中で生き残って行くことです。生き残るための必要条件は、会社の外で起こっていることを正しく理解し、大まかではあっても比較的正確な未来の状況を把握することです。生き残るための十分条件は、変わる環境に対応できるように自己変革することです。自己変革には、まず成功確率の高い戦略を決め、その戦略に基づいて中長期及び短期的な事業計画を策定し実行しなければなりません。

　短期的計画には、既存の製品・サービスの改善と新製品の導入があり、日々の生産性の向上と事業計画の変更に伴う組織変革などがあります。中長期的には事業内容の変更（企業ドメインの設定）があります。これらは丁度、生物が変わっていく環境に必要に応じて適応していくようなものです。必要に応じて変化しなければならないのは、自社を取り巻く環境をコントロールすることはできないからです。

　目を瞑（つぶ）って歩いたことがありますか？　すぐに何かにぶつかったり、ひっくり返ったりします。夜ヘッドライトを点（つ）けないで車を運

転することを想像してください。目を瞑って歩くのと同じように、何かにぶつかったり崖(がけ)から落ちたりするかもしれません。市場調査がないビジネスは、目を瞑って歩いたり、夜ヘッドライトを点灯しないで車を運転するようなものなのです。

　市場調査部がなくても経営が上手(うま)くいっている会社はもちろんあります。そのような会社では、誰かが市場調査の役割を果たしているものです。ただ個人の勘や経験に頼りすぎると企業の継続性に問題が生じます。企業を維持・発展させるためには、有用な市場調査が必要です。ヘッドライトはできるだけ遠くまで照らせる方が良いのです。早く危険を察知すれば、変化に対応する時間を持てるからです。

　市場調査の本質は、プレファレンス（相対的好意度）とその仕組みを解明して、マーケティングの決定者に提供することで、成功確率の高い戦略を選択できるようにすることです。ブランドを取り巻く現状を把握し、既存及び将来の自社の生産品・サービスに対するプレファレンスを、最終消費者の視点から広い視野で多角的に診なければなりません。短期的および中長期的な最終消費者のプレファレンスの変化に対応するのに必要な情報、また自社にとって有利になるための情報を整理して提供することで、意志決定者がより成功確率の高い戦略を選択できるようにするのです。

　最終消費者を重視するのは、彼らが自社の運命そのものであるお金の蛇口を握っており、彼らのプレファレンスが競争の焦点だからです。お金は体における血液のようなもので、血液が通わなくなると組織は壊死(えし)します。
　表3-1で見たように、売上を規定している7つの基本的要素すべ

てにおいて消費者の主観（消費者の認知の面積と質、プレファレンス）が深く関わっており、その中心がプレファレンスです。

　消費者のプレファレンスを深く知ることにより、大きな戦略の間違いを起こす危険を避けることもできますし、事業の好機をとらえることもできます。ではどのようにプレファレンスを診るのか？P&Gの市場調査部での私の経験を踏まえながら説明します。

　調査は主に仮説を生み出す「質的調査」と仮説を検証する「量的調査」に分かれます。質的調査には、消費者の観察、訪問インタビュー、1対1のインタビュー、フォーカスグループ・インタビューなどがあります。量的調査には、カテゴリーの商品の使用実態の調査（Habit & Practice）、製品のパフォーマンス・テスト、コンセプト・テスト、TVCMのテスト、パッケージ・テスト、商品名のテスト、商品が市場に出てからの消費者の使用率と現実の商品評価の調査（Usage and Attitude Study）などがあります。本書で紹介するのは、プレファレンスの基礎である製品のパフォーマンスに関する重要な2つの調査方法のキーポイントです。

2 シングル・プロダクト・ブラインド・テスト

　私は1983年にプロクター・アンド・ギャンブル・サンホームの宣伝本部（現プロクター・アンド・ギャンブル・ジャパンマーケティング本部）に中途入社し、キャメイ石鹸のブランド・アシスタントとしてパッケージ開発・販売促進・予算管理の仕事をしていました。1986年に調査部に移って洗剤の担当となり、調査の仕事を始めるとすぐに自分の天職ではないかと感じるようになりました。当時はP&Gも洗剤、石鹸、紙おむつと取り扱っている商品群も少なく、市場調査部

も5人程度でした。

　私が入った当時、市場調査部が主に行っていたのは製品テストです。製品テストでは、ブランド名を伏せて洗剤とか紙おむつなどのカテゴリーの名称だけ書いた白いパッケージを使用します。白いパッケージに入った自社の製品と他社の製品をそれぞれ異なるグループの人々に使ってもらい、製品評価してもらいます。それぞれのグループは調査の目的にもよりますが、1グループ300人程度でした。当時テストの参加者は、調査会社が電話帳より無作為に抽出し電話で募集しておりました。結果を製品間で直接比較できるよう、異なるグループの人々は年齢などの属性においてバランスを取っていました。

　製品テストにおいて我々が一番重要視していた指標は、総合評価です。総合評価の質問は「製品をお使いになって、すべてをお考えになって評価してください。あなたのお気持ちに最も近い回答肢をお選びください」。回答肢は「非常に良い」、「良い」、「普通」、「あまり良くない」、「全然良くない」の5段階です。100、75、50、25、0の加重をそれぞれの回答に掛けて平均値を出します。マーケット・シェアが1番の競合製品に対して、総合評価の平均値が75対70のような形で統計的に有意差をつけて勝つことを目指していました。このテストの方法はシングル・プロダクト・ブラインド・テスト（Single Product Blind Test）と呼んでいました。

　このテストの特徴は、プレファレンスの重要な3つのドライバーの1つである製品パフォーマンスを測定できることです。市場構造のDNAがプレファレンスであることは、ほぼすべてのカテゴリーの真理です。しかしプレファレンスを構成している3つのドライ

バー、すなわち、ブランド・エクイティー、価格、製品パフォーマンスの重要度及びそれぞれを構成している要素はカテゴリーによって異なっています。洗剤や紙おむつのような機能・効能が重要なカテゴリーにおいては、製品パフォーマンスが非常に重要で、製品テストの総合評価とマーケット・シェアに高い相関があります。洗剤の場合、この製品パフォーマンスを表す総合評価は、重回帰分析によると主に「よごれを落とす力」、「香り」、「すすぎのし易さ」の3つの要素で構成され、重要度はこの順番でした。製品開発部は特に最初の2つの要素に力を注いでおり、この考え方は非常に論理的で誰も疑う余地がありませんでした。しかし、とんでもないことが起こったのです。

今では信じられないでしょうが、1987年当時、洗剤の主流サイズは4.1kgの粉末洗剤でした。スーパーなどの小売店において洗剤が目玉商品に使われ、より大きなサイズをより安く売る価格競争が進み、この4.1kgサイズ（デカサイズ）に行きついたのです。物理的にもうこれ以上大きなサイズを消費者が持ち運びすることができない状態となっていました。スーパーや薬局でこの洗剤を買うと他に買い物ができないのです。市場でこのデカサイズを歩いて持ち帰る主婦の方を何度も見かけて、私は大変そうだと思いました。

そうした時、花王がコンパクト洗剤「アタック」を新商品として発売したのです。最初に売り出されたアタックの主要サイズは60回分（1.5kg）で、小売価格は、デカサイズの実売価格900円より少し安い870円に設定されていました。このサイズは現在販売されている製品より大きめですが、デカサイズの約3分の1の大きさでした。

消費者は困っていたのでしょう。当時のマーケット・リーダーはライオンの「トップ」でしたが、瞬く間にアタックは60％のシェ

を獲得してNo.1ブランドになったのです。アタックはコンパクト洗剤という洗剤のカテゴリーを消費者の心の中に築いたのです。他の大きなサイズの洗剤は消費者の目には、代替品として映りませんでした。アタックは消費者に非常に有益かつ異なる便益（強力な洗浄力、軽くて持ち運びやすい）を提供することで圧倒的なプレファレンスを築いたのです。

　私達はあまりにも「よごれを落とす力」のみに重点を置きすぎていたのです。このときの衝撃は一生忘れません。消費者の視点から商品の購入、自宅への運搬、使用、パッケージの廃棄、環境への影響などの一連のサイクルをトータルで診る必要性を痛感しました。我々は消費者の視点で見ていたのですが、視野が狭すぎたのです。医者が患者を診る時に、患部や病気だけを診て人間としてトータルで診ていないのと同じです。

3 コンセプト・ユース・テスト

　1985年にP&Gがリチャードソン・ヴィックスを買収し、1988年に私は洗剤の担当からリチャードソン・ヴィックスの製品群の担当となりました。そこでヴィックス・ドロップ、ヴェポラッブ、便秘薬コーラック、哺乳瓶消毒薬ミルトン、ニキビ治療薬クレアラシルなどの製品の市場調査をおこなうことになりました。当時リチャードソン・ヴィックスとP&Gはマーケティングにおいて考え方が異なっていました。相対的に見た場合、リチャードソン・ヴィックスは製品よりもコンセプトやTVCMに重きを置き、一方P&Gは製品のパフォーマンスに重点を置いておりました。

　典型的な例が、当時米国で販売されていたP&Gの「ワンドラ」と

リチャードソン・ヴィックスの「オイル・オブ・オレイ」というスキンクリームです。「ワンドラ」は非常に優れたスキンクリームであり、先ほどのブラインド・テストでは、「ワンドラ」が「オイル・オブ・オレイ」に圧倒的に勝つのです。スキンクリームというカテゴリーの名前の下で評価すると、「ワンドラ」はベトベトした肌触りでより効能がありそうに感じるのでしょう。一方「オイル・オブ・オレイ」はサラッとした感じで、効能がなさそうに感じるのです。

しかし市場においては「オイル・オブ・オレイ」が、圧倒的に「ワンドラ」に勝っていました。それは「オイル・オブ・オレイ」のポジショニングが当時の市場の状況に適応し、その便益に合った製品パフォーマンスを提供していたからです。市場のシェアはプレファレンスに影響され、プレファレンスの構成要素のブランド・エクイティーは、そのブランドの提供する便益と市場への参入時期に影響されます。同じような便益で、あまり製品のパフォーマンスが変わらないのであれば、すでにエボークト・セットに入っているブランドの方が有利です。

この場合、新規参入ブランドはトライアル購入される確率が低く、もしトライアル購入されても、リピート購入される確率も低いからです。「ワンドラ」が1976年に市場に参入したときには、スキン・ケアの重要な便益に関するポジションは先客が握っていたのです。当時スキン・ケアの一番大事な便益は「肌荒れ（Dry Skin）の改善」であり、2番目は、「ベトつかない」でした。

1番目の「肌荒れ（Dry Skin）の改善」者の地位は、「ヴァセリン・インテンシィヴ・ケア」が保持し、2番目の「ベトつかない」は「オイル・オブ・オレイ」が保持していたのです。当時の市場において消

費者は、「オイル・オブ・オレイはすぐに肌に吸収され、サラッとしてベトつかない」などと言っていました。「オイル・オブ・オレイ」はその宣伝に合った製品のパフォーマンスを提供し、ポジショニングと製品のパフォーマンスに見合うシェアを得ていたのです。

　一方「ワンドラ」は、スキン・ケアの一番大事な便益である肌荒れ（Dry Skin）の解決者のポジションを争って「ヴァセリン・インテンシィヴ・ケア」と真っ向から対決していました。しかし同じ便益で遅く参入し、あまり製品パフォーマンスが変わらなかったので、ヴァセリン・インテンシィヴ・ケアの5分の1ほどのシェアしか取ることができませんでした。人の判断はコンテクスト（文脈や状況）に左右され、人は期待したことに対して評価するのです。リチャードソン・ヴィックスは、シャンプー、スキンクリームなどのビューティケアの製品群を扱うなかで、コンセプトの重要性を学び会社の意志決定に反映して来たのです。

　リチャードソン・ヴィックスを買収後、市場調査部では、製品テストにおけるコンテクストの重要性が強調されるようになり、コンセプト・テストや製品の使用を含んだコンセプト・ユース・テスト（C&U）が相対的に増えていきました。P&Gの優れた点は、明らかに正しいことは他から学び、実際に自社の日々の決断の中に取り込んでいく点です。コンセプト・ユース・テストの方が現実の購入を決断する状況に近いので、シングル・プロダクト・ブラインド・テストより消費者のプレファレンスを診るのに適しています。一方シングル・プロダクト・ブラインド・テストはプロジェクトの初期における製品のスクリーニングに適しており、またプロダクトの予期せぬ問題点や便益を知ることができます。

第5章　市場調査の本質と役割──プレファレンスを知る

ここでコンセプト・テストとコンセプト・ユース・テストの概略をお話しします。コンセプト・テストは既存品の改善や新製品のアイデアの選択を診るために、コンセプト・ユース・テストはコンセプトと製品のマッチングを診るために使われます。共に売上予測にも使います。コンセプトとは、ブランド名、製品の便益、パッケージの写真、価格などが載った簡単な商品広告のようなものです。現在は1つのコンセプトに対して500人から1000人の対象者から意見を聞きます。もし3つのコンセプトをテストする場合は、3倍の対象者が必要です。

　もっとも重要な質問は購入意向です。購入意向が消費者のプレファレンスを最も良く表しているからです。購入意向の質問は表5-1に記してあります。購入意向の他にも、「1年間の購入頻度」、「購入サイズ」、「1回の購入個数」などを聞きます。コンセプト・テストの質問は表5・2のコンセプト・ユース・テストのコンセプトの部とおなじです。通常、コンセプトの購入意向で「絶対に買うと思う」と「たぶん買うと思う」のどちらかを選んだ人に製品を送ります。製品使用後に、ユースの部の質問に対する回答を集めます。

表5-1

コンセプト・テストの購入意向
この製品のコンセプトをご覧になって、あなたはどの程度この製品を買ってみたいと思われますか。あなたのお気持ちに最も近いものを1つお選びください。(SA) ●絶対に買うと思う ●たぶん買うと思う ●買うかもしれないし、買わないかもしれない ●たぶん買わないと思う ●絶対に買わないと思う

表5-2

コンセプト・ユース・テストの主な質問	
コンセプトの部	ユースの部（製品使用後）
●購入意向	●購入意向
●買う理由・買わない理由	●買う理由・買わない理由
	●期待に見合ったかどうか
●1年間の購入頻度	●1年間の購入頻度
●購入サイズ	●購入サイズ
●1回の購入個数	●1回の購入個数
●価値	●価値
●好きな度合	●好きな度合
●他製品との違いの度合	●他製品との違いの度合

　コンセプト・テスト、C&Uにおいて、購入意向・購入頻度がプレファレンスの強さを表す指標です。

4 購入決定は感情的である

　第4章で意志決定は情緒を排して冷徹にするべきとありました。森岡さんの力説を読めばきっと納得していただけたと思います。しかし裏返せば、通常の我々の決断は感情に大きく左右されていると認めていることに他なりません。事実、消費者のブランドを選ぶ決断は感情に基づきます。普通の多くの人間は、非常に情緒的な生き物なのです。

　ある洗剤のシングル・プロダクト・ブラインド・テストで、「このテストで使っていただいた製品をどの程度購入してみたいかお答えください」という購入意向を聞き、どのような製品特性が購入意向に影響しているかを分析してみました。総合評価の指標に比べると、購入意向はより香りの評価に影響されるのです。総合評価に比

べ、現実の購入判断は香りのような反射的感情的情報がより影響するのです。

　脳科学者の池谷裕二氏によれば、「脳がない動物はたくさんいるが、身体のない脳はない。脳は身体感覚を運動にかえるコンバーターとして発達してきた。苦味という味覚、ウジ虫やゴキブリを見たときの嫌悪感、反道徳的な行動を見た時の心理、この3つが同じ脳回路を使っている事実がある。我々の行動はほとんど感覚に対する反射であり、もっともらしい理由はあとづけである」とのことです。基本的に人間の判断は感情的なもの、または感情に大きく影響されるのです。それは現在の脳科学の知識とも辻褄があい、我々の日ごろの体験とも合致します。

　「消費者の購入判断は感情的」ということに注意してください。

5 道具には用途と限界がある

　多くの人は消費者の量的データを使う際、まず自分の経験及び勘に基づく主張があり、主張に合わないデータは無視するものです。そして自分の主張の正当性を示すためにデータの都合の良い部分だけを使います。これは、消費者データを鵜呑みにして自分の信ずることを変えるよりはマシです。私のようなリサーチャーがこれを言うと身も蓋もないように聞こえるでしょうが、消費者データには様々な問題があるので、確率的に自分の経験を優先するのは正しいことなのです。消費者データはある側面を示しているだけで、体験の方がより包括的に現実を捉えているからです。しかし正しく収集された消費者データは真実を示しており、都合の悪い部分を無視して決断するのは危険です。消費者データはその限界を考慮して目的に対して正しく収集し、自分の主張と照らし合わせてデータと対

話し、辻褄の合う結論を導き出すべきです。

　量的調査は必要な情報を数字として得る道具で、様々な調査方法があります。道具はそれぞれの目的のために作られており、異なる目的に使うと問題が起こります。我々は通常、斧をノコギリの代わりに使ったりしません。もちろん斧は細い木材を切るのに使えなくはありません。ただ切り口はガタガタで、薪には使えますが家の建材としては使い物にならないでしょう。

　見た目で用途の限界が分かっている道具なら、人は目的に注意して使い分けます。しかし、人々は消費者データの限界をわきまえて上手く使っているとは言えません。使用上の限界、問題点が目に見えないからです。また問題が顕在化するのに時間がかかり、原因が分かるためにはシステマティックな分析が必要だからです。基本的な消費者調査には限界があります。調査という状況においては、質問の仕方を工夫したとしても、必ずしも我々の目的に合った正確な情報を獲得できるとは限らないのです。
　消費者データベースを作ることは、この問題に対して有効です。消費者データベースを作るためには、同じ主旨の質問は全く同じ聞き方にする必要があります。データの均質性が大切なのです。

　しかし、質問の仕方を工夫して、全く同じやり方のテストで同じように質問しても、問題が起こることがあります。典型的な例は、コンセプト・テストにおける価格に関する問題です。カテゴリーシェアで1番のブランドに比べて価格が30％以上高い新製品のコンセプト・テストにおいて、その問題は頻発します。テストにおける購入意向のスコアが良くても、店頭ではテストの数字ほどは売れないのです。テストに基づくこの商品の売り上げ予測は、たいていの

場合は大幅に外れて実績は予測の3分の1程度になったりします！調査の状況における消費者の判断と、現実の店頭における消費者の判断が異なるからです。

6 本質的な理解は質的データから

　世の中の変化を大きな視点から見ると、変わる要素（現象）と変わらぬ要素（本質）があります。消費者のニーズ（欲求）は基本的に変わらないが、ニーズを満たす方法が変化します。それぞれのカテゴリーが消費者のニーズを満たしており、カテゴリーが変遷していくのです。

　それは、どのように変遷していくのでしょうか。それを量的に示すことは可能でしょうが、データの収集1つ考えてもコストや時間がかかるものです。また量的に表せない真実や本質の方が、表せることよりも多いというのが私の所感でもあります。そのような場合は、実際問題として質的情報に頼るしかありません。このことを実感してもらうために、あるドキュメンタリー番組とClotaire Rapaille博士の『The Culture Code』からの話を紹介します。

　私は米国で公共テレビ局PBSが放映した『1900 House』という番組を見ました。今でもYouTubeでご覧いただけます。公募で選ばれた6人家族のボウラー家の人々が、1900年当時（ビクトリア時代）の生活を3ヶ月間実際に行ったドキュメンタリー番組です。ボウラー家は、ご主人のポール、妻のジョイスと、4人の子供たちで構成されます。子供たちは16歳の長女、11歳の双子の次女、9歳の男の子です。

　ビクトリア時代の再現ですから、妻のジョイスは番組の中では専

業主婦になります。ビクトリア時代に建てられた一般的な家をすべてビクトリア時代の姿に戻し、まったく当時と同じ生活をするのです。当時の服装をし、当時と同じ食事をします。料理は石炭をくべるオーブンを使います。ピザやハンバーガーなどないのです。もちろんテレビもないので、食事の後は、読書をするかトランプをするか、ピアノの演奏を聴くぐらいです。洗濯機も洗剤もありません。シャンプーもなく、お湯を沸かすのも一苦労です。

　一番この番組で印象的だったのは、番組最後の主婦のジョイスの独白です。「ビクトリア時代は、映画で見るようなロマンティックな時代では全くない。汚くて、退屈で、毎日の生活が大変！　一番あればいいなと思ったのは、洗濯機と洗剤、それにシャンプー」。これを見て思ったのは、この100年の消費者用の製品・サービスの生産活動の本質は、「生活を便利で快適、そして楽しく」だったのではないかということです。

　Clotaire Rapaille博士は社会心理学者で、もともと自閉症の研究者です。現在は社会心理学の知識を応用して、マーケティングのコンサルタントをされています。彼は、「子供が言葉やアイデアを学ぶ時、同時にそれぞれの言葉やアイデアにある感情が付随し、全体としてある文化圏において特定の意味合いを持つようになる。これらがそれぞれの文化の無意識層となり、その文化圏で育った人々の行動に影響を与える。ある言葉、商品、サービスの持つ無意識化した意味をコードと呼びます。商品・サービスそのもの、及びそれらの広告は、このコードと整合性があるとより効果的である」と考えています。

　例えば、アメリカ人にとってお金のコードは、「証（あかし）」であり、お

金は成功のバロメーターなのです。日本人とは少し異なるように思います。アメリカ人にとって食物のコードは、「燃料」です。ですからファーストフードが繁盛し、コーンフレイクのような朝食が山のように売れ、スーパーの長い売り場の端から端まで占めるようなことが起こるのです。

もう1つ、アメリカ人にとって若さのコードは「仮面」です。彼等にとって、若さは実際の年齢ではなく、人生のあるステージでもなく、その後ろに隠れたり、被ったりできる物なのです。ですから美容外科が流行り、フィットネスジムが流行るのです。何となく彼の言っていることが本質をついていると思いませんか？

7 未来は質的データから

会社の生存には正しい現状・近未来の判断と正しい中長期の判断が必要です。量的調査は、現状の商品の改善や現在のカテゴリーの延長線上の新商品に関する意志決定には非常に役立ちます。しかし中長期の未来は量的調査からは必ずしも出てきません。それは、プレファレンスが感情的判断であり、人々の置かれている状況により大きく左右されるからです。ほとんどの人々は現状においては同じような状況におり、量的調査は現状と近未来の全体の指標でしかないのです。

我々が求めているのは未来の指標です。だから、すでに未来の状況にいる一部の人々の判断を探しているのです。しかしどの状況が未来の状況かは明確には分かりません。よって、未来の予測は、目的とする事業に関しできるだけ広く、歴史、文化人類学、心理学、社会学のフレームワークやモデルを動員して質的データを読み解き、いくつかのシナリオを考えることです。具体的には、我々が取り扱っているカテゴリーとそのカテゴリーを包む枠組みの商品群

［上位商品群］の本質（消費者の求めている便益）をまず見極めます。次にそれを基礎として、整合性を使いそのカテゴリーと［上位商品群］の法則性を見つけ、具体的なシナリオを考えるのです。例えば、ビールのカテゴリーの［上位商品群］はアルコール飲料全てです。カテゴリーが変わるとき、他の良く似たカテゴリーも含めて再編が起こるからです。

　日下公人（くさかきみんど）氏がもう30年も前に「文化が先行し産業はあとからついてくる。今に日本のマンガが世界に広がる」と言っていました。当時私は、この人は突拍子もないことを言っていると思いました。しかし日下氏の言っていることは現実となりました。「文化が先行し、産業はあとからついてくる」も世の中の法則です。憧（あこが）れの文化がまずあり、それを人々が欲しがるのです。そして文化は高い所から低い所に流れます。「成功が成功を呼ぶ」のように世の中は大枠である法則に従って動いています。人間は複雑なことは考えられないので、考えるためのフレームワークやモデルが必要です。日下氏の著書『すぐに未来予測ができるようになる62の法則』は未来を考える上で非常に参考になるフレームワークをあたえてくれます。USJのマーケティング企画部でも社内教育にこの書籍を使用しています。

　この書籍の62の法則の1つに「高齢者向け商品は日本が先端国になる」があります。アメリカも2010年の国勢調査に基づくと、全人口の内65歳以上が13％と高齢化社会にほぼなっており、日本と共に多くの国の未来の状況を先取りしている。しかしアメリカは「生涯ヤング至上主義」であり、「老い」に関する哲学がない、少なくとも老いを遇する文化がない。一方日本は「老の尊厳」や「老の完成」は確固として認められており、余暇活動もシルバー向けがたくさんあり、それらが復活しつつある。これらをより商業化できるかは、

我々しだいです。

8 未来が難しいのであれば過去がある

　世界に目を向け、それぞれの国をまず1人当たりの国民総所得額（GNI per Capita）で順番に並べます。GNI per Capitaが近いと社会が同じようなシステムになり、同じような商品が売れます。ですから、日本の過去はかなり多くの国の未来です。そういう国に行って、その国の現状に合った日本の過去の時期を見つけ、その時期によく売れていた商品を販売するのです。その際、気をつけなければならないことが2つあります。1点目は価格です。その国にとって価格的に丁度よい未来が必要です。最先端の高い技術を駆使した高価な製品が望まれているとは限らないのです。2点目は、デザインです。一般的に文化は高い方から低い方に流れます。しかしデザインは特に好き嫌いに左右されるために細心の注意が必要です。日本でのデザインが必ずしも憧れの的になるとは限りません。

◆ **まとめ：市場調査の本質と役割は3点に要約される**

1) 消費者の本質的なニーズ（生きていく上での欲求）は変わらない。変わるのは、そのニーズを満たすカテゴリー便益の製造方法と個々の消費者への便益の配達方法であり、そのカテゴリーを構成している我々のブランドである。我々の取り扱う、カテゴリー・ブランドに対する消費者のプレファレンスが我々の運命を握っている。そのプレファレンスは消費者を取り巻く環境によって変わっていく。プレファレンスの強さを決める消費者の判断は、状況に左右され感情的。

2) 1) の認識の下、中長期の未来に対しては、自身が取扱っているカテゴリーとそのカテゴリーを含む上位商品群の本質（消費者の求める便益）を質的調査を基に見極める。次に、それを基礎に整合性を使いカテゴリー・上位商品群の法則性を見出す。「カテゴリーとそのカテゴリーを含む上位商品群の本質」と見つけた法則性の2点から現行の戦略（プレファレンスの強化、認知の方法の改善、便益の配達方法も含む）を見直し、具体的な複数のシナリオを作成する。新しい重要な情報・「学び」が出るたびに改定する。

3) 現状・近未来においては、コンセプト・テスト、コンセプト・ユース・テストにより消費者の現状のプレファレンスを競合に対して相対的に知ることができる。この現状のプレファレンスを基に需要を予測し、効率のよい投資判断ができる。現状のプレファレンスの改善は、このテストの購入意向を重回帰分析することにより分かる。

第 6 章
需要予測の理論と実際
──プレファレンスの採算性

利益や採算性を考えないでプレファレンスを高くすることは簡単です。しかし実際のビジネスでは利益を改善しながらプレファレンスを上げていかなくてはなりません。経営資源も限られます。数あるビジネス・ドライバーの中で、どこに集中するべきか戦略を練るためには、需要予測が不可欠なのです。

　この章では需要予測の専門家として約30年にわたり世界の一線で獲得してきた需要予測の真髄をお伝えしたいと思います。まず、私がキャリアの大半を過ごしてきた米国シンシナティにあるP&G世界本社需要予測チームでの経験を元に、新規プロジェクトの需要予測の歴史とその課題の変遷を辿りながら、消費財の新製品発売1年目の需要予測の理論と実際について書きます。次に、USJが導入したハリー・ポッターの、意志決定の根幹となった私自身が手がけた需要予測について述べます。

1 需要予測は大きく外さないことを目指す

　需要予測の役割は、投資の決断を助けることと経営資源の有効利用です。誤解を恐れないで言えば、需要予測というものはそもそもビンゴで当たるものではないのです。需要予測の種類・状況によりますが、そんなに正確には前もって予測できるものではありません。ビンゴで当たらないという現実を直視すると、需要予測を行うにあたって需要予測の専門家が心に刻むべき覚悟が明確になるのです。それは「**大きく外さないこと**」です。

　大きく外さないとはどういうことでしょうか？　それは、予測と現実の差を自己・自社の現実的な努力で修正できる範囲に抑えるということです。特に1年目の予測が現実的であることが非常に大事です。消費財の新製品にとっては、最初の3ヶ月間の売上が予測と

近いことが、1年間の予測精度以上に極めて重要です。

　今まで私が見てきた新製品（テスト・マーケットを除く）で、3ヶ月までの売上が予測と大きく異なり、それでも生き残った製品はありません。幾つかの理由があると思いますが、最も大きいのは経営陣がその商品に対する自信を失い、それ以降その商品に割り当ててあったマーケティング費用をストップして他の有望な商品に使うようになるからです。

　経営陣は全体として売上と利益を達成すれば良いわけですから、他の確率の高いオプションに資金を回すのは理に適っています。テレビコマーシャル（TVCM）は取りやめられ、出稿量が減り、認知の伸びが止まります。店頭では、山積み（Display）のサポートがなくなり、取り扱っている店の数も減っていきます。認知の停滞、配荷率の低下のダブルパンチで、売上は元の予測値に対して急速に下方向に離れて行きます。予測責任者にとっても、マーケターである担当のブランド・マネージャーにとっても、まさに最悪の事態になります。

　このような時、そのブランド・マネージャーがすべきことは、ヘッドハンターに連絡を取って次の活躍の場を探すことかもしれませんが、需要予測担当者がすべきことは「その失敗を後日に活かすこと」に他なりません。<u>なぜ予測が大きく異なったのかを理解し、将来の新商品開発及び、予測方法の改善に役立てることが何よりも大切</u>です。そのためには、関連する記録書類やデータを誰よりも早く保全することです。新規プロジェクトが上手く行かなくなると、社内で失敗の現実を見たくない人が増えるため、プロジェクトに関する事実を記載した書類を集めるのがすぐに難しくなります。その失敗を将来の予測の改善に活かせないのであれば、失敗したマーケターの努力も会社の経営資源も浮かばれません。

　逆の場合もあります。上に外してしまった場合はどうなるか？

第6章　需要予測の理論と実際——プレファレンスの採算性

売上が思った以上に好調で、配荷率は予想よりも高くなり、結果的に生産が追いつかず、品切れ（Out Of Stock）になります。小売店にご迷惑をかけ、営業に壮絶な負担をかけることになり、我々としても売上の機会を失います。その場合も、私のような需要予測の専門家は、上に外してしまった原因を分析するために必要な資料やデータの保全に努めるのは言うまでもありません。

このように下に外したり上に外したりすることは、実は少なからず起こります。もともと、新製品の需要予測がぴったり当たるわけがないのです。その詳しい理由は後ほど書きますが、大事なことは、予測は1つのビンゴの数字（例えば100億円）ではなく、70億円から130億円のように幅を持たせて大きく外さないこと、そして上ぶれした時、下ぶれした時に備えておくことです。大きく外れていなければ、認知率、配荷率、店頭プロモーションなどの強化や調整により、途中から目標を達成することは十分可能です。例えば、認知率、配荷率をそれぞれ10％改善すれば、約20％改善できます（1.1 × 1.1 = 1.21）。またTVCMなどマーケティングのプロモーションの質や量を改善すれば、中長期的に成長させていくことも可能です。

理想的には、**予測値が現実より少しだけ少な目がベスト**です。現実の値が予測よりも少ないと、心配する会社の上層をはじめ多くの人々からいろいろな質問にも答えなければなりません。社内向きの仕事がとても増えてしまいます。

2 「絶対値を求めるモデル」と「シェア・モデル」

世の中には需要予測を専門にする会社があります。その代表格がBASES（現在のACNielsen BASES）とNovaction（IPSOS-Novaction）です。BASESは絶対値の方法をとり、Novactionは相対値（シェア）の方法を

使います。絶対値の方法とは、プレファレンスを示すコンセプト・テストの購入意向と購入回数のデータを、データベースに基づいて現実のトライアル率、リピート率、購入回数に換算することで売上を予測する方法です。この方法の良いところは、消費者テストをするのが非常に簡単なところです。製品の名前、何を訴求するか、なぜ便益を提供できるのか、パッケージの写真と値段を載せた紙のコンセプトを用意すればよいのです。いろいろな新製品のアイデアをプロジェクトの初期段階で試すことができるのが最大の魅力です。もちろん、ただでその便益は得られません。得られる消費者データを現実に変換するためデータベースの整備が必要です。それは、テストデータとそれに対応する現実の市場のデータのセットです。これは1つや2つでは足りません。多ければ多いほど、テストと現実のギャップを補正する精度は高まっていきます。

　対抗馬のNovaction（IPSOS-Novaction）のシェアの方法は、疑似テスト・マーケット（Simulated test market）の考え方に基づいており、本物のパッケージによる模擬店舗、TVCMの用意が必要でした。より現実に近い分、予測は正確でしたが、初期の段階では使用しにくい問題点がありました。当時P&Gでは両方の方法を試し、プロジェクトの初期段階から一貫して使える柔軟性、データ理解のしやすさ、消費者テストの費用、そしてシェアの方法はカテゴリーを創造する製品には適さないなどの点を考慮して、最終的にBASESの方法を採用しました。もちろんプロジェクトの状況と調査の目的により、Novactionも時折使っておりました。Novactionの消費者アンケートは複雑で、データそのままではあまり意味がわかりません。意味あるデータにするのに、ブラック・ボックスにされた数学モデルを使って処理するためデータ使用者に納得感がなく、使いづらいと感じました。

　個人的な好みを言えば、哲学として好きなのはマーケット・シェ

アを求める方法ですが、Novactionのやり方はあまりにも複雑で初期段階で実用的でなかったので、後々私は独自でシェアの考え方を用いた予測モデルを開発していくことになります。その「今西シェア・モデルBP-10」は、まず一番にプレファレンスを直接測定することができ、消費者データの扱いが簡単です。調査の方法を少し工夫するだけで、認知と配荷率を調整すれば非常に現実的なシェアが予測できます。ただしマーケット・サイズが分かっていることが前提です。その方法については、後ほどラテン・アメリカの例で詳しく書きます。

③ 予測モデルは理解のためと、予測の両方に使う

　P&Gの本社の調査部では、BASESを使うと同時に、1980年代に社内において独自の数学モデルを開発してアメリカで使い始めました。BASESのデータは直感的にわかりやすいのですが、やはり売上の予測を計算するのに、ブラックボックスにされた数学モデルを含んでおります。そのため予測値及びその背景・メカニズムを深く理解し、自社の消費者理解を世界的に高め、更に調査の費用を抑えるために、予測モデルの自社開発がすすめられました。

　私は当時日本の市場調査部におり、このモデルを日本とアジア全体に導入するプロジェクトを担当することになりました。開発者のボブ・デイヴィスのもとで1ヶ月ほどの予測に関するトレーニングを受けました。私が特に感銘を受けたのは、日々使っている消費者のデータを現実と紐づけて簡単な論理と組み合わせ、現実を予測できることでした。新製品の予測で一番難しいのは、トライアル率です。彼曰く「トライアル率は、コンセプトの強さ（好意度）、配荷率、認知と販売プロモーションによる。コンセプトの強さ、配荷率の影

響は、それぞれの平均に対して直線的であろう。認知と販売プロモーションは、お金に換算できるし、資本主義の体制ではお金をより多く使えば、より多くのトライアルが取れる」と。これはごく当たり前の論理です。しかし、認知率が高くなるにつれて、お金の効率が落ちるので、平方根にすることでトライアル率に対してその新製品に使ったマーケティング全費用が直線化できるというのです。この考えを式に表すと次のようになります。

トライアル率

$$= \text{ある係数} \times \frac{\begin{pmatrix} \text{テスト製品の} \\ \text{必ず買うの\%} \end{pmatrix}}{\begin{pmatrix} \text{今までの新製品の} \\ \text{必ず買うの平均} \end{pmatrix}} \times \frac{(\text{計画の配荷率})}{\begin{pmatrix} \text{今までの新製品の} \\ \text{配荷率の平均} \end{pmatrix}}$$

$$\times \sqrt{\text{計画の全マーケティング費用}} \qquad 式（1）$$

　日本は米国ほど新製品の件数も多くないので、米国のようにデータベースから上の式の最初の係数を導きだすことができません。そのため、当初は当時の購買力平価に基づくドルと円の為替レートを使い、最初の係数を日本用に手直しして、過去の幾つかの新製品に当てはまるかを確認しました。驚いたことに日本では結構当てはまったので、フィリピン、インド、インドネシア、タイ、オーストラリアなど、他のアジア・オセアニアの国々にこのモデルを転用する試みをしました。しかしオーストラリア以外全く当てはまりませんでした。当時、1人当たりのGNPが1万ドルを超えていたのは、この中で米国、日本そしてオーストラリアの3国です。1人当たりのGNPが1万ドルを超えると、社会の仕組みが同じようになり、お金の効率が似たようになるためだと思います。

　日本も昭和30年代の初めのころはテレビが珍しく、近所の人がテ

レビのある家に見に集まるようなことがありました。インド人の調査部の人に聞くと、その当時インドの田舎では、村の人々がテレビのある家に集まってスポーツ観戦をすることがあると言っていました。広告費から推測される以上に実際にTVCMを見ている人の数が多いわけで、インドの市場においては、単位当たりのお金で得られる認知率がもっと効率が良いのです。このようにモデルから市場のことをより深く理解することができます。当たり前のことかもしれませんが、当時の私は経済のことがあまり分かっておらず、この経験から1人当たりのGNP（GNP per Capita）は、社会の発展段階を示す良い指標だと認識しました。すぐに担当の製品群の1人当たりの消費量と1人当たりのGNPの関係をアジアの国々において見てみました。ハミングやレノアのような柔軟仕上げ剤の販売データを、X軸に1人当たりのGNP、Y軸に1人当たりの1年間使用量をとってグラフにすると、ほぼ一直線に並んでいるわけです。私にとってここからの学びは、柔軟剤のように生活に不可欠ではないものは、所得が上がるに従い確実に消費が伸びていくということです。これはテーマパークも同様なはずです。

　1990年代になると、アンドリュー・アレンバーグ（Andrew Ehrenberg）教授の著書『Repeat Buying』が調査部の予測部門の全員に配布され、どのように使えば会社の役に立つのか、研究が始まりました。ちょうどこのころ、私は米国シンシナティのP&G世界本社に呼ばれ、予測モデルの改善・洗剤石鹸部門の予測の仕事につきました。本部の調査部は独特の雰囲気で、現実のビジネスと学者的な真理の追究、社内政治が微妙にバランスしたところでした。アンドリュー・アレンバーグ教授には、本社の市場調査部で講演していただいたこともあります。第1章で紹介したディリシュレーNBDは、この本から得た物で、直接新製品の売り上げ予測には使えませんが、消費者行動を理解するのに役立ちます。

4 予測の精度と予測モデルの精度は異なる

　需要予測会社を使う場合、予測の精度に注意する必要があります。一般に新製品の予測の精度は、コンセプト・テストの場合、70％の新製品は現実が予測の30％以内に入り、残りの30％の新製品はこの範囲外になります。コンセプト・ユース・テスト（コンセプトを見せて購入意向のあった消費者に実際に商品を使用してもらい、再購入意向まで調査するテスト）の場合、製品評価が加わるのでコンセプトだけのテストより精度はよく、80％の新製品は現実が予測の20％以内の範囲に入ります。しかし、これらはモデルの精度であって、予測の精度ではないのです。

　この範囲に現実の売上結果が入るためには、モデルに使ったマーケティングのインプットが現実と同じである必要があります。これがなかなか難しいため、予測がピタリと当たりません。マーケティングのインプットとして必要な項目は、1年目の月別の配荷率、サイズ別の配荷率、TVCMの記憶に残る率、月別プロモーションのプランなどです。ですから予測モデルにインプットすべき項目が多くあり、それらインプットの値に大きな振れ幅がある場合、モデル自身は非常に正確でもこのモデルを中心に予測することはできません。このようなモデルは、新製品の売上がどのような仕組みで構成されているのか理解したり、新製品のシナリオ・プランニングなどに適しています。自社で行う実際の予測には、できるだけインプットのデータが少ないモデルが好まれます。

5 ハリー・ポッターの需要予測への挑戦

　新製品の需要予測とは「**目隠しをして、初めてゾウを触ってどんな動物か知るようなもの**」。
　USJが社運を賭けた「ウィザーディング・ワールド・オブ・ハリー・ポッター」の需要予測に携わった経験は、私にとってまさにそのような状態でした。2008年にP&Gを勇退して悠々自適なバラ色生活を夢見ていた私は、米国シンシナティを拠点にしたまま大学で大好きな数学の研究を行い、人生を謳歌しておりました。そんな生活を2年ほど続けた2010年の夏頃に、P&GからUSJに入社したと聞いていた森岡さんから運命の電話がかかってきました。「今西さん、ハリー・ポッターを日本に建てたいから需要予測をお願いします！実は自分なりに予測した数字は既にあるのですが、会社にとってあまりにリスクが大きい賭けなので、考え方の違う需要予測モデルで、ぜひ今西さんが予測する数字でも確認してみたいのです」
　彼が米国本社に勤務していた数年間、我々2人はドーナツとコーヒーを片手に、数学とマーケティングを融合させる理論とその可能性について時間を忘れて議論を重ねていた仲です。彼はいつものように人懐っこく熱く語って、私の知的好奇心を効果的にくすぐり、気がつけば私はまんまとその仕事に巻き込まれていました。
　私はそれまでの長いP&G勤務で、300以上の需要予測の経験がありました。石鹸・洗剤、紙おむつ、シャンプーなどの日用雑貨品、市販医薬品の需要予測を、米国、アジア、南米において行ってきました。だから「ハリー・ポッター」の予測は、それほど難しいとは思っていませんでした。
　今までの経験から、まずベンチマークになるものを探しました。

「ハリー・ポッター」は、すでにフロリダ州にあるユニバーサル・オーランド・リゾートで導入され、約半年間の実績がフロリダの新聞に発表されていました。アメリカの結果を直接日本に当てはめることはできませんが、プレファレンス（相対的好意度）が同じくらいであればそんなに大きくはずれないと踏みました。次にハリー・ポッターのアメリカと日本におけるプレファレンスを映画の観客動員数をもとに確認しました。両国間では上映本数などが異なるので、両国で放映された最も人気のあった映画「スター・ウォーズ」との相対比を使いました。これで大枠をおさえて、シェアモデルのやり方でいけるであろうと思っていました。

消費者調査は、まず関西在住の18-44歳の男女800人に対し、関西にあるUSJを含む5箇所のテーマパークの認知、今までの経験、過去1年間の経験を聞き、「ハリー・ポッター」の加わったUSJのコンセプトと、ほかの4つのテーマパークのコンセプトを見せ、今後10回テーマパークに行くとしたらどこに行くか、10回分を振り当ててもらいました。当初の計画としては、今までの経験・過去1年の経験から現状のシェアを算出します。次に今後の10回分の振り当てから認知100％の仮定のもと「ハリー・ポッター」ができたときのUSJのシェアを計算し、現状との差を取ります。この差を現実的な認知率で調整します。

ところがどっこい、これが全くうまくいきません！　うまくいっていないのは、2つのことからわかりました。1つ目は、米国オーランドでの「ハリー・ポッター」による来場客数の増加率と比べて非常に低いことです。2つ目は、USJだけでなく、今まで行った人の少なかった「ポルトヨーロッパ」（和歌山県にある地中海をイメージしたテーマパーク）のシェアが異常に増えていることです。

後で状況を冷静に見てみれば、当たり前のことが起こっていました。日用品の場合、基本的に消費者はエボークト・セットの中の銘

柄に満足しており、その銘柄間で行き来することで、それぞれの銘柄にあきないようにしています。あまり積極的にエボークト・セット以外の商品を試しません。しかし、テーマパークは観光地的な要素を含んでおり、行ったことのない所に行ってみたい欲求が強いため、このような消費者テストの結果を得たのです。つまり、そのコンセプトボードを見るまで意識するどころか知りもしなかったポルトヨーロッパの存在を知り、行ってみたくなる心理がテスト結果に表れてしまっていたのです。自分にはこの当たり前のことがまったく見えていませんでした。

　見えていないことは他にもありました。それは、距離抵抗とその影響を取り除くことの難しさです。距離抵抗とは、聞き慣れない用語だと思います。ある温泉を考えてください。その場所がそれぞれの人にとって遠くなればなるほど、時間とお金がかかり、それぞれの人のその温泉にいく可能性（確率）が減ります。もっと身近な例で言えば、お昼の食事によく行く同じぐらい好きな2軒のラーメン屋があるとします。一方があなたの仕事場に近い場合、近い方により多く行くということです。この5つのテーマパークへの距離の組み合わせが人によって異なるため、それぞれの人の距離抵抗をその人にコンセプトを見せた後のシェアに反映させないといけません。これは気が遠くなるような至難の業です。

　日用品の場合は、大体最寄りの店舗が利用されるため、距離抵抗を考慮する必要がまずありません。ただこの距離抵抗のように購買の可能性に影響するのが配荷率です。配荷率の処理は非常に簡単です。個々の調査の対象者に戻らなくても、対象者全体の購入可能性に配荷率を掛ければ良いのです。購入意欲と店頭で当該商品に遭遇する確率が独立しているからです。当該商品に遭遇する確率は商品カテゴリーの売り上げを加重した配荷率で表せます。

　配荷率について洗濯洗剤アリエールを例に説明します。この世の

表6-1

月間の洗濯洗剤 全体の売上（万円）	イオン	イトーヨーカドー	ローソン	合計
	¥2100	¥700	¥200	¥3000
アリエールの取り扱い	あり	なし	なし	1店舗
店舗数による配荷率	=1/3			33%
カテゴリー売上加重配荷率	=2100/3000			70%

中に、イオン、イトーヨーカドー、ローソンの3店舗しかないとします。そして各店舗において洗濯洗剤の売上及びアリエールの取り扱いが表6-1のようになっているとします。この場合、アリエールの店舗の数を基にした配荷率は33％。カテゴリー売上を加重した配荷率は70％です。この売上を加重した配荷率はアリエールを取り扱っている店舗の洗剤全体の売上を、全店舗の洗剤の売上で除した数値です。これはアリエールを買いうる確率を表しています。

　需要予測は、現実が分かるまで正しいかどうか分かりません。いろいろなデータや消費者テストデータは、それぞれありうる予測の一部分しか教えてくれません。またそれが本当に正しいのか最後まで分からないのです。たとえば、目隠しして、ゾウを手で触ったとします。お腹のところを触っただけなら、サイと答えても仕方ないでしょう。鼻を触ればゾウと分かるかもしれません。だからとにかく、いろいろな方向でいろいろなデータを診ることにより、全体を大きく外さないようにします。大事なのは、できるだけ多くの点でゾウに触れてみることなのです。

6 大枠をおさえることが大切!

　2010年の6月18日に「ハリー・ポッター」をオープンしたユニバーサル・オーランドの状況をネットで調べてみました。地元の新聞記事によるとオープンして最初の四半期で来場者数が36％伸びたと報道されています。すべて条件が同じであれば、この程度の伸びは可能ということが分かりました。では上限はどの程度でしょうか。この質問に答えるのに2つのやり方を使用しました。

　1つ目は、東京ディズニーランドの今までの歴史の中で、USJのハリー・ポッターに匹敵するもの、またはそれ以上の規模や好意度の新規事業を探してみました。「東京ディズニーシー」がそれに当てはまります。「シー」ができた1年目の来場者数は、オープン前の5年間の平均に対して44％増加していました。

　もう1つは、USJの今までの来場者数の変化に対して簡単な統計の知識を使い、チケット購入者の最大増加数を300万人（約60％増加）以下と見ました。これは、それまでのチケット購入者の年間来場

表6-2　HPとTDSの相対比較

新規事業	ハリー・ポッター (HP) (A)		東京ディズニーシー (TDS) (B)		比較 (A/B)
増加率	?		44%		—
母体	USJ		東京ディズニーランド (TDL)		—
母体への投資額*	1700億円	(100)	2200億円	(100)	—
投資額（試算）	450億円	(26)	約2100億円	(95)	(21)
母体の面積	54万㎡	(100)	51万㎡	(100)	—
新規・面積**	約6万㎡**	(11)	49万㎡	(96)	(12)
新規の好意度	規模が同じであればたぶんA>B				

*インフレ調整済み
**需要予測時の情報

数の標準偏差と、「来場者数が正規分布しているという仮定のもと、中心点から3つ以上標準偏差分が離れた事象が起こるのは、1％以下である」という統計的知識を組み合わせた結果です。

　上記2点に加え、投資額、面積、好意度において東京ディズニーシーと比較して考えると、「どうも最大で45％程度の増加率ではないか」と、とりあえず結論することにしました。

　予測しようとするプロジェクトにできるだけ似た状況の例を探し、最大と最小の幅を、ロジック、数学的知識、市場・商品カテゴリーの知識など総動員して考えます。ハリー・ポッターの場合は、最小の増加率は論理的に0％です。既存のライドや施設を潰さず、駐車場の場所を移しそこに建設するため、USJのゲストにとって完全に追加される魅力なので、来場客数がこのプロジェクトにより減ることは考えられません。この場合、限られた情報しかないので、とりあえずの結論として大枠をおさえて次に進みました。より多くの多角的、独立的な試算をすれば、大抵の場合より精度が上がります。

7 映画の観客動員数からの予測

　当初は、シェアを測定する方法を最優先で考えていましたが、上手くいきませんでした。次は、来場意向またはそれに代わる指標を使い絶対値を予測するしかありません。基本に戻って「使える指標は何か」を考えました。それは、消費者のハリー・ポッターの世界に対するプレファレンスを測定することです。一番簡単なのは、ハリー・ポッターの映画の観客動員数です。映画の観客動員数とその映画に関連した乗り物や、施設によるテーマパークの来場客数の増加の関係をハリー・ポッターにあてはめれば良いと考えました。

ただし日本では使えるデータのセットが3件しかないので、まず米国で観客動員数とテーマパークの来場客数の増加の関係を見てみました。米国においてもデータ・セットが揃うのは、表6-3の12件だけでした。来場者増加数は、ディズニーとユニバーサル・スタジオ各施設のアトラクション導入前後1年間の差です。この表の数字をグラフにあらわしたのが図6-1です。この図から言えることは、映画の延べ集客数と1年目の来場者増加数の間には、大まかに直線関係があることです。その関係は、統計的な指標$R^2=0.63$が示すように比較的高いです。この指標が1.00の場合一直線の関係があり、0.00の場合全く関係がないことを示します。

　すなわち映画に関連したアトラクションを相対的に見た場合、映

表6-3　米国　映画観客動員数との関係

番号	アトラクション（A）	テーマパーク	映画観客動員数（100万人）(A)	1年目の来場者増加数（100万人）(B)	増加率 (B/A)
1	アラジン	D-アドベンチャー	52	0.6	1.15%
2	ニモ	D-エプコット	56	0.5	0.89%
3	インディ・ジョーンズ	D-アナハイム	236	3.8	1.61%
4	スター・ウォーズ	D-MGM	617	3.6	0.58%
5	ウォーターワールド	US-ハリウッド	20	0.1	0.49%
6	キングコング	US-ハリウッド	60	0.5	0.83%
7	マミー	US-ハリウッド	81	0.4	0.50%
8	バック・トゥ・ザ・フューチャー	US-ハリウッド	110	0.1	0.09%
9	ジュラシック・パーク	US-ハリウッド	168	0.7	0.42%
10	ジョーズ	US-オーランド	188	0.7	0.37%
11	ハリー・ポッター	US-オーランド	269	3.7	1.37%
12	スパイダーマンとその他	US-オーランド	388	5.2	1.34%

D：ディズニー　US：ユニバーサル

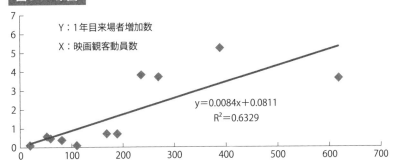

図6-1 米国

画の延べ観客動員数が多ければ多いほど、より多くの1年目の来場者増加数が期待できるわけです。ハリー・ポッターのような知的財産（IP：インテレクチュアル・プロパティー）の強さ、すなわち消費者によって相対的に選択される確率は、映画の延べ観客動員数の相対比較そのものです。映画の延べ観客動員数を人口で除した数字が、そのIPの第1章で説明した「M」と同じなのです。

　映画館は比較的どこにもあるので、距離抵抗を考える必要もありませんし、基本的にはどの映画のチケットも同じ価格なので、純粋に相対的なプレファレンス（好意度）を表しています。IPによって映画の製作本数が異なる点が問題と思われるかもしれません。しかし我々は、資本主義社会に住んでおり、利益の見込めないIPの映画の続編を無闇に製作するようなことはまず起こりえません。お金の論理が支配しているのです。

　1つ問題があるとすれば、それは期間・時期に関する問題です。例えば、キングコングです。『キング・コング (1933)』、『コングの復讐 (1933)』、『キングコング (1976)』、『キングコング2 (1986)』、『キング・コング (2005)』と5編の映画があります。全部の観客動員数がキングコングのIPの強さかもしれません。しかし、IPの強さをど

ういう目的で使うのかにより決まります。表6-3のキングコングの観客動員数は、『キングコング（1976）』と『キングコング2（1986）』の合計です。キングコングのアトラクションがユニバーサル・スタジオ・ハリウッドに導入されたのは、1986年です。対象者は、1986年当時の18－59歳の男女ですし、この人達の中に1933年の『コングの復讐』を映画館で見た人がいるとは思えません。

日本の状況は表6-4に示しています。この表をグラフに表したのが図6-2です。日本も米国と同じように直線関係があります。ただしデータが少ないのでほぼ一直線になっています。

（A）と（B/A）の縦の欄を見ると、観客動員数が増えるに従って増加率も高くなっています。成功が成功を呼ぶパターンがここにも見えます。ただ、ここで注意すべきは、日本も米国と同じように直線関係がありますが、増加率は日本の方が高い傾向に見えるということ。これは、1つに日本の方がテーマパークの数が少なく、人口が集中しているからではないでしょうか。もう1つ、日本のスター・ウォーズの増加率がスパイダーマンより高いのは、もともと東京ディズニーリゾート（TDR）全体の集客数が多いためだと思います。増加率にはもともとのベースサイズ（もともとの入場者数）が少しは影響を及ぼすはずだからです。つまり、そこにあるスター・ウォーズ

表6-4　日本　映画観客動員数との関係

番号	アトラクション（パーク）	映画観客動員数（100万人）	1年目の来場者増加数（100万人）	映画観客動員数から見た増加率
		(A)	(B)	(B/A)
1	ピーターパン（USJ）	5.5	0.13	2.4%
2	スパイダーマン（USJ）	17.4	0.51	2.9%
3	スター・ウォーズ（TDR）*	41.7	1.37	3.3%

*アトラクション名はスター・ツアーズ

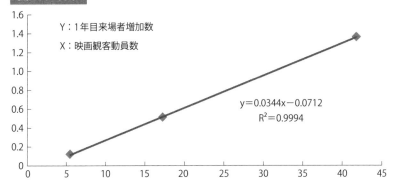

図6-2　日本

の数字は日本のUSJにとっては上に少々インフレされていると考えるべきなのです。

8 増加率を使った予測

　ハリー・ポッターの第1作『賢者の石』から2011年の『死の秘宝』までの映画観客動員数は、約7400万人です。それに対して増加率は表6-5のように4つの場合が考えられます（ピーターパンに合わせた場合、スパイダーマンに合わせた場合、スター・ウォーズに合わせた場合、式に合わせた場合）。結論から言えば映画観客動員数による増加数は、180万から240万の間で、中心点は210万人となります。直線の式に基づく最大値250万は採用しませんでした。

　それには3つ理由があります。1つ目は米国のデータから直線関係があることは分かりましたが、ハリー・ポッターの7400万人は、そこにある日本におけるベンチマークとなる実数値の範囲（550万人～4200万人）をあまりに大きく超えているので、7400万人の世界は未知のリスクを伴うこと。2つ目は、当時のもともとの集客数やブランド力を鑑みて、東京ディズニーリゾートの増加率より高くなる可

表6-5

番号	アトラクション	ハリー・ポッター映画観客動員数（100万人）(A)	増加率 (B)	1年目の来場者増加予測数（100万人）(A×B)
1	ピーターパンと同じ増加率とした場合	74.2	2.4%	1.8
2	スパイダーマン	74.2	2.9%	2.2
3	スター・ウォーズ（スター・ツアーズ）	74.2	3.3%	2.4
4	図6・2の式を使った場合			2.5

能性は低いと考えられること。3つ目は、中心点は保守的な予測でありたいこと。私が楽観的な数字を森岡さんに渡してしまった後、それを使って社運を賭けた450億円もの大勝負に出るであろう彼が、実際の結果として予測した数字を下回ってしまうことは、何としても避けたい。そう私は考えていたのです。

　森岡さんと会って、お互いの需要予測の結果を見せ合う日がついに来ました。お互いに違うやり方で需要予測を導くために、それまで具体的な方法は言い合わないように注意していました。森岡さんから直前に提案がありました。お互いに手のひらに信じている数字を書いて「せーの」で見せ合いましょうと。そして先述したその幅の中で思案した結果、本当の現実的な予測を220万と考えていた私は、手のひらに敢えて保守的で低めの「210万人」と書いたのです。そしてお互いに見せ合いました。彼の手のひらには太くはっきりと「240万」と書かれてあったのです。お互いにニヤッとしました。彼は「200万は固い」と踏んだのでしょう。彼の目に自信の輝きが確実に増していくのを、私は感じていました。

9 テレビCMを使ったコンセプト・テストによる予測

　映画観客動員数による予測の他にもっとも基本的なコンセプト・テストに基づく予測も行いました。この結果は映画観客動員数によるものとよく似た結果でした。最大240万、最小150万、中心点200万人でした。開園1年前に最終確認のために、TVCMを使ったコンセプト・テストにより予測をしました。

　テストは関西、中部（愛知、三重、岐阜）、関東の3地域で表6・6のように実施しました。テストの結果も一部示してあります。

◆ 予測における基本的な仮定

1) 来場意向が高ければ実際の来場者数も多くなる。来場意向の伸び率が低い場合は、現実の来場者数の伸び率は来場意向の伸び率と同じ（直線的）。伸び率が高い場合は調整の必要がある。

2) 認知と時間の面積は来場に直線的な影響がある（1年目のハリー・ポッターは認知90％、時間97％）。認知と認知達成スピードを面積で考え確率的に予測に反映します。縦が認知率で横が時間（1年間）で全部の面積が1.00になるように考えます。例えばハリー・ポッターの認知がオープン日から100％で1年間ずっと保ち続けると100％（認知）× 100％（時間）＝ 1.00となります。初日の認知は0％で直線的に伸びて最後の日に100％の場合は、人々は平均すると1年間の50％しか来場する時間がないので、100％（認知）× 50％（時間）＝ 0.5となります。認知90％、時間97％の場合は90％ × 97％ ＝ 87％。この仮定によると、実際の来場意向に基づく可能な数の87％が訪れることができます。

表6-6

対象者	18-44歳の男女					
テスト地域	関西		中部		関東	
18-44歳の人口(万)	710		394		1567	
	テスト	コントロール	テスト	コントロール	テスト	コントロール
パネル	現行＋HP	現行パーク	現行＋HP	現行パーク	現行＋HP	現行パーク
値段（大人）	￥6,600	￥6,600	￥6,600	￥6,600	￥6,600	￥6,600
人数	809	801	844	841	843	848
来場意向（加重）	%	%	%	%	%	%
絶対に行く(0.76)	14	8	10	4	7	2
たぶん行く(0.26)	26	17	17	10	15	7
加重した来場意向	17	10	12	6	9	4
インデックス	(172)	(100)	(211)	(100)	(247)	(100)

3）来場者の年齢構成比は一定。別の言い方をするとテストをしていない年齢層の来場者数の伸びはテストをした年齢層と同じ率である。

4）テストをしていない地域の伸びは、テストをした3つの地域のどれかと同じ率で伸びる。どの地域の伸び率を採用するかは、BDI（Brand Development Index）に基づきます。BDIとは、USJの場合は、まず全国の人口1000人当たり1年間に国内から何人来ているかを計算します。次に地域別の人口1000人当たりの各地域からの訪問者数を計算します。全国の人口1000人当たりの訪問者数を100とした時に対応する数字をその地域のBDIと呼びます。BDIにおいてテストをしていない地域がどのテスト地域に近いか見ます。最も近いテスト地域の伸び率をその地域の伸び率として採用します。たとえば九州地方、東北地方のBDIはテストを実施した関東と最も近かったので、関東の伸び率をその地域の伸び率としました。

我々が実際の予測計算をする時一番注意しなければならないのは、予測に使う仮説とその結果としての予測値が現実的に妥当かということです。個々の仮説の妥当性のみに重点を置く人もいますが、それは「非常に危険」だと思います。仮説全体の整合性と妥当性の検査も必要です。各論は正しいのですが、どうも最終結論が納得いかない。このような経験はありませんか？　納得がいかない場合、通常次の2つの原因の内、少なくとも1つが当てはまります。

　1つ目は、各論の互いの整合性が欠けている。2つ目は、結論そのものが今までの自分の経験に合致しない。予測も同じです。

　1つ目の個々の仮説の相互の整合性の判断は、比較的簡単にできます。しかし、2つ目に当たる仮説全体の妥当性を検討するのは難しいものです。仮説全体の妥当性とは予測値そのものの妥当性ですから、出てきた数字を似たような実績の分かっている事業プラン「ベンチマーク」と比較します。いろいろな背景の異なるベンチマークと比較して、出てきた予測値に果たして妥当性があるか考えます。

　他の実績値と辻褄が合わなければなりません。自由主義市場においては、基本的に経済的合理性が働いているはずです。世の中は辻褄が合うようにできているのです。今のところ、私はそう信じることにしています。例えば刑事の尋問で被疑者の矛盾を探るようなものです。嘘を言っていればどこかに矛盾が表れ、真実を言っていれば全体として辻褄が合います。予測値がベンチマークの数値と辻褄が合わない場合、仮説を見直します。結局、仮説、仮説に対する予測値、ベンチマークの実績値の3つが、辻褄が合い自分自身にとって論理的にも感情的にもしっくりくるまで試行錯誤します。

　これらの仮説で最も問題なのは1つ目です。ハリー・ポッターの需要予測のように、テストのコントロールに対するインデックスがこんなに伸びると直線的ではありません。自社をコントロールとして使うと、来場意向の伸びそのものは、今まで来なかった人、また

図6-3 伸びに対する調整率

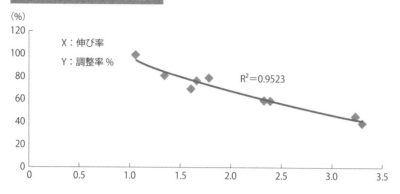

は来る確率の低い人により構成されています。伸び率が高ければ、より多くのより来場確率の低い人々で構成されていることになります。確率の低い人の来場意向の調整幅は大きくなります。視覚的に理解するために、ある調査に基づいた来場意向の伸び率と現実の伸び率の関係を示した図6-3を見てください。この調整率は、カテゴリー、ブランドにより異なります。ですから自社の製品の調整率が必要な場合は、2、3年かけて消費者調査を実施し、対応する実績を図6-3のように作ることです。

TVCMを使用したコンセプト・テストデータ、これらの仮説、来場意向の伸びに対する調整率、今までの予測、ベンチマークとの妥当性、すべてを考慮して最終的に200万を増加予測の中央値と結論づけました。これに基づき200万人増加を目指すことがメディアに発表されました。対応する実績は220万人で、予測値に近くかつ少し保守的であり、安堵しました。森岡さんに見せた210万にも近く、自分自身満足できる結果となりました。

10 コンセプト・テストを基に絶対値を予測する時の注意点

　予測の実務において非常に重要なことを2つ申し上げます。予測する時、一般に「現実に対応する（実績のある）コンセプト・テストのデータ」と「未来に関するコンセプト・テストのデータ」を基に予測・推定します。「現実に対応する（実績のある）コンセプト・テストのデータ」をコントロール、「予測・推定する事柄」をテストと呼ぶことにします。

1) コントロールを基にテストを予測する時、予測する事柄に最も影響を与えると思われる条件において最も近い物をコントロールに選ぶと良い。コントロールに何を選ぶかが大きく予測の精度に影響します。予測においての大きな不確実要素は、人口当たりの浸透率と1人当たりの購入・訪問回数です。テーマパークのような集客施設でこの2つに大きく影響するのは、一番が集客施設のタイプ（テーマパーク、動物園、ショッピング・センター）、次に施設までの時間距離別の人口分布、そして値段です。第1章で述べましたが、カテゴリーが同じで競合がなく価格があまり異ならないのであれば、似たようなプレファレンスです。結果として、認知と距離抵抗を調整すれば訪問者当たりの訪問率と訪問回数に大きな異なりはありません。ただ浸透率が高いブランド・施設は少し訪問回数が多くなる傾向があります。

2) テストとコントロールにおいて来場意向・購入意向に大きな違いが無い場合、基本的に直線的に予測しても大きな間違いはありません。しかし離れるとテストとコントロールの関係により

必ずしも直線的でなく曲線的になります。ハリー・ポッター(HP)の予測のようにコントロールを現在のUSJとし、テストをUSJ＋HPとした場合、伸びの調整率が図6-3のようになり、結果として曲線となります。

11 一般的なシェアの予測方法（直接プレファレンスを測る）

　この方法は、どこの地域においても現実的な1年目の市場シェアを予測することができます。なぜこの方法を薦めるのか？
　表6-7は家庭用品の国別のコンセプト・テストのデータです。上はコンセプト（アイデア）のみに対する購入意向で、下はコンセプト・テストの後に製品を使用していただいた後の購入意向のデータです。同じ家庭用品なのにかなり国別に差があります。これは、消費者データを基に現実的なプレファレンスの値にする式が国別に必要になることを示唆しています。特にラテン系の国々では、楽観的な国民性のせいで「必ず買うと思う」と「たぶん買うと思う」を合計すると90％近くなり、コンセプト、製品を選ぶのにも支障がでかねません。

　ある時、2つの商品を市場に出しました。とりあえずAとBとしましょう。Aの方がBよりコンセプトの結果が良かったのですが、実際の市場での結果は逆になりました。同じ商品カテゴリーで、同じような認知、同じような配荷率なのに、Bの方が圧倒的にトライアル率、そして売上が高かったのです。それに比べて、Aの製品は予測の半分以下しか達成できなかったのです。一体どうなっているのか？　ラテン・アメリカの上層部から、シンシナティの需要予測の本部に問い合わせが来ました。私はさっそくラテン・アメリカの

表6-7 家庭用品［雑貨］(Household Products) コンセプト・テスト国別データ

購入意向	コンセプトに対する反応									
	フランス	イタリア	スペイン	米国	ドイツ	中国	英国	台湾	日本	平均	標準偏差
必ず買うと思う	48%	45%	44%	22%	18%	12%	10%	5%	4%	23%	—
たぶん買うと思う	35%	43%	45%	30%	47%	47%	60%	44%	31%	42%	—
合計	83%	88%	89%	52%	65%	59%	70%	49%	35%	66%	19%

購入意向	製品使用後の反応									
	フランス	イタリア	スペイン	米国	ドイツ	中国	英国	台湾	日本	平均	標準偏差
必ず買うと思う	65%	48%	55%	45%	48%	21%	38%	29%	15%	40%	—
たぶん買うと思う	26%	39%	36%	40%	30%	56%	39%	52%	60%	42%	—
合計	91%	87%	91%	85%	78%	77%	77%	81%	75%	82%	6%

New Product Sales Forecasting Model by Lynn Ying-Shiang Lin

マーケティングのトップと会いました。彼女は怒り心頭でしたが、彼女の批判は的を射たもので、私は返す言葉もありませんでした。

　原因の1つは、Aがその商品カテゴリーの平均価格に比べて大変なプレミアム価格であったことです。2つめは、表6-7の示すように、ラテン系の人々は文化的に「必ず買うと思う」と答える比率が高く、絶対値を予測するのがもともと難しいことです。至急この事態を改善しないといけません。予測に関する論文、書籍などを調べ、データベースがあまり必要なく、比較的簡単な方法はないものか探しました。この作業のなかで、Eric Marderの『The Laws of Choice』に出くわし、今までのアイデアと合わせて、私はBP-10（Brands Purchase in next 10 category purchases）という方法を生み出したのです。南米の実情に合わせた調査の方法は同僚のAlejandra Valeroと相談し決めました。

◆**消費者テストの方法**（BP-10：Brand Purchase in next 10 category purchases）：

　対象の商品カテゴリーから最もよく売れている5〜6つのブランドを選び、テストしたい商品と合わせて、最大7枚の簡単なコンセプトを用意します。それぞれのコンセプトには、簡単な商品説明、パッケージの写真、サイズ別の価格（主な2つのサイズ）を載せます。ラテン・アメリカの場合、調査員が一軒一軒訪問して調査を行うのであまり複雑なことができません。ですから、すべてのコンセプトを見せて、質問をしました。理想的には、対象者のエボークト・セットに合わせたブランドのコンセプトと、テストのコンセプトを見せて質問をしたいところですが、複雑なことはできません。それができれば、基本的に現実の市場において各々の消費者がブランドを店頭で選択する状況を再現しているのでより正確なわけです。

　ちなみに代表性のあるインターネット調査ができる国であれば、この理想の方法も可能です。このラテン・アメリカの方法は、最も単純なのでデフォルトとしてどこでも使えます。もしテスト製品が、同じ商品カテゴリーで一番よく売れている商品にくらべて価格が高い場合、テストにおいては同じ価格で表示します。実際との価格差は、テストの後計算により調整します。またこのテストは、認知率と配荷率が人工的に100％の文脈で行っていますので、それも最後に調整しなくてはいけません。調整の仕方は、後程説明します。

　具体的な調査の方法を補足しておきましょう。表6-8の基本的な質問のあとにコンセプトを見せて、今後その商品カテゴリーのブランドを10回買う場合、どのブランドを買うか、10枚のドットを買う銘柄に振り分けて貼ってもらいます。これが一番大事な質問です。

　これからシェアを予測します。テストブランドにドットを付けた人には、実際のサイズと価格をすべて見せてどのサイズを買うかを聞きます。コンセプトには2サイズしかないのは、あまり情報を与

えすぎて混乱させないためです。あくまでもコンセプトのサイズの情報は、相対的なブランド間の価格と価値を判断してもらうためです。どのサイズを買うのかの質問が必要な場合は、10個のドットを振り分けた後に追加として聞きます。その情報は現実の平均サイズを予測するために役立ちます。もし製品テストをこの調査に組み込みたい場合は、テスト製品に加えて、その消費者のエボークト・セットの中で最も上位にある製品を1つ、計2つをどちらの製品をテストしているのかわからないように渡して使ってもらいます。後日どちらの製品をどの程度買いたいか、10個のドットを振り分けてもらえば、相対的な選択確率が分かります。

表6-8

基本的な質問
●銘柄認知
●今までの購入経験
●2回以上買ったことのある銘柄
●今後買っても良いと思う銘柄

　さて、データが集まりました。それを使って実際に需要予測をどう計算するのか、確認してみましょう。BP-10による需要予測では、ユニットシェアの計算の仕方を使います。今ある新商品に表6-9のテスト結果が出たと仮定し、このケースを用いて説明します。

表6-9

市場規模（ユニット単位）	4億個
商品カテゴリー	洗濯洗剤
実際の販売価格：最も売れている製品に対し	20%プレミアム
テストした価格：最も売れている製品に対し	同じ
結果	
コンセプト・シェア	16%
消費者のサイズの好みを配荷率で調整後の平均価格	¥400

1年間の平均ユニット・シェアの式は（t：発売からの月数）：

$$= コンセプト・シェア \times \frac{(\sum_{t=1}^{12} 認知率_t \times 配荷率_t \times 購入可能月数_t)}{12} \times Price\ Adj.$$

式（2）

　ユニットシェアは、値段・サイズの違いを考慮しないで、1つのパッケージを1個とした販売個数のシェアです。もし消費者が1回の購入で1ユニット（個）しか買わない場合、ユニットシェアは消費者の選択回数のシェアと同じになります。上の式に1回の購入個数の相対比が入っていないのは、ほぼどの銘柄もシェアに応じたセールス・プロモーションを行うので、基本的に1回の購入個数の相対比がほぼ1（つまりどのブランドも1回あたりの購入個数は同じ）になるからです。

　テストされたコンセプトのシェアは、全体のドット数に対するテスト商品が得たドットの数です。500人にテストをして、200人が1人当たり平均4枚のドットをテスト・コンセプトの製品に割り当てたとします。この時のテスト・コンセプトのシェアは、

　　$(4 \times 200) / (10 \times 500) = 800/5000 = 16\%$です。

表6-10

1年目の月（t）		1	2	3	4	5	6	7	8	9	10	11	12	合計
A	コンセプト・シェア	16%	16%	16%	16%	16%	16%	16%	16%	16%	16%	16%	16%	
B	認知率	15%	30%	40%	50%	52%	54%	55%	56%	57%	58%	59%	60%	
C	配荷率	20%	40%	50%	60%	62%	64%	65%	66%	67%	68%	69%	70%	
D	認知率×配荷率	3%	12%	20%	30%	32%	35%	36%	37%	38%	39%	41%	42%	
E	増加分	3%	9%	8%	10%	2%	2%	1%	1%	1%	1%	1%	1%	42%
F	購入可能月数	11.5	10.5	9.5	8.5	7.5	6.5	5.5	4.5	3.5	2.5	1.5	0.5	
G	A×E×F	6%	15%	12%	14%	3%	2%	1%	1%	1%	0%	0%	0%	55%
月平均ユニット・シェア							4.6%							

　この16％というテストされたコンセプトのシェアはそのまま使うわけにはいきません。なぜならば、テスト環境では認知率と配荷率が強制的に100％の文脈になっており、実際に実現できる認知率と配荷率の想定によって修正する必要があるのです。ここでは認知率と配荷率の想定が表6-10のようにされたと仮定しましょう。最初の月に認知し購入可能な人は全体の3％（認知15％×配荷20％）ですが、認知は月初めは0％で月の終わりが15％なので、最初の2週間は実質的に消費者はその商品を買うことはできないとみなします。

　つまり、年間に11.5ヶ月の購入可能な月があります。1ヶ月目に認知して購入可能な人達がもたらす12ヶ月の中におけるユニットシェアを、計算してみましょう。16％（コンセプトのシェア）×3％（1ヶ月目の認知×配荷）×*11.5*（購入可能な期間）＝6％となります。同様に2ヶ月目には、*16％×9％*（認知×配荷：2ヶ月目の12％－1ヶ月目3％＝9％）×*10.5*（購入可能期間）＝*15％*となります。同様にして月別のシェアの増加分を加えますと合計で55％となり、1年間の月別平均ユニットシェアは、*4.6％＝55％÷*（*100％×12ヶ月*）になります。

　最後に価格の影響も考慮しなくてはいけません。洗濯洗剤の価格弾力性は-1.5％ですから、20％のプレミアムを持つこの商品の場

合、ユニット・シェアは、30％（-1.5％×20％/1％）少なくなります。ですから、価格調整後のユニット・シェアは4.6％×0.7（1.00-0.30）＝3.2％となります。

　1年間の洗濯洗剤のユニット単位での市場規模が約4億個で、この製品の平均購入単価は、400円ですから、求める市場における売り上げは51億円となります。

$$売上＝4億個×3.2％×400円＝51億円$$

　表6-10は、認知率と配荷率の最終的な高さだけでなく、どのようなペースで上がっていくか（グライドパス）が1年目の売上に大きく響くと言っています。認知も配荷も当然できるだけ早く最高点に達した方が良いに決まっています。また、製品パフォーマンスに関しても、この場合のユニット・シェアの計算式では「テスト製品は商品カテゴリーの平均的なパフォーマンスである」と仮定しています。

　もし、実際の製品の品質が平均よりも低かった場合は、テストされたコンセプトで想定されている16％のシェアが低くなり、年間のユニットシェアが下がるリスクを抱えていることになります。

　最後にプレファレンスとMとBP-10（コンセプト・シェア）の関係をこの新商品の2年目を使い説明します。話を簡単にするために2年目の認知（60％）と配荷率（70％）は一定とします。こうすると購入可能な人々は全員丸1年の購入期間があります。第2章で説明したMは次のようになります。

$$M＝\frac{全ユニット・セールス×プレファレンス×認知×配荷率}{対象人口}$$

式（3）

$$プレファレンス＝コンセプトシェアBP\text{-}10 \\ ×プレミアム価格調整率$$

式（4）

$$M＝\frac{4億個×16％×0.7×60％×70％}{対象人口}$$

第 7 章
消費者データの危険性

第1章で市場構造の本質は、消費者のそれぞれのブランドに対するプレファレンス（相対的好意度）であると述べました。我々が長期的に自社ブランドの売上を増大・維持していくためには、消費者がなぜそのようなプレファレンスに至ったのか、またどのようにすればプレファレンスを改善できるのか、詳しく知る必要があります。それに加えて、実際のマーケティング・プランを作成するときも、市場サイズや認知率や配荷率などの市場データと、消費者に様々な質問をすることで得た消費者データを組み合わせて、消費者と市場を診ていく必要があります。消費者データを読み解くことはマーケティングにおいて必須です。

　消費者データには、基本的に3つの注意すべき点があります。1つ目は「代表性があるのか」という点です。調査ではもちろん消費者全員に聞けないので、ある一部の人々に聞くことになります。その調査サンプルとなった人達が、消費者全員を代表しているかという点です。2つ目の問題は、代表性があっても全員ではないので、程度の差はあっても必ず「統計的な誤差を含む」という点です。3つ目は消費者データ特有の問題で、「同じ質問でも、聞き方や状況などにより数値が変わる（これをバイアスと呼びます）」ということ。

　この章では、特に3番目の問題点に関して、現状・近未来に関する量的消費者データを読み解く際の基本的な考え方と注意点を書きます。

1 消費者データは、常に現実と対応させて読む

　データは大きく区分すると、質的データと数字そのものが意味を持つ量的データに分かれます。この章でいうデータとは、特に断らないかぎり量的データと考えてください。我々は、種々の消費者

データを使い現実を診ます。その際にとても重要なことは、「現実」と「認識」の間には必ずギャップがあることを予め知っておくことです。

　我々の頭の中にある「認識の世界」と「現実の世界」の間には、どうしてもズレや誤差が生じるのです。「現実の世界」を知るには、現実をサンプル抽出したデータや言語などの「記号の世界」に一度翻訳しなくてはなりません。我々は現実の全体を直接診たり触れたりできる訳ではありません。その一部を「記号の世界」に通すことで、我々の頭の中の「認識の世界」を構成することができるのです。

　逆の場合も同じです。頭の中にある「認識の世界」で考えていることを、言語等の「記号の世界」に一度翻訳して「現実の世界」に投げかける場合も、その翻訳の度にズレや誤差が生じてしまうのです。私の世代は自分の想いをラブレターで伝えたものですが、想いのほんのちょっとしか言葉にできないあのもどかしさ、と言えばわかってもらえるでしょうか。マーケターの皆さんも身に覚えがあると思います。頭の中で素晴らしいと思っていたコンセプトをいざ実際に書き出してみると、思っていた強さがどうしても失われる感覚に見舞われたことはないでしょうか。文字という「記号の世界」に落とし込めるのは、頭の中にある我々の「認識の世界」のほんの一部に過ぎないのです。

　しかし、それでも我々は「認識」と「現実」の間に、データや数字や言語といった「記号」を媒介させて、現実の世界をできるだけ正しく知るしか方法がないのです。そのためには、間に必ずズレが生じていることを知った上で、1）あらゆる「データ（記号）」の性格をよく理解し、できる限り現実に符合させながら読み解いていくこ

と。2) できるだけ多角的な「データ（記号）」を用いて整合性のある現実の認識を構成していくこと。この2つのアプローチしかないと私は考えています。

　さて「現実」と「記号」の間を考えてみましょう。「現実」と「データなどの記号」には、1対1の関係にあるものと、そうでないものがあるのです。売上、預金残高、在庫などのデータは、現実と1対1の対応があるデータです。例えば、データ上にある部品の在庫が800個とあれば、何か特殊な間違いがない限り、800個の現物が倉庫にあります。これがデータと現実が1対1の関係です。しかし消費者データにおいては「1対1でないもの」の方が多く、そのような場合に1を1、10を10として、そのまま使ってしまうと、とんでもないことになります。現実に照らし合わせて、1を増やしたり減らしたり、修正する必要があるのです。「1対1の対応」の典型的な例をまず紹介してから、「1対1でないもの」を理解することにしましょう。

　例えば、表7-1の消費者データ「95％の世帯が週10.5回洗濯をする」は、ほぼ現実と1対1の関係にあると言えます。表7-1のように

表7-1

	1988年の洗濯洗剤の使用量	
A	日本の世帯数	37,812千
B	1週間に洗濯した世帯	95％
C	全洗濯回数（洗濯液の使い回しを含む）	16.5回
D	回数/週（新しい洗剤液のみ）	10.5回
E	週の数/年	52週
F	1回の使用量（消費者調査）	28グラム
G	計算値（AxBxDxExF）/1000/1000	55.0万トン
H	現実（日本石鹸洗剤工業会）	58.6万トン
I	G/H	94％

計算した年間の消費者使用量は 55.0 万トンです。一方洗剤の生産者で構成されている日本石鹸洗剤工業会の生産出荷量は 58.6 万トンです。生産者による出荷報告ですから事実と考えられます。出荷量には輸出がふくまれますし、流通在庫・生産量の増減などを考慮に入れると「95％の世帯が週 10.5 回洗濯をする」は、ほぼ現実と 1 対 1 と考えて良いと思います。私の経験ですが、洗濯回数のように<u>習慣に関する消費者のデータは、ほぼ現実と 1 対 1 の対応をしています</u>。

　次に「現実」と「データ」が 1 対 1 の対応をしていないケースを見てみましょう。習慣に関する消費者データは良いのですが、<u>売上予測によく使うプレファレンスを示す**購入意向と購入回数は曲者**（くせもの）で、「1 対 1 でないもの」</u>に属します。特に気を付けないといけないのが購入回数です。1 対 1 の関係でないということは、そのまま使うととんでもないことになります。その典型的な例である今から 20 年ほど前の洗濯洗剤のコンセプト調査の結果を表 7-2 に示します。購入意向の回答の中にある（現実に対応させるための加重）の％は、認知 100％、配荷率 100％のもと現実的な 1 年間の購入率を予測するのにその当時使っていた消費者データを補正する加重（weight）です。これらの加重は下記のように使います。

年間の購入率
　　　　＝ *10%*（絶対に買うと思う）× *100% ＋ 45%*（たぶん買うと思う）
　　　　× *50% ＝ 32%*

　やはりこの加重も過去の調査データと現実の値を紐（ひも）づけて得たものです。この商品のおおよその売上を試算してみましょう。認知率 60％、配荷率 70％として、購入意向以外のデータはそのまま使って

計算すると、次のように260億円になります。

売上は＝世帯数×（＊）年間の購入率×認知率×配荷率×購入回数×購入単価×購入個数
（＊）年間の購入率：認知率100％で配荷率100％の場合
売上＝44000（千）×32％×60％×70％×10.0×400円×1.1＝260億円

これは現実より約4倍も多い値です。このとんでもない結果の主な原因は「購入回数」です。どういうわけか、消費者は「コンセプトの洗濯洗剤を1年間に何回ぐらい買いますか」の質問に、洗濯洗剤全体の購入回数を答えているようです。今でもあまり変わっていないと思いますが、人々は洗濯洗剤のエボークト・セットの中に平均3個から4個のブランドを持っていました。ですから対象者の答えの10回の1/4を使うのが現実的です。

表7-2

コンセプトの調査データ	
1998年の世帯数（千）	約44,000
洗剤の購入意向（現実に対応させる加重）	
絶対に買うと思う（100％）	10％
たぶん買うと思う （50％）	45％
買うかもしれないし、買わないかもしれない（5％）	40％
たぶん買わないと思う（0％）	5％
絶対に買わないと思う（0％）	0％
合計	100％
予測される購入率	32％
平均購入回数	10.0
平均購入単価　（店頭価格、1サイズのみ販売）	¥400
平均購入個数	1.10

現実的な売上＝44000（千）×32％×60％×70％×2.5×400円×1.1
＝65億円

より正確な予測には、消費者購買パネルのデータで良く似た年間購入率の製品と突き合わせて見て、購入回数・購入個数それにリピート率の現実性を考慮して計算する必要があります。

② 消費者データの比率・好き嫌いの順番は比較的正確

「今後の購入回数」のような未来に関する絶対値のデータは、このように非常に怪しいわけです。しかし好きな順に並べてもらうとか、選択肢の中から選んでもらったデータは、比較的現実の比率に近くなります。未来に対する質問においては、消費者データの絶対値は怪しいですが、相対での順位は比較的正しいのです。身近な例では、選挙の前に新聞に載っている政党の獲得議席数の予測はかなり正しいです。これは調査のバイアスや影響が、全ての選択肢に同じように降りかかるからです。もし同様に降りかからないと思える場合は、テストの影響が全ての選択肢に同じように降りかかるようにする必要があります。

例えば、第6章で紹介したラテンアメリカのコンセプト・テストの実施時、非常に認知率の高いブランド（90％以上）を使うことが普通です。もしある1つのブランドのテスト時の実際の認知が30％しかなかったとすると、テストの影響がこのブランドだけ強く降りかかってしまうのです。テストに参加する消費者全員に、市場にある5つのブランドのコンセプトとテスト・コンセプトを見せるのですから、テスト環境下では全員が100％の認知になり、このブランドだけ現実との乖離(かいり)が大きくなり過ぎます。

このような時には、既存の5つのブランドの中で、それぞれの人が知っているコンセプトとテスト・コンセプトのみを見せて反応を見るようにします。5個の内2つのブランドしか知らない人がいれば、テスト・コンセプトと合わせて、全部で3つのコンセプトしか見せません。テスト・コンセプトのテスト時の認知は100%ですが、後で現実に即して調整するので影響ありません。新製品の場合は基本的に0％ですが、100％の認知の状態にしてから、現実的な認知の予測に合わせて調整します。

　しかし、相対的関係は比較的正しくなるとは言いながら、それが崩れたり、解釈する時に問題が起こることがたまにあります。典型的な3つのパターンを紹介します。

　1つ目は「値段による影響はどうか」という点です。テスト環境においての価格への意識と、実際の店頭での価格への意識に大きな差があることから発生する問題です。テストで消費者が答えたブランド間でのプレファレンスの順位と、実際の購入行動が一致しないことが起こります。この価格の影響については、後ほどの「毒入り消費者データは無味無臭」でもう少し詳しく触れます。

　2つ目は、「選択肢が同等に比較できるようになっているか」という点です。例えば、「リンゴ、バナナ、ミカンの内どれが好きですか」は良いのですが、「リンゴ、バナナ、夏ミカンの内どれが好きですか」は良くありません。夏ミカンだけ、他の2つに比べ言葉の示す守備範囲が狭すぎるのです。

　3つ目は「票割れを起こさないか」という点です。選択肢の中に似たものがある場合です。「おでんの具の中で、こんにゃく、ちくわ、卵、かまぼこの内、どれが好きですか」と聞いてしまうと、練

り製品好きの票が「ちくわ」と「かまぼこ」の間で割れてしまいます。票が割れているのを考慮すると異なる結論が導かれる場合は、調査後にその解釈を巡って問題となるので注意が必要です。

3 消費者データは「使う目的」と「調査状況」を考慮して使う

調査の文脈や状況そのものが対象者の回答に影響します。なぜなら対象者が質問に回答する時、彼等は何らかの判断を下しているのですが、人の判断は常に状況に影響されるからです。例えば、あなたが会社の会議に、コーヒーカップを片手に持って海水パンツを穿いて出席したらどうでしょうか。同僚はきっとあなたの頭がおかしくなったと思うでしょう。しかし、社員旅行を兼ねて訪れた南国の白い浜辺のテラスで営業会議をしている様子を想像してください。海は青く、そよ風が吹いています。同僚はアロハシャツなんか着ています。あなたはコーヒーカップを片手に持ち海水パンツで現れる……ベストではありませんがOKですよね。逆にそこに背広を着たあなたが現れる……この方が場違いですよね。このように、判断は文脈によって変わるものなのです。

同様のことが、消費者データにも起こります。例えば、おでん詰め合わせセットのコンセプト・テストを夏に実行します。冬にテストするのときっと異なる結果が出るはずです。テストが行われている夏の文脈では、「おでん」はあまり魅力的に感じられないからです。もし、そのテストの目的が夏の売り上げ予測であればその文脈はむしろ正しいのでしょうが、おでんの本番である冬の需要を知りたいのであれば、そのテストは決して夏という文脈で行ってはなりません。

もっと基本的な例ですが、次の質問を読んでみてください。

L）あなたは、アリエールという衣料用の洗剤を見たり・聞いたりしたことがありますか？

M）あなたは、アリエールという衣料用の洗剤を見たり・聞いたりしたことがありますか、それともありませんか？

　この2つの聞き方で少しアリエールの認知率のデータが異なります。Mの方がバイアスが少ない聞き方になっているので現実に近い答えが得られます。つまりMに比べてLの方が少し高い数値が出るのです。それは、一般的に人々は質問者を喜ばせようとするからです。

　このように、調査におけるバイアスは程度の差こそあれ、どの調査でも完全に排除することはできないのです。我々ができること（すべきこと）は2つしかないと言えるでしょう。まず、できるだけ不必要なバイアスを排除した調査を心がけること。しかしそれ以上に大切なのは、どの調査もその調査の文脈のバイアスがかかっていることを予め承知した上で、そのデータを使う目的と、調査の文脈を理解して使うことを心がけることです。調査の文脈を無視したまま出てきた数字だけを見る人は、TPOを全くわきまえずに海水パンツで人前に現れるのと同じ危険を冒しているのです。

4 毒入り消費者データは無味無臭

　消費者データは、クセがあり取り扱いが非常に難しいものです。2011年のプレジデント8月1日号に消費者テストについての興味深い記事が載っていました。「なぜ買うと答えたのに買わないのか、所詮(しょせん)は建前!?　消費者アンケートのウソ」という表題がついた記事

表7-3

		調査では…		結果では…
ヘルシア緑茶	×	「苦くてこんなの飲めない」という酷評が多かった	○	新しいカテゴリーに成長するほどの大ヒット
アタックNeo	○	絶賛の声が多く、シェア20%は取れると予測	×	シェア1桁台しか取れず
GABANスパイスドレッシング	○	「豪華な副菜」というコンセプトに多くの消費者が共感	×	発売3ヶ月から急に売上低下。「共感はするけれど、実際は使えないよ」の声に涙

です。そこには、花王、味の素と日本でも有数のマーケティングに長けた会社の消費者データと市場の結果のミスマッチが載っていました（表7-3）。

　私は30年近く消費者調査を扱っている間に、多くの同じような経験をしました。大体の場合、調査より結果の方が良くありませんでした。このようなミスマッチが起こる主な原因は、アンケートに答える時の状況（与えられる情報、消費者自身の心理）と、実際の店頭で決断する状況が異なるからだと思います。消費者は、意識的に嘘を言っているのではありません。加えて調査する側の我々も、無意識ですが選択的に見たいものや聞きたいことに焦点をあてて情報収集してしまう傾向もあります。だから似たようなテスト経験をある程度積まないと、前もって問題点に気付くことはとても難しいのです。アメリカ人がよく使う「You don't know what you don't know.（あなたは、わからないことは知りえない）」の状況です。

　売れると思ってマーケットに出すとまったく売れない……。それはたいてい、毒入り消費者データを鵜呑みにして後でお腹を壊しているのです。売り上げが、予測の1/3以下のときは激痛です！　下

手をすると仕事を失うかもしれません。食べ物に毒が入っている場合は、気をつけていれば何かの兆候があるでしょう。少し味が変、臭いが変など。しかし覚えておいて下さい、**毒入り消費者データは無味無臭**なのです！　気がつかないで飲み込む確率が非常に高いのです。

　臭いがしない毒入りデータにどうやって気がつくのか？　これは「非常に多くの経験を積むこと」で分かるようになるのですが、それでは身も蓋もないので、私の経験からアドバイスします。消費者データを使う文脈によって注意を喚起するやり方が、分かりやすく理に適っていると私は考えます。今までの経験から次のような場合、コンセプト・テストのデータに毒が入っている（テストと市場の結果が大きく乖離する）可能性が非常に高いので注意してください。

A：カテゴリーを初めて作る商品の場合

　このような商品はまるで、ゾウを見たことのない人にゾウだけを描いた絵を見せてどう思うか聞くようなものです。店頭で現物を見ないと消費者には想像がつかないことがたくさんあります。明らかに二次元のコンセプト（紙に描かれた商品の絵や写真）だけの判断は現実と異なります。パッケージの大きさは価値に影響しますし、明らかに店頭で判断する状況と異なります。

　逆に一般的なコンセプト・テストがなぜ現実を予測できるか、洗剤のコンセプトの例を使い考えてみましょう。価格パッケージのサイズなどは現行のアリエールと同じで、香りだけ新しいアリエール液体洗剤のコンセプト・テストを考えてみてください。基本的にテストの対象者は、コンセプトに載っている商品のパッケージを見て無意識に大体店頭で見る製品と同じぐらいで、価格も同じぐらいと想像してアンケートに答えるわけです。基本的に、コンセプトに載っている情報に今までの同じカテゴリーの経験・知識を無意識に

補足して答えているのです。だから二次元のコンセプトだけで、比較的正確な予測ができるのです。

　対してカテゴリーの経験・知識がない場合（つまり世界で初めての商品の場合）、テストと市場の結果が大きく乖離するのは当たり前です。カテゴリーを初めて作る商品の場合、あらゆる予測していない問題が起こります。例えば、消費者がどこの店のどの売り場に行けばよいのか分からない。また売り場にたどりついても探せない。思っていたより大きい、かさばる、重い、臭いが嫌い、質感が良くない、などなど。この手の商品は実際に売ってみるまで分からないことが多いのです。そのような文脈で得られた購買意欲などの消費者データは高確率で毒が入っています。

　二次元よりもだいぶマシなテスト方法として、模擬店舗を使ったテストも1つの解決策ですが、これではトライアル率しか分かりません。何％の人がリピートし何回ぐらい本当に買うのかが分かりません。ですから、秘密保持しやすい、人の出入りが少ない社内の施設、例えば工場に小売店舗を作り、社員のみに他の商品と一緒に売ってみるのが一番良い方法です。期間としては、十分リピート率・購入回数が読める期間（半年か1年程度）が必要です。

　ただこの場合でも、最初の商品の予測は無理です。社内のテスト店舗でのデータと市場の現実を紐づけるデータがないからです。このテスト店舗のテスト環境が与えているバイアスを補正するためには、テスト値と実測値を対比させるベンチマークとなるデータが不可欠なのです。最初の商品のケースでそれを手に入れた後であれば、2つ目の商品からは何とかなります。1つベンチマークに使える商品ができれば、それを使って社内でのデータ（トライアル率、リピート率、購入回数）と市場のデータを紐づければよいのです。そうすれば現実が見えて、腹痛を防げます。このような商品の予測と実際を紐づけるデータの数が増えれば、予測の精度は上がって行きます。

物差しの目盛りが増えるようなものです。

　社内の模擬販売テストの後、できれば短期間でもテスト・マーケットをして、流通経路・店頭活動とTVCMの有機的改善を行い、全国販売に移るのが最良の方法です。現在日本でもP&Gが販売している布用消臭スプレー「ファブリーズ」は、この最良の方法に従ってテストされ、販売されました。初めて地球上の市場に出たのは、1996年5月、米国でのテスト・マーケットでした。テスト・マーケットの初期の結果は、まあまあでした。ここで試行錯誤しながら、マーケティング・プランを改善して、全国販売し、大成功しました。テスト・マーケットにおける一番大きな改善点は、製品のポジショニングとTVCMの改善でプレファレンスを上げたことです。TVCMは、高い購入意向と過去最高の想起率を達成しました。「布の臭いを消す」という世界で初めてのカテゴリーとなる商品を、こうして市場で定着させていくことができたのです。

B：商品の大きさの印象がコンセプトと店頭で大きく異なる場合

　二次元のテストが与えた消費者への印象と、実際の店頭で目にした時の印象が異なれば、そのテスト結果である購買意欲などのデータも高確率で毒が入っています。よくあるのは、商品の大きさに関してのテストと実際のギャップの問題です。コンセプトの写真から受ける印象よりも実際の商品が店頭で小さく見えてバリューを感じられず売れなかったり、逆に実際の商品が店頭で大きく見えてテストよりも売れすぎたり、不便に感じられ売れなかったり……。推測に過ぎませんが、アタックNeoは「テストの印象よりも実際の商品が店頭で小さく見えて、バリューを感じられず売れなかった」場合に属するのではないかと個人的に思います。

　この問題への対策は、Aで説明したカテゴリーを初めて作る商品の一部の問題と同じなので、方策は基本的に同じです。ただ購入回

数などは、既存の消費者購入パネルのデータを使い予測できます。このケースで問題になるのはトライアル率ですから、製品使用のテストは必要ですが、長期に及ぶ社内販売などによる詳しいリピート率のテストは必要ありません。リアルな模擬店舗に競合製品と並べて、コンセプトを見せて購入意向を聞くか、ラテンアメリカのように第6章で紹介したBP-10を使い、マーケットシェアを予測します。ただコンセプト・テストの後の製品の使用テストにおいて、再購入意向と価格に対する価値を、過去のデータかコントロールの製品と相対比較して確認する必要があります。

C：25%～30%以上のプレミアム価格の場合

　所属するカテゴリーのリーディング・ブランドに対して、25%～30%以上のプレミアム価格をつけた商品のコンセプト・テストによって得られた消費者データには、大きな注意が必要です。コンセプト・テストの時には実際にお金を支払わないので、値段の影響は限定的にしか消費者データに表れません。ご自分がコンセプト・テストの対象者になったつもりで購入意向に答えてみてください。きっと紙の上では価格に関して緩めの判断で、現実の場合とは違うはずです。しかも安売りの時を考えてみてください。5%とか10%引きにあまり消費者は反応しませんが、25%や30%引きになると大いに反応しますよね？　これと逆のことが起こるのです。つまり、お金に対しては緩い文脈のテストにおいて30%も高い商品をあなたが欲しいと答える確率と、お金に対して非常にシビアな店頭において30%も高い商品をあなたが実際に買う確率には、大きなギャップがあるということです。

　この問題の解決策としては、消費者が当該商品の代替え品として一番に思いつくリーディング・ブランドと同じ価格でテストし、テストから導きだされるトライアル率をまず出して、その後で価格弾

力性でプレミアム価格の影響を調整するのです。例えば、表7-2の洗剤がこのような条件でテストされて、現実に売る時はテストした価格の30%のプレミアムとします。そして洗剤の価格弾力性が-1.5%とします。「価格弾力性-1.5%」とは、1%値段が上がると売り上げが1.5%減るということです。ですから、30%なら、-1.5%×（30%/1%）=-45%の影響があります。最終的に下記のように認知率・配荷率それぞれ100%の時のトライアル率は32%あったものが、プレミアム価格の影響を加味すると18%まで下がります。

32%（テストよりのトライアル率予測）×(*100%*−*45%*)=*32%*×*55%*=*18%*

シェア・テストを使う場合は、5つの主要銘柄のコンセプトとそのうちのリーディング・ブランドと同じ価格にしたテスト製品のコンセプトを見せ、10枚のドットを割り当ててもらい、まずマーケットシェアを計算します。次に同様に価格弾力性を考慮してマーケット・シェアを調整します（テストからのシェア×55%）。

大きなプレミアム価格のコンセプト・テストの場合は、価格の影響が購買意欲のデータに反映されていないことを予め疑っておかなければなりません。そのデータには毒が入っている可能性が非常に高いのです。紙でのテスト環境で、実際の財布を持った店頭での文脈を再現するのは困難だからです。ここで紹介したような方法で、シェアと価格の影響を2段階で計算すれば、毒入りデータによる絶望的な腹痛・絶命を防ぐことができます。ぜひ覚えておいてください。

5 市場サイズの現実は「整合性」を手掛かりに把握

　最も重要なデータの1つである「市場サイズの現実」をどうやって把握するのか説明しておきます。日本石鹸洗剤工業会の出荷量のようなデータがない場合、市場データのなかで唯一の事実は、自社の売上数量です。それ以外は全て予測値です。現実を知るには自社の売上数量から始めて、種々のデータの算出の仮定、性質・信頼性を考慮したデータ間の整合性を手掛かりに、順次把握していきます。具体的には、次の順で調べて行きます。

1) 小売店のPOSデータに基づくマーケット・サイズに、マーケットシェアを掛けて現実の売上数量・金額と比較します。その場合、マーケット・サイズの定義と自社の売上を構成している販売チャンネルを同一にします。例えば、定義がスーパーマーケットだけであれば、自社の比較する売上データはスーパーマーケットだけに絞ったデータと比べる。比べる期間は1年単位で3年分くらい見てみることです。こうすることで、データのブレや流通在庫の変動の影響を少なくします。

2) どの年も10％以上異なる場合、たぶん何か基本的な問題があります。予測方法がおかしいか、使っているサンプル店が全体を表していないと思われます。まずは、データの販売者に問題を提起し解決策を聞きます。問題が解決しないときの対処方法としては、3年分を10年分に延長して見てみます。基本的にほぼ同じ率で異なっているのであれば、とりあえず異なっている比率分を修正します。最終判断は他のデータとの整合性を見て決

めます。

3) 小売店のPOSデータに基づくマーケット・サイズが自社の販売チャンネルをすべてカバーしていない場合、消費者パネルデータを使います。消費者パネルデータは基本的に記録の抜け落ちがあり、マーケット・サイズを調べるのにそのままでは使えません。

　まずは、消費者パネルデータから売上を計算し、自社のブランドの売上と比較します。もしも複数ブランドがあれば合計した売上に対して、それぞれパネルデータから計算したブランドの売上合計と比較します。たとえば合計の計算値が現実の70%だとすれば、単純にパネルデータに基づくマーケット・サイズを0.70で除します。

4) 消費者に「一番最近そのカテゴリーの製品をいつ買ったか」聞きます。次に1年間に何回購入するか聞きます。頻度の比較的高い衣料用洗剤、食器洗い洗剤、シャンプーなどの場合は、最初の9ヶ月の間に買った人の割合を1年間の浸透率として使います。そして回数は補正しないでそのまま使います。この方法は経験則により導きだされました。この浸透率、購入回数、そして消費者パネルデータの1回当たりの購入金額を使い、マーケット・サイズを計算します。

　より論理的な方法は、「一番最近そのカテゴリーの製品をいつ買ったか」という情報のみから浸透率と購入回数を予測するものです。詳しくは、巻末解説2の「ガンマ・ポアソン・リーセンシーモデル」を参照ください。

5) 3つの方法で算出した市場サイズが極端に異ならない時は、単純

に3つの予測を足して3で割ります。とりあえずは、大きな学びがあるまでこの数字を使います。

6 データは曇りを取って診る

　消費者データは、データが得られた方法や文脈特有の影響を受けています。データをそのまま使う訳にいかない場合が少なくありません。しかしデータによっては、その「歪みや曇り」を正確に取り除けるものもあります。曇ったレンズをふいてピントを合わせるように、すっきりと現実が見えるように補正できるのです。そのような補正可能なデータの例として、「世帯パネルデータ」があります。

　世帯パネルデータとは、消費者の中から抽出されたサンプル世帯が、買い物で実際に買ったものを記録することで集められた世帯購入に関するデータです。世帯パネルデータは、私のようなアナリストはもちろん、森岡さんのような数学マーケターが、市場の現実を理解するために頻繁に使うデータです。例えば、プレファレンス全体を一番よく表しているのはユニット・シェアですが、これを詳しく理解するのに世帯パネルデータをよく使います。世帯パネルデータの中から、「浸透率」、「平均購入回数」、「リピート率」、「1個当たりの平均購入単価」、「1回当たりの平均購入個数」などをよく診るのです。しかし、世帯パネルデータの中で正しいデータは、「1個当たりの平均購入単価」と「1回当たりの平均購入個数」の2つだけです。

　世帯パネルデータにおいては、店頭POSデータと異なり、すべての購入が記録されているわけではないのです。「記録の抜け落ち」がランダムに起きるのです。購入をサイコロ投げにたとえて説明し

ましょう。購入記録が抜け落ちるのは、振った時の記録がランダムに抜け落ちるのと同じです。世帯パネルのメンバーにより「抜け落ちる率」は異なります。几帳面な人もいれば、ずぼらな人もいます。しかし1個人を見た時ランダムに落ちるのですから、どの目にも公平に「抜け落ち」が起こります。いろいろなサイズを買ったとしても、買った回数の比率に応じて抜け落ちるので、結果として「1個当たりの平均購入単価」は、抜け落ちる前（全部記録された状態）と抜け落ちる後で同じです。

同様に「1回当たりの平均購入個数」は、抜け落ちる前と抜け落ちる後で同じです。また几帳面な人がある特定のサイズを購入するとは思えません。結論として「1個当たりの平均購入単価」と「1回当たりの平均購入個数」のデータは正確なのです。ちなみに自社の売上をサイズ別の個数で出して「1個当たりの平均購入単価」を計算すると、ほぼパネルデータの数値と同じになります。

「抜け落ち」の影響を受けるのは、「浸透率」、「平均購入回数」、そして「リピート率」です。「抜け落ち」はランダムに起こるので、NBDモデルを使い補正できます。まるで、メガネの曇りを取り除くと現実がハッキリ見えるようなものです。購買回数の分布は負の二項分布に従い、「抜け落ち」が影響するのは第1章の式(1)のMだけで、Kは変わりません。パネルデータの浸透率からKを算出し、Mの抜け落ち分を補正して浸透率を計算します。「平均購入回数」、「リピート率」の補正は巻末解説2のNBDモデルを参照ください。こうして補正することにより、正しい姿が見えるようになります。

7 現実は、昆虫のように複眼でみる

　ここまで消費者データの問題点ばかり挙げてきたので、いささか消費者データの負の側面ばかりを印象付けてしまったかもしれません。しかし冒頭で述べたように、「現実の世界」と「認識の世界」は直接触れ合うことはできず、その間に「記号」としての消費者データが欠かせないことは間違いないのです。たとえそれが、調査のバイアスがかかっていようとも、毒が入っている可能性があろうとも、それらを手掛かりにして我々の認識の世界にできるだけ正確な現実の世界を構築しなければならないのです。

　この章の最後には、我々の希望に繋がる話をしておきたいと思います。たとえ1つ1つはバイアスがかかっていたり、毒が入っているかもしれないデータであっても、それらをできるだけ多く組み合わせることによって、正確な現実へと近づいていく、という話です。いろいろな異なる視点から物事を見て、それらの情報を合わせると正しい答えにたどり着くのです。それは、**「昆虫の複眼のように現実を診る」という恐るべき知恵**です。

　にわかには信じがたい実例を紹介します。1907年の科学雑誌「ネイチャー」に統計学者のフランシス・ゴルトン（Francis Galton）が投稿した論文です。イギリスのプリマスで開かれた食用の牛や鳥の品評会（カウンティフェア）において「生きている雄牛を食肉処理した時の重さの予想」を競うコンテストがありました。簡単に言えば、牛の重さを当てる集団クイズです。よく太った雄牛が選ばれ、参加者は有料のコンテスト参加券を購入し、住所、氏名、予測値を書いて提出します。最も正解に近い者が賞品を受け取るのです。800人が参加しましたが、予測値が読めないものが13件あり、有効数は787で

した。

　正解は1198lb.（543kg）でした。全員の予測の中央値は、1207lb.（547kg）と正解に非常に近かったのです。もっと驚いたことに、全員の予測の平均値はたった1lb.（453グラム）正解から外れただけだったのです！　全員の予測値の平均値が、正解に対してほぼビンゴで当たっていた……なぜか？　にわかには信じられない結果です。他にも同じような実験が行われ、同じような結果が確認されています。例えば大きなガラスの入れ物の中に、ジェリー・ビーンズ（キャンディーの一種）が沢山入っており、その数を異なる多くの学生に予測してもらうのです。学生の書いた予測値の平均値と実際の数値を比べるのです。これも同様の結果を得ています。ニューヨークのイエロー・キャブ（黄色のタクシー）の台数予測においても同様のことが起こっています。

　この現象は **Wisdom of Crowds（群衆の知恵）** と呼ばれています。実に興味深い現象です。しかし、ゴルトンの例に似た問題には、非常に正解に近い平均値が出るのですが、あらゆる予測の問題に正解が出るわけではないのです。少なくとも予測が正解に近くなる条件は、予測の多様性と独立性を加味していることです。わかりますか？　牛の例では、参加者それぞれが自由に独立して予測していること、そして特定の似通った思考の集団ではなく考え方の多様性が担保されていることが重要なのです。

　「群衆の知恵」でなぜ正解がでるのか、私には明瞭な答えはありません。ここからは私の勝手な推測に過ぎませんが、私達の「種の保存」に関係する能力の1つの表れではないかと思っています。もともとは牛やキャンディーなどの生存に必要な「食料」についての集団としての量に関する認識が正確であることが、種の保存にとっては有利に働くだろうと思うのです。個人としてはバラバラに考え

て行動しているようでも、集団としてはある1つの現実での生存確率が高い方向へ近づいていく、何らかの仕組みがあるように思えるのです。例えば、アリは設計図もなくバラバラに働いているように見えるのに、複雑で大きなアリ塚を作る。予測の現象はなんだかこれに似ているように私には思えます。

　群衆の知恵を例に私が言いたかったのは、多様な視点で得られたデータを組み合わせることによって、我々はより現実の正解に近づくことができるということです。つまり、我々が現実を知るために消費者データを使う時は、できるだけ多様性と独立性を加味した上できるだけ多くの視点で診るべきだということです。昆虫が角度の異なる複眼で現実を見るように診るのです。

　最後に、多様性と独立性を加味した平均が個々の予測よりもより正確である例を見てみましょう。「今、日本に理髪店（散髪屋さん）が何店あるか？」を予測してみるとします。とりあえず2つの独立した方法を試してみます。1つ目の考え方は、単純に大阪と全国の人口の割合で計算してみることにします。わかっている情報は、大阪の人口、大阪における美容室の数。大阪府の理容室の数がないので、ざっくりと美容室の半分くらいだろうと想定して計算してみます。予測結果は、103,100軒となります。

表7-4　方法1

場所	大阪府	全国
平成22年　人口（千）	8,865	128,057
美容室数（平成23年）	14,275	—
理容室数は美容室数の1/2と仮定	—	—
理容室数の予測	7,138	103,100

第7章　消費者データの危険性

2つ目の考え方では、全国の理髪店の売り上げの試算を、1店舗当たりの必要な売り上げで除して求めます。全国の売り上げは、男性の人口から適当な年間の回数と1回当たりの金額を掛けて求めます。1軒当たりの経営が成り立つのに必要な売り上げを600万円と試算。これは大まかな平均世帯収入約400万円に経費200万を乗せた金額です。この2つ目の方法によって得られた予測は、186,983軒となります。

表7-5　方法2

A	平成22年　男性の人口（千）	62,328
B	1人当たりの1年間の理髪店利用回数	6回
C	1回の値段	3000円
D	合計（A x B x C）	1兆1219億円
E	1軒当たりの必要な年間売上	600万円
F	軒数（D/E）	186,983

　1つ目と2つ目の試算、そしてその2つの平均値を出してみます。平均値は145,042軒となり、どちらの単独の予測よりも正解に近くなります。「群集の知恵」は真実を知るためには、色々な角度から物事を見る必要があることを示唆しているのです。

表7-6

	予測	予測/正解
方法1	103,100	78%
方法2	186,983	142%
平均	145,042	110%
平成23年度軒数（正解）	131,687	―

◆ **まとめ：消費者データの危険性とその回避策**
1) 消費者データはできるだけ使う時に問題点が少なくなるよう調

査を設計して収集する。
- （ア）習慣に関する情報であれば、絶対値を聞いても正確なデータが取れるが、それ以外の情報に関しては、調査の目的を考え、可能であればできるだけ相対的な値をとるようにする。選択肢は比較できるようになっているか確認する。例えば、シェアを予測する方が売上の絶対額を予測するより簡単で一般的に正確である。
- （イ）もし絶対値が必要なら、消費者データを現実に変換できるようにデータベースを構築するか、ベンチマークにできる調査を計画に組み入れる。
- （ウ）値段がカテゴリーのNo.1シェアの製品と比べて25%-30%高い製品の売上の可能性を調べる場合は、No.1シェアの製品と同じ価格にして消費者の購買の可能性を調べ、小売店のPOSデータに基づく価格弾力性を加味して後ほど調整する。

2) 消費者データを正しく読み解く。マーケティングに関する問題は、できるだけ多くの調査データを使い、全体として整合性のある見解を持つようにする。1つのデータのみに頼ると判断をあやまる。また消費者パネルデータは抜け落ちを想定し、補正して現実と整合性があるようにして使う。
3) 世の中に初めて売るカテゴリーの製品の売上の予測と、テストの状況と現実の状況が異なると思われるブランドの売上の予測は、非常に困難である。リスクが大きい場合は、テスト店舗やテスト・マーケット等を駆使して、実際の販売の文脈に合わせて売ってみるしかない。
4) 現実をより正確に理解するためには、多様性と独立性のある異なる視点で、できるだけ多くの視座から現実を診ようとするアプローチが必要である。昆虫の複眼のように診る。

第8章

マーケティングを
機能させる組織

本章は再び森岡が担当します。ここまで述べてきた数学マーケティングや確率思考を、自分のビジネスで実行するためには、一体どうやって、何から始めれば良いのか？　という疑問を持たれる方も少なくないと思います。その答えは「マーケティングを機能させる会社組織をつくることから始める」ことです。本章では消費者のプレファレンスを勝ち取るためのマーケティングを機能させる組織について、我々の考えを述べたいと思います。

1 前提となる2つの考え

◆ マーケティングはシステムとして導入しないと機能しない

　どれだけ優秀なマーケターを雇ったとしても、どれだけ優秀なリサーチャーを雇ったとしても、怪物級のリーダーシップでもない限り、それだけで何かが大きく変わることは期待できません。なぜならば、個人が1人でできる仕事量は大したことがないからです。私が良く知っている優秀なマーケターにも、転職はしたけれどその会社で力を発揮できずに埋もれてしまっているケースが多くあります。本人のリーダーシップや適応力にも課題はあるはずですが、彼らに共通する悩みやフラストレーションは、「せっかく立てた策がなかなか実行できない」ことにあるようです。

　マーケティングを重視することを思い立った企業が、個人を会社組織の部品と考えて、より優秀な部品に交換しようと考えるケースはたくさんあります。しかし、その企業が既存の組織構造や意志決定システムをどう変えるかまで真剣に考えていることは非常に稀なのです。会社組織という機械（マシーン）が上手く行っていない時に、部品交換だけ少々したとしても大勢は変わりません。なぜならば、ほとんどの場合は部品の問題ではなく、マシーンの構造自体の問題

だからです。私は多くの経営者の方々から相談されることがありますが、たいていは2つの大きな誤解をされています。

　まず、抜群に優秀なマーケターを1人雇えれば、自社の経営は大きく改善するはずだという誤解です。マーケティングを組織として機能させる方法を知っている個人を最初に雇うことは不可欠ですが、マーケティングは個人技だけではありません。むしろ組織システムとしてマーケティングをインストールしない限りは、ほとんど意味がないのです。いくら個人として優秀なマーケターやリサーチャーがいても、それらを活かす組織構造が無い限り、その力量を活用することはできないのです。

　もう1つは、その強力なマーケターが広告や売り方を改善するという狭い領域のみで、経営者にとって都合よく活躍してくれるだろうという間違った期待です。強力なマーケターは、素直で従順な鵜飼いの鵜ではないのです。本当に優秀なマーケターならば、会社を勝たせるために会社レベルの意志決定にズケズケと踏み込みますし、間違ったやり方をしていれば徹底的に変革しようとします。経営者にとって予定調和な存在にはならないはずです。率直に言えば、会社の重要な意志決定を消費者の代理人であるマーケターに委ねる覚悟もないのに、消費者プレファレンスにおいて勝ちにいく会社を夢想するのはやめた方が良いということです。

◆ 個人は自己保存を希求する

　組織のために運命を捧げる個人は多数派ではありません。大多数は自分自身の利害や都合を優先します。多くの人間の本質が自己保存だからです。これを端的に表した理論があります。有名な「パーキンソンの法則」です。ここではThe Economist（1955年11月19日）の

記事を抜粋して紹介します。その内容と数式は非常に明瞭(めいりょう)です。詳しくはオンラインのアーカイブで今でも見られます。

　パーキンソンの法則を簡単にまとめると、「役人の組織は実際に必要な仕事の量に関係なく肥大化する傾向がある」というものです。イギリスの官僚組織の研究から生み出された法則ですが、組織が肥大化していく主な理由は2つあります。1つは、A）役人は自分の競争相手（ライバルや自分の存在を脅かす存在）を増やしたがらず、自分の部下を増やしたがる傾向にあるから。もう1つは、B）役人はお互いに仕事を増やす傾向にあるから。こうして組織は肥大化していくのですが、その増加率はパーキンソンの法則に従い、仕事量に関係なく5.17％から6.56％の間であることが証明されています。増加率は以下の数式に従います。

パーキンソンの法則による「増加率」

$$増加率 = \frac{2 \times k^m + p}{y \times n}$$

k：部下の数を増やし昇進しようとする人の数
m：部署内の議事録に対する答えを得る為に使用した全所要時間
p：定年までの年数
y：前年度の総人員数
n：活動している部署の数

　ここからは私の解釈が入りますが、A）もB）もその根本的な原因は、個々の構成員が組織全体の利益ではなく、自己の利益［自己保存］を優先するからです。役所の組織においては、報酬が地位と関係し、地位は部下の数と関係している状況がそうさせています。もう少し、突っ込んで解説しておきます。役人は自分自身の地位や成

果のために部下の数を増やすことには前向きなのですが、部下達には自分の仕事の一部しか見せたがりません。そして増やされた部下達も、自分の存在価値を正当化するために仕事と部下を増やし始めるのです。自己保存を優先する個人は、自分の仕事全体のスコープを担当できる人間（つまり自分にとって代われる人間）を増やしたがらない。なぜならば自分の地位が脅かされるからです。

　パーキンソンの法則は役所組織の肥大化の割合だけでなく、大切なことを我々に示唆しています。それは、個人と組織全体の利害が、必ずしも一致しないということです。では、マーケティングを単なる個人技ではなく組織システムとして導入するという前提に立った時に、消費者視点の意志決定を担保するためにどうするのか？　あるべきマーケティング組織の思想について我々の考えを述べたいと思います。

2 マーケティング組織の思想

◆ 消費者プレファレンスに集中する組織

　マーケティングの使命である「中長期的に売上と利益をあげるブランドを構築すること」を果たすために、最も大切なのは市場全体における消費者のプレファレンスを獲得していくことだと先述しました。市場構造の本質が消費者のプレファレンスである以上、マーケティング組織が共有すべき最重要な原則は「消費者視点である」ことです。消費者理解に投資し、ブランディング・製品・サービスの全てにおいて、消費者の視点から物事の是非を考え、消費者の自社ブランドに対するプレファレンスを高めることを最上位の判断と行動の基準に据えている組織である必要があります。

しかしながら、企業組織においては「消費者視点」を貫くことが必ずしも簡単ではありません。パーキンソンの法則でわかるように、自己保存を第一とする個人の性質によって組織は構成されています。そしてさらに、部門の利害、経営者や作り手のエゴ、様々な社内コンフリクト、それらの様々な事情によって、会社全体の決断が消費者最適からズレる、あるいはかけ離れることは珍しくないのです。**会社というたくさんの人が集まっている集団の中では、会社の利害と個人や部門の利害が、自然状態では一致しない**からです。これは消費者視点や顧客目線といった課題に限りません。ほとんど全てのことにおいて当てはまると感じています。

　個人や部門の利害は、自然状態では一致するはずがないと我々は思っています。だからこそ、部門間や個人間の利害やしがらみを

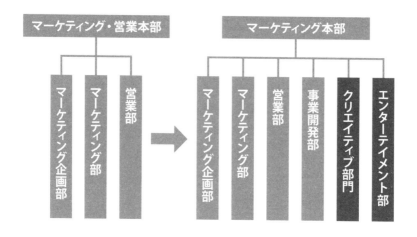

マーケティング・ドリブンな組織

"作ったものを売る、から売れるものを作る会社へ"

ぶった切ってでも消費者価値としてのベストを押し通す、強力な意志決定の仕組みを人為的に作る必要があります。会社全体に消費者視点の行動指針を徹底させることは、中長期での企業の生存に不可欠です。その消費者視点を社内で強調し、ドライブするのはマーケティング組織の重要な役割です。マーケティング組織は、社内における「消費者の代理人」なのです。2010年から2015年のUSJは、「消費者の専門家であるマーケティングに、消費者視点を社内横断でドライブさせる仕組み」を構築して成功したのです。

この大きな組織構造の変化によって、USJは「つくったものを売る会社」から「売れるものをつくる会社」になったのです。アトラクションやイベントなどのプロダクトに関して、マーケティングが消費者視点によって会社をドライブできるようになって、プロジェクトの成功確率がそれ以前の30％程度から98％へと大幅に上昇したのです（2016年2月現在）。

◆ **学習して成長する組織**

組織においても個人においても、「学習できない」のであれば遠からず破綻するのは確定しています。学ばない場合も、学べない場合も、同じように破綻します。そもそも人類と他の動物の最大の違いは「学習能力」なのです。経験からどれだけ多くの学びを抽出して、その後の判断や行動指針に活用できるかは、組織や個人の存続に決定的に影響します。学べない会社は、経営資源の中でも特別に重要な柱である「情報資源」を十分に増やせないのです。同じことを繰り返し行うことはできても、変わりゆくビジネス環境の変化に対応することはできません。いずれ破綻します。しかしながら、多くの組織において学習能力の欠如はよく見受けられる現実問題です。

USJの例で話しましょう。USJは現在、数学マーケティングのノウハウ導入と定着を進めています。学習システムを整え、得られた情報を活用する担当者達の情熱も相当なものです。しかし実は私や今西さんが入社するずっと前から、USJには極めて優秀な調査設計のエキスパートがいて、非常に質の高いデータを長期的に蓄積し続けることに成功していたのです。会社の情報インフラとしてUSJが誇れる強みの1つが、この調査チームの能力です。

　無味無臭の極めて危険な「毒入り消費者データ」を排除し続けて、彼らは一貫性と信頼性の高いデータを長年にわたり蓄積してくれていました。彼らのような優秀な調査設計とデータ管理の専門家は、図書館における優秀な司書のような存在です。そのような図書館では、価値の高い本がどんどん増えて、しかもちゃんと整理されているので、いつでも取り出して活用することができるのです。そのような優秀な担当者は会社の宝なのです。優秀な調査チームが蓄積したデータが、V字回復の戦略構築の際にどれほど役立ったか！USJの需要予測の精度が異常に高いのは、彼らが蓄積してきた質の高いデータを土台にしているからです。

　しかしながら私が入社した当初は、そのような質の高いデータがありながらも、マーケティング組織全体として見た場合には「しっかりと経験から学習する文化」と言えるものではありませんでした。データの質が高くとも、それを分析して活用しようとするマーケティング実務担当者側に問題があったのです。エンターテイメント企業の文化でしょうか、マーケティング実務担当者の傾向として、次から次に新しいものをやることに興味と情熱が湧きます。しかし、終わったことをきっちりと分析して、学びを抽出して次に活かすという姿勢が、当時は不足していたように見えました。

意識改革のために、それを「やりっぱなし文化」と名付けて、マーケティング組織からの撲滅を目指したのです。現在では、プロジェクトをリードした実務担当者が結果を分析して学びを抽出し、組織全体に共有するプロセスが、システマティックに機能するようになりました。月ごと、シーズンごと、プロジェクトごと、多角的な軸のタイムリーな分析によって、今まさに企画しているプロジェクトの成功確率を高めることができるのです。

　そしてここが重要なのですが、<u>組織において学習する文化を確立することは、個人の成長のためにもなる</u>のです。しっかりと分析して「次やるならば、どうすればもっと良い結果が出るのか」という視点を、全てのマーケティング担当者が意識して行動していること。それは、会社業績の向上だけではなく、マーケター個人の成長にも不可欠なのです。そのような分析がタイムリーに出ることによって、組織全体に学びが共有されるからです。自分の担当プロジェクトを深く分析して得られる上質な学びに加えて、他の担当者の多くのケーススタディーを共有することができます。1人あたりのPOV（Point Of View：見方）の総量を相乗的に増大させられるので、成長が加速していきます。

　<u>企業の成長とは</u>、つまるところ人的資源の成長と等しいと私は考えています。組織、組織と言いながら、その究極はやはり「ヒト」以外にはないのです。経験から人材がどんどん成長していく組織であるためにも、学習する組織であることは不可欠であると私は考えています。学び、自己修正や自己変革をして、環境により良く適応していく。それは個人レベルにおいても、企業においても、成長して生き残っていくことに他なりません。

◆ **思考の多様性を尊重する組織**

　多様性を意味する「ダイバーシティー（Diversity）」という言葉が重視されてからだいぶ年月が経ってきました。この考え方は私の古巣P&Gでも非常に重視され、マイノリティー（少数派）のサポートや、女性のマネージャー職進出など、様々な局面での人事施策に反映されていました。私は今でこそ、ダイバーシティーの必要性を心の底から信じておりますが、当時は「何となく政治的なプロパガンダくさいなー」と胡散臭さを感じていたことを正直に白状します（笑）。

　現在の私はこのように考えています。ダイバーシティーとは、思考の多様性を尊重するということです。オーケストラを例にとれば、様々な個性的な音色を尊重するという考え方です。1人で全ての局面に対応できる楽器はありません。「ここではこの音色！」という局面が頻繁にあるものです。例えば、オーケストラの華であるヴァイオリンばかり60人集まった組織であれば、それはそれで迫力のある演奏をできる曲目もあるでしょうが、表現に対応できる曲目は非常に限られてしまいます。やはり、オーケストラには様々な音色が出せる楽器のダイバーシティー（多様性）があった方が、表現の幅と奥行きが拡がるに決まっています。

　会社組織に当てはめてみましょう。人種や性別などのデモグラフィックな条件において異なる人々で構成することを目的にすべきではないと私は考えています。思考の異質化が目的であるべきです。もちろん、結果としていろいろな人種的背景や性別の人々が交ざることは問題ありません。目指すべきはあくまでも思考の異質化であり、思考のタイプが異なる人を集める方が良いと思います。なぜならば死角がなくせる確率が高くなるからです。大学・大学院時代に好きで専攻した学問の違いによる思考の異質化が現実的です。

好きなことは大体その人の元々の性質に合っているからです。具体的には、数学、歴史、生物、文化人類学、工学、哲学、心理学などが、市場構造や消費者理解には非常に役に立ちます。人間を総合的に診ることにより、現象の核を成す本質を見つけることができる人の多様性が必要なのです。

3 市場調査部の編成

　マーケティング組織には、意志決定と実行の主体となる強力なマーケターの他に、正しい意志決定を行う確率を高めるために不可欠なリサーチャー（Information Officer）の存在が欠かせません。マーケティング担当者には、どうしても主観による意志が入り込みます。主観による意志そのものは間違っていませんが、確率のランダム性を考慮すると、意志決定の際の不確定な変数はできるだけ合理的に減らせる方が良いに決まっています。消費者のプレファレンスを勝ち取っていく市場競争の中で、マーケティング・ドリブンな組織を中長期で機能させるために欠かせない、リサーチャーによって構成される組織「市場調査部」の編成について所見を述べておきたいと思います。

◆ 市場調査部の目的

　人体の組織にあてはめると、市場調査部門は、さながら目、耳、鼻、舌、皮膚のように、体の外の情報を集めて整理し、大脳各部に提供する役割を、会社に対して担っています。会社にとっては変わりゆく市場に適応して生き残っていくための「感覚器」のような存在です。市場調査部が正しく機能しないということは、意志決定において幻覚や幻聴を土台に判断させていることに等しく、その役割は極めて重要であると言わざるを得ません。

市場調査部の目的を考えると、次の3つに集約されます。
1) 企業のマーケティング活動に関する投資計画の作成および選択の判断に、適切な消費者視点の量的・質的情報を提供すること。
2) 目的に対して現状を正しく客観的に把握できること、およびそれを正確に意志決定者に伝えること。
3) 短期的・長期的マーケティングの計画及び投資における死角（blind spot）をなくすこと。死角には、リスクに関するものと、チャンス（機会）に関するものの2つのタイプがある。

◆ 市場調査部の思想

　市場調査部の組織もその構成員も、最も大切な思想は「真実を追求する」ことです。社内には様々な個人の利害や部門の利害のベクトルが織りなしています。また、市場調査部に属している個人も、自分自身の利害や、自己のエゴ、社内政治の影響等からは完全に自由にはなれません。そのようなバイアスによって情報を真実から曲げてしまうことがあれば、その市場調査部は、会社の意志決定中枢に対して幻覚を見せている壊れた感覚器のようなものです。先に述べた調査部の目的を果たせないのです。

　「真実は何か？」というのは、実に困難な質問なのです。分かっていることと分かっていないことを、明瞭に分けなければなりません。事実（Fact）と推論も、明瞭に分けなければなりません。調査結果がたとえ社内における権力者にとって不都合な真実であった場合でも、その内容を客観的にまとめて真実を希求する姿勢を崩してはいけません。市場調査部の構成員に求められるのは、複眼で物事を診ていく広い視野と、真実の番人としての高い職業モラルなのです。

◆ 市場調査部の指揮命令系統

　マーケティング組織における市場調査組織の命令系統としては、マーケティングに関する決断を下す最終責任者にレポートするべきです。最終意志決定者との間には、あまり人や部門を介するべきではありません。情報が途中で意図的に歪（ゆが）められる可能性や、都合の悪い情報（特にBad News）が意志決定者の耳に入るタイミングが遅れるようになるからです。

　また、マーケティング組織の最終意志決定者と市場調査部の部門長が、直接レポートラインで繋（つな）がっていることは、最終責任者の思考や課題を市場調査部門がダイレクトに把握するためには不可欠です。最終責任者の意志決定を助ける情報を齟齬（そご）なくタイムリーに提供するためには、多くの局面で思考を共有しておく必要があります。悩める最終責任者の良き参謀として機能するためにも、その近さは重要です。

　市場調査部の評価についてはどうするのか？　課題であるミッションに対しての達成度について、上司であるマーケティングの最終責任者が主観で評価を下せば良いと思います。もともと人の評価は、完全に公平にはできません。大事なのは、マーケティングの最終責任者と市場調査部の部門長が利益を共有している点です。マーケティングの最終責任者の成功は、市場調査部の部門長の成功なのです。

　市場調査部の部門長に対して公平で納得できる評価ができなければ、マーケティング最終責任者にとっては長期的に甚だしい不利益となります。マーケティング最終責任者は、ビジネスの結果に責任を負います。市場調査部隊をモティベートして生き生きと機能させ

ることは、自分自身の成功のためにも不可欠なのです。お互いの職責の性格から考えて、これほど利害を密接に共有して補完し合っているレポート関係も珍しいと言えるでしょう。美しい共依存関係をもっとも構築しやすい関係と言えるのではないでしょうか。

また市場調査部の構成員の評価も、マーケティング組織のビジネスパフォーマンスの結果に密接にリンクさせた上で、「真実を追求すること」を評価システムとして担保するべく工夫することが必要です。

4 組織運営について私が信じていること

◆ **そもそも完璧な組織なんてない**

まず大前提として「完璧な組織はない」と私は考えています。組織（人員やシステム）は最重要な経営資源ではありますが、必ず多くの制約があるので、人員は常に不足してシステムは不整備な状態がずっと続きます。会社が成長基調に乗ったとしても、人的資源の質的あるいは量的な補充は現実の要求には追い付かないので、組織が満ち足りた状態には常になりません。攻撃にも防御にも同時に優れた組織というのは難しいものです。攻守のバランスがとれた組織は作れるのですが、それは両方が中途半端な組織である可能性が大きい。完璧な組織などそもそもあり得ないのです。

ちょうど11人しか出場できないサッカーチームが、バランス型の4－4－2のシステムを組むのか、中盤の厚みを重視して3－5－2にするのか、超攻撃型の3－4－3でいくのか、それらを選ぶようなものです。どのような選択をしても「特徴」が生まれ、文脈によっ

て必ず強みと弱みが生まれます。全ての組織も同様に、完璧な組織などあり得ないことをわかった上で、組織の目的と戦略に合致した組織構造を選ぶのです。それは、自分の組織が置かれた文脈の中で勝ち残っていくために必要な「強み」をどこかに選ぶことです。しかし選んで実行した瞬間に、その強みの裏側に弱点を同時に抱えることになります。組織構築の選択をするということは、分かった上でその組織の弱点をどこに作るのかという意図的な選択だとも言えます。

◆「仏の部分」を見つけ、現戦力で勝つ

　会社全体もそうですし、多くの部門やチームを率いるリーダーがよく口にする嘆きがあります。「部下の能力が低くて困っている」というものです。能力が足らない、経験が足らない、ヤル気が足らない、さまざまなケースがありますが、自分の抱えているチームの中に人材の質と量が足りないことを嘆く声は大きいかと。達成しなければならない高い目的に対して、人的資源が足りない。そういう重いストレスを抱えるのは、中間管理職には共通の悩みとして上位にランクされるのではないでしょうか。

　私自身もそのような経験は痛いほど身に覚えがあります。しかし実際に多くの葛藤(かっとう)を常に抱えてきた中で、私の認識があまりのストレスによってある臨界に達しました。それは「結局、現行戦力で勝つしかない」という諦(あきら)めでもあり、悟りでもあり、極めてどうしようもない現実を受け入れることにした時に起こった変化でした。会社にお願いして戦力増強を中長期では実現できたとしても、短期での大局は変わらず、嘆いても、ぼやいても、今の状況は変わりません。まして、部下に対して失望し、イライラで接したり、不必要なプレッシャーをかけたりしても、彼らのパフォーマンスは下がるこ

とはあっても上がることはないのです。

　会社全体の経営資源が常に不足している中で、部下は上司を選べませんし、実は上司も部下を自由に選ぶことはできないのです。つまり、現行戦力は変わらないということ。では組織長としてすべきことは何でしょうか？　上司としての最大の仕事の1つは、自分自身の認識を変えることで、組織の人的資源を増やすことだと、私は考えています。それは部下1人1人の特徴に注目して理解し、その特徴が強みとなる文脈を選んで力を発揮させることです。文脈に合致すれば、特徴は強みになります。私はそれを「仏の部分」と呼んでいます。

　私自身も凸凹のあるメリハリの利いた人間です（笑）。はっきり言うと弱点と穴だらけです。私に限らず誰もが様々な特徴を持っています。同じ特徴がある文脈では吉と出て力を発揮し、別の文脈では凶と出て弱点となります。どんな人間にも「特徴」があるものです。もし特徴が全くないなら、そのことが突出した特徴です。その特徴を上司が「認識」することで、特徴を強みとして活用することが初めて可能になり、本人も自信がついて、結果的に人的資源は増大します。目的を達成する確率は高まっているはずです。

　もちろん、その結果本当に目的を達成できるかはわかりません。「仏の部分」を見つけても、人的資源があまりにも足らなければ結局は失敗するでしょう。しかし、現行戦力が変わらない時に成功する確率を高める方法が他にあるでしょうか？　また組織においてリーダーのなすべき仕事が他にあるでしょうか？

　組織におけるリーダーの仕事とは、オーケストラの指揮者のよう

なものだと私は考えています。それぞれの楽器と奏者が持っている特有の音色を知らないで指揮をすることはできないはずです。「ここはこの人のこの音色しかない！」と指揮者が分かった上でその音をリクエストした時、奏者はその音色を出すために必死で頑張ってくれるものです。そうやって、部下それぞれ特有の音色を見つけて、組み合わせて、目的に合わせた音楽にしていくのです。指揮者の仕事は、まず良い楽曲を持ってきて、達成したい演奏のイメージを全員に明確に共有させて、メンバーそれぞれの音色を引き出し、その音楽を創り上げることです。そうやって良い音楽を鳴らしていると、結果として観客席の客数が増えていくのだと思います。

◆「使うこと」と「使われること」は素晴らしい

　「腸」と「脳」ではどちらが重要でしょうか？　多くの人が「脳」だと答えると思います。しかし私はその考え方は必ずしも正しくないと思うのです。「腸」がなければ「脳」は活動に必要な栄養を摂取できなくなって、いずれ死滅してしまいます。私は「腸」と「脳」は同等に重要だと考えているのです。腸は脳を利用し、脳は腸を利用しています。美しい共依存関係にあるのであって、どちらが重要な訳でも偉い訳でもありません。

　人間の体は素晴らしい組織になっています。明確に各組織の役割が決められており、組織間の役割に対する競争がありません。心臓は心臓の仕事を行い、肝臓の仕事に口をはさみません。腎臓の機能が低下した場合は、そのシグナルを他の臓器が共有し、あらゆる方法で腎臓を助けて機能不全の影響をカバーしようとします。そして肝臓も心臓も、腎臓に文句を言ったりしません。腎臓の不始末をあげつらって足を引っ張るようなこともありません。競争は人体の中ではなく、人体の外で起こっているのです。

企業活動においても、さまざまな組織部門が人体における臓器のように編成され、それぞれの社員がそれぞれの部門で細胞のように働いています。できれば人体組織のように、高次元で統合された共依存関係で社内組織を成立させ、社外との厳しい生存競争を勝ち抜いていきたいものです。そのために部署間には「役割の違い」はあっても、「上下や優劣」がある訳ではないことを組織の隅々まで徹底して認識させねばなりません。

　V字回復を実現するUSJにおいて、私の直轄組織であるマーケティング本部は二百数十人を擁し、会社全体組織における「頭脳」であり「心臓」のような役割を担ってきました。私を含めて本部員はその使命への責任と誇りを感じて頑張って来ましたし、これからもそうです。しかしながら、他部門と比べて、マーケティング本部やその本部員が何か特別だったり偉かったりする訳では決してないのです。マーケティング本部はマーケティング本部としての役割を果たしているだけだからです。例えば、マーケティング本部が集客した巨大なゲスト数を安全で快適に受け止めてくれる、オペレーション本部の獅子奮迅が無ければ、マーケティング本部の存在もその奮闘も全く無意味です。

　共依存関係を意識することは、会社組織だけではなく、個人レベルでも多くあります。人にはそれぞれ特徴があり、得意な領域と不得意な領域があります。また全ての人に1日は24時間しかなく、1人で担当できる分野など、全体から見ればほんの一部しかないのです。企業活動は、川上から川下まで膨大な業務のフローが支流も含めて幾重にも複雑に絡まって流れている大河流域のようなものです。それぞれの人間はその広大な流域のほんの一部を担当することしか物理的にできないのです。たとえ社長であっても、大河流域全

体を広く把握するという1担当に過ぎません。川のどの部分をとっても、誰よりも浅い理解しかない可能性が大きいです。

　そんな中で1人1人の人間が、上手に人を使い、また上手に人に使われるということは、会社組織が効率的に機能していくためには欠かせないことです。人に使われるということに精神的な抵抗がある人も少なからずいると思いますが、人に使ってもらえるということは素晴らしいことです。上手に人に使ってもらえないと、その人の持っている能力が世の中に出ていくことは起こり得ないからです。自分の能力を発揮するためには、自分を上手に使ってくれる人は得難い存在です。

　私がUSJに入社してV字回復のための戦略立案と実行の陣頭に立つことができたのは、前社長のグレン・ガンペルが「私の能力」を上手に使ってくれたからです。私自身、もちろん必死に知力と気力を振り絞りましたし、USJをV字に曲げるあの一番負荷がかかる重要な時期に、自分が革新の起点となったことには自負もあります。しかしながら、私にその重大な役割を与えてくれたのも、暴走し過ぎないように手綱を握っていてくれたのも、私自身が力を発揮するための広範囲なスペースを守り続けてくれたのも、私ではないのです。それをやってくれたのはグレンだったのです。私は人に活かしてもらったことで、初めて自分の力を世の中に活かすことができたのです。グレンは2015年11月にUSJのV字回復を見届けてCEOを引退しました。彼と私はお互いの役割を果たした完璧な共依存関係でした。上手に使ってもらったことに深く感謝しています。

　人を使うことと、人に使われることは、まるで人体組織のように美しい共依存関係で繋がることだと私は信じています。企業におい

ては、高度な個人技も局面打開には重要ですが、もっと重要なのは「組織としてどう効果的に機能させるか？」です。そのためにはまず目的を共有し、それぞれの役割を明確にし、上下や優劣ではなく共依存関係で統合された人体組織のような状態を理想とすべき。私が組織を作る上で腐心するのは常にそれです。優秀な個人を多く集めること以上に、その個々をシステムとして機能させることを重視します。個ではなく組織として様々な能力を共有させて、消費者のプレファレンスを勝ち取るための戦略に則(のっと)って何度も試行させ、組織システムとして機能するように経験を積ませていきます。基本的な能力を備えたマーケティング組織は、3〜5年もあれば十分に構築可能だと私は考えています。

巻末解説 1
確率理論の導入とプレファレンスの数学的説明

本章では、第1章で使用したモデルの数学的説明を行い、その過程でプレファレンス、MとKの数学的正体を明かしていきます。プレファレンスが市場構造の根幹であり、カテゴリー及びブランドの売上の本質（DNA）である数学的根拠も同時に示します。いきなりデリシュレーNBDモデルを理解することは多くの人にとって困難かと思います。しかし高校数学で習った確率論の大切な基礎である「二項分布」あたりから順番に解説していきますので、勉強する際の道筋としてこの解説を活用して下さい。

　概念的には次の3つの論拠により、プレファレンスが結果ではなく、プレファレンスがブランドのマーケット・シェア、浸透率そして購入回数を支配していることが言えます。

1) プレファレンス（相対的好意度）は消費者の頭の中にあり、人の購買行動を支配している。直接的な証拠は、消費者のプレファレンスにもとづく「BP-10シェアモデル」が現実のシェアを比較的高い精度で予測できることである。消費者のプレファレンス（相対的好意度）がシェアを支配し、売上を支配している。言い換えれば、100％の認知、100％の配荷率、十分な時間があればプレファレンスとユニット・シェアは同じものになる。プレファレンスは消費者の頭の中にあり、それが現実に表れたのがユニット・シェアである。

2) NBDモデルにより、カテゴリー及びブランドの浸透率と回数別分布は、MとKの2つのパラメーターのみで現実に非常に近い正確な予測ができる。MもKもプレファレンスの関数である。

3) カテゴリーのMとK、ユニット・シェア、デリシュレーSをイン

プットとして、デリシュレーNBDモデルは、各ブランドの現実に非常に近い浸透率と回数別購入率の分布を正確に予測ができる。ブランド間のスイッチングも正確に予測できる。デリシュレーSもKと同じようにプレファレンスの関数である。

概念的にプレファレンスがカテゴリー及びブランドの売上を支配していることが理解できたでしょうか？　次に以下の順番で数学的説明をします。最重要目標はプレファレンスの正体の理解です。次に重要なのはデリシュレーNBDモデルの説明と理解です。このモデルが他のモデルを内包し、消費者のカテゴリー及び各ブランドの購買活動を表すことができるからです。

1）二項分布（ポアソン分布の理解に必要）
2）ポアソン分布（現実を確率的に考える基礎）
3）負の二項分布（NBDモデル）
4）ポアソン分布と負の二項分布のまとめ
5）売上を支配する重要な数式（プレファレンス、Kの正体と説明）
6）デリシュレーNBDモデル

1）から5）までは、高等学校で習った数学の基本的知識があれば理解できるよう、できるだけ丁寧に、なおかつ数式はできるだけ飛ばさないで説明します。5）でプレファレンスの正体を明かします。6）は一部高校では習わない難易度の数学的論証を含みます。その部分についてもっと知りたい方は、高木貞治の「解析概論」を参考にしてください。いろいろな数式の記号を使いますので、記号の意味と読み仮名等をまとめた一覧表もこの章の最後に載せておきます。

1 二項分布 (Binomial Distribution)

　ポアソン分布を理解するために、まず二項分布を説明します。ポアソン分布は二項分布の特殊な形なのです。二項分布は非常に基礎的な考え方で、高校数学で習ったはずです。現在では高校2年生が数学Bの教科書で勉強しています。とはいえ忘れている方も多いでしょうから、赤玉と白玉を使って分かりやすく説明します。

　今、袋の中に赤玉と白玉の2種類が入っており、全部でn個あります。その内訳は、赤玉(θ)個と 白玉($n-\theta$)個です。袋の中をかき混ぜて、中を見ないで玉を1個取り出します（無作為、ランダムな抽出を意味します）。そして取り出した玉は袋に戻します（それぞれの玉の1回に選びだす確率が一定を意味します）。これをN回繰り返します。1回だけ玉を取り出した時に赤玉の出る確率は$\left(\dfrac{\theta}{n}\right)$で、白玉の出る確率は$\left(\dfrac{n-\theta}{n}\right)$です。N回中r回赤玉が出る確率は下の式（1）、赤玉の出る平均回数は式（2）で計算できます。$n>0, n\geq\theta\geq 0, N\geq r\geq 0$

N回中r回赤玉が出る確率：$\dfrac{N!}{r!\,(N-r)!}\times\left(\dfrac{\theta}{n}\right)^r\cdot\left(\dfrac{n-\theta}{n}\right)^{N-r}$

式（1）

赤玉の出る平均回数：$\mu = N\times\dfrac{\theta}{n}$ 　　　　　　　式（2）

　！は、$4!=4\times 3\times 2\times 1$ の様に、その数とそれより小さい1までの整数を掛け合わせる事を意味します。

　N回中、最初にr回赤玉が連続で出て、次に白玉がN－r回連続に出る確率は、式（3）で求めます。

サイコロの1の目が1回振った時に出る確率は $\frac{1}{6}$ です。2回続けて1の目が出る確率は $\left(\frac{1}{6}\right)^2$ です。なぜなら1回目に出た場合に対して $\frac{1}{6}$ の確率なので、最初の確率に掛けることができるからです。

N回中最初にr回赤玉が連続で出、次に白玉がN－r回連続で出る確率：$\left(\frac{\theta}{n}\right)^r \cdot \left(\frac{n-\theta}{n}\right)^{N-r}$ 式（3）

しかしこれ以外の順番でも赤玉がr回出る場合があります。求める確率は、N個並べる時にr個赤玉を並べるすべての並べ方の数を先ほどの確率にかければよいのです。N個のものを取り出すすべての場合の数は、N個の場所にすべて異なるN個の数字のカードを置く置き方の数と同じことで、$N! = N \times (N-1) \times (N-2) \times \cdots \times 2 \times 1$ あります。最初の場所はN通り、2番目は1番目で1つ置いたので1つ減りN－1通り、3番目はN－2通りとなり最後は1通りになります。r個の赤玉をr個の場所に置く置き方は同じ様に r! あり、それぞれの赤玉の並べ方に、(N－r)の白玉の並べ方 (N－r)! があります。N個玉を並べる時にr個の赤玉を並べるすべての並べ方は、$r! \times (N-r)!$ 通りとなります。ですから「N個並べる時にr個赤玉を並べるすべての並べ方の数」は、$N!$ を $r! \times (N-r)!$ で割った数となります。すなわち下の式（4）となります。

N個並べる時にr個赤玉を並べるすべての並べ方の数：
$$\frac{N!}{r!(N-r)!}$$ 式（4）

求める確率は、式（4）× 式（3）で最初の数式（1）となります。

巻末解説1　確率理論の導入とプレファレンスの数学的説明

二項分布を実際の例で理解しておきましょう。今、壺の中に赤玉7個（$\theta=7$）、白玉が3個（$n-\theta=3$）、合計10個（$n=10$）の玉が入っています。ここから「3個玉を引き（$N=3$）赤玉が2個（$r=2$）、白玉が1個（$N-r=3-2=1$）出る確率」を考えます。3個の玉の並べ方は3!あります。■★▲の3つの異なる印を考えて下さい。これらを使い並べ方がいくつあるか確認して見ましょう。

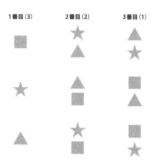

　上に示すように1番目には3通り、2番目には1番目の各々に対して2通り、3番目は2番目の各々に対して1通り、すなわち$3!=3\times2\times1=6$通りあります。「3個並べる時に赤玉2個並べる全ての並べ方の数」は、3!を$2!\times(3-2)!$で割って$6\div2=3$です。赤玉の出る確率は$\frac{7}{10}$、白玉の出る確率は$\frac{3}{10}$です。ですから求める確率は0.441、平均値は2.1となります。

$$\frac{3!}{2!\,(3-2)\,!}\times\left(\frac{7}{10}\right)^{2}\cdot\left(\frac{3}{10}\right)^{3-2}=3\times0.7\times0.7\times0.3=0.441,\ 3\times\frac{7}{10}=2.1$$

2 ポアソン分布 (Poisson Distribution)

　ポアソン分布は、世の中に発生する多くの事象に当てはまる重要

な確率分布です。ポアソン分布は、平均発生率が長期的に見た場合一定であるある事象の「ある一定期間（単位期間）の分布」を表します。毎年、ある交差点での交通事故の発生件数がほぼ一定なのも、シャンプーの売れる量が全国でだいたい一定なのも、それらの確率がポアソン分布しているからです。

ポアソン分布は二項分布を現実世界と関係させる式です。二項分布の式に対して次の3つの操作を行います。

(i) 白玉$(n-\theta)$の数を大変大きな数にします。結果としてnが大きくなり、赤玉の出る確率$\frac{\theta}{n}$が大変小さくなります。

(ii) 玉を取り出す回数Nを大変大きな数にします。

(iii) 赤玉の出る平均回数式（2）を$\mu=N\cdot\frac{\theta}{n}$と書き換えます。

そうすると先ほどの式は下記のポアソン分布の式になります。なぜこうなるかは、あとの式の導出のところで説明します。

$P_r(r回赤玉の出現する確率^*)=\frac{\mu^r}{r!}\cdot e^{-\mu}$（eはネピア数：約2.7183）

*ある一定期間 　　　　　　　　　　　　　　　　　　式（5）

我々は、日々いろいろな選択・決断をしています。そのうち自分達の決めたことがどのような結果になるかわからないで選び、かつその選択が次の選択に影響しない選択について考えてみましょう（独立にランダムに起こる事象のことです）。これはちょうど、袋から1秒ごとに玉を取り出すのとそっくりです。袋には、取り出すと何かが起こる非常に少ない赤玉と、選んでも何も起こらない大変多

巻末解説1　確率理論の導入とプレファレンスの数学的説明

くの白玉が入っています。事故に遭う確率は、袋の中から赤玉を取り出すようなものです。何も起こらないのは、白玉を選んでいるのと同じです。

次の表9-1は、1875～1894年の20年間にプロシアの陸軍で毎年馬に蹴られて死亡した兵士の数を延べ200部隊について調べた結果で、ポアソン分布の古典的な実例です。この場合は、個人ではなく、1つの部隊が全体として袋の中から玉を取り出していると考えられ、赤玉を選ぶことが馬に蹴られて死亡することを意味します。20年間で1部隊当たり12人死亡し、1部隊当たり1年間（この場合、単位期間は1年）に0.6人死亡したわけです。ですからこの時の理論値（予測）は、$\mu = 0.6$を使っています。表の読み方は、2人死亡した部隊が現実に22部隊あり、予測値は19.7です。

1部隊当たり1年間に2人死亡する確率：

$$P_r(r=2|\mu=0.6) = \frac{\mu^r}{r!} \cdot e^{-\mu} = \frac{(0.6)^2}{2!} 2.7183^{-0.6} = \frac{0.360}{2} \times 0.549 = 0.0988$$

2人死亡した部隊数 = 200 × 0.0988 = 19.7

表9-1

1部隊当たりの1年間の死亡者数						
（r）	0	1	2	3	4	合計
実際の部隊数	109	65	22	3	1	200
理論値	109.8	65.9	19.7	3.9	0.6	199.9

ポアソン分布はこのように、稀に独立してランダムに起こることがどのように分布するのかを分析するのに適しています。人生は連続する選択であり、選択肢にある確率がぶら下がっているのです。

<u>この例は、人生が確率に支配されている証拠です。</u>

　次の話は自動車学校で聞いた話です。話していたのは、白髪交じりのおじいさんの教官で、よれた紺色の背広を着て黒縁のメガネをかけていました。「大きな交通事故の後ろには、運転していてハッとするようなことが200回あるものだ」。先生の風貌と喋り口のためか、なんだか説得力がありました。もう何十年も前のことですが、今でもこの老教官の言葉を鮮明に覚えています。この200回という数字は、怪しいかもしれません。大きな事故は、様々な条件が重なることにより起こるわけです。生きていくということは常にくじを引くようなものです。何度もくじを引くと当たるので完全に防ぐことはできません。交通事故に巻き込まれないためには、ハッとすることができるだけないように日々心がけて運転することです。赤玉を減らし、白玉の出る確率を上げるのです。<u>我々のできることは、日々目的に対して確率が上がる選択をすることだけです。その結果として長期的な平均確率（ポアソン分布のμ）が変わるのです。</u>

　事故だけでなく、洗剤やシャンプーの購入を個人レベルで診てみると、消費者個人の購買活動は同じようにポアソン分布しています。それぞれ個人がある一定の確率を持ち、ランダムに赤玉と白玉の抽出のごとく確率試行をし、そしてそれぞれは独立して起こるのです。

ポアソン分布の式の導出：
二項分布の式（1）からポアソン分布の式を導きます。

$$\frac{N!}{r!\,(N-r)!} \times \left(\frac{\theta}{n}\right)^r \cdot \left(\frac{n-\theta}{n}\right)^{N-r}$$

巻末解説1　確率理論の導入とプレファレンスの数学的説明

$$= \frac{N \cdot (N-1) \cdot (N-2) \cdots \{N-(r-1)\} \cdot (N-r) \cdot (N-r-1) \cdots 1}{r! \cdot (N-r)(N-r-1) \cdots 1} \times \left(\frac{\theta}{n}\right)^r \cdot \left(\frac{n-\theta}{n}\right)^{N-r}$$

$$= \frac{\overbrace{N \cdot (N-1) \cdot (N-2) \cdots \{N-(r-1)\}}^{r\text{項}}}{r!} \times \left(\frac{\theta}{n}\right)^r \cdot \left(\frac{n-\theta}{n}\right)^N \cdot \left(\frac{n-\theta}{n}\right)^{-r}$$

$$= \frac{N^r \cdot 1 \cdot \left(1-\frac{1}{N}\right) \cdot \left(1-\frac{2}{N}\right) \cdots \left(1-\frac{r-1}{N}\right)}{r!} \times \left(\frac{\theta}{n}\right)^r \cdot \left(1-\frac{N}{n} \cdot \frac{\theta}{n}\right)^N \cdot \left(1-\frac{\theta}{n}\right)^{-r}$$

$$= \frac{1 \cdot \left(1-\frac{1}{N}\right) \cdot \left(1-\frac{2}{N}\right) \cdots \left(1-\frac{r-1}{N}\right)}{r!} \times \left(N \cdot \frac{\theta}{n}\right)^r \cdot \frac{\left(1-\frac{N}{n} \cdot \frac{\theta}{n}\right)^N}{\left(1-\frac{\theta}{n}\right)^r}$$

$\mu = N \cdot \frac{\theta}{n}$ に置き換える。

$$\overbrace{\frac{1 \cdot \left(1-\frac{1}{N}\right) \cdot \left(1-\frac{2}{N}\right) \cdots \left(1-\frac{r-1}{N}\right)}{r!} \times \mu^r \cdot \frac{\left(1-\frac{\mu}{N}\right)^N}{\left(1-\frac{\theta}{n}\right)^r}}^{N \to \infty} \to \frac{\mu^r}{r!} \cdot e^{-\mu}$$

なぜなら

N→∞(Nを無限大にすると)各部分が下記のように1、またはある数式に収束します。

1) $\left\{1 \cdot \left(1-\frac{1}{N}\right) \cdot \left(1-\frac{2}{N}\right) \cdots \left(1-\frac{r-1}{N}\right)\right\} \to 1$

　　なぜならrはある定数なので $\lim\limits_{N \to \infty} \frac{1}{N} = 0, \cdots, \lim\limits_{N \to \infty} \frac{r-1}{N} = 0$。

2) $\left(1-\frac{\theta}{n}\right)^r \cong 1^r = 1$　　nは非常に大きな数→$\frac{\theta}{n}$は非常に小さな数。

3) $\left(1-\frac{\mu}{N}\right)^N \to e^{-\mu}$ となります。理由は以下に説明します。

ネピア数の定義から $\lim_{x \to \infty}\left(1+\dfrac{1}{x}\right)^x = e$。

$x = \dfrac{1}{Z}$ に置き換えます。

$\lim_{z \to 0}(1+z)^{\frac{1}{z}} = e$ これを当てはめます。

$$\lim_{N \to \infty}\left(1-\dfrac{\mu}{N}\right)^N = \lim_{-\frac{\mu}{N} \to 0}\left[\left\{1+\left(-\dfrac{\mu}{N}\right)\right\}^{\left(-\frac{N}{\mu}\right)}\right]^{-\mu} = \left[\lim_{-\frac{\mu}{N} \to 0}\left\{1+\left(-\dfrac{\mu}{N}\right)\right\}^{\left(-\frac{1}{\frac{\mu}{N}}\right)}\right]^{-\mu} = e^{-\mu}$$

3 負の二項分布 (Negative Binomial Distribution)

　個人個人の購買行動はポアソン分布していますが、消費者全体を見ると「負の二項分布」しています。

　この分布式は、表1-1と表1-2の予測に使用した分布式です。英語の頭文字をとってNBDモデル、または略してNBDとも言います。赤玉と白玉の例で、負の二項分布が、二項分布やポアソン分布とどう違うのか理解してみましょう。

　二項分布と同じように袋の中に赤玉と白玉の2種類入っており、全部でn個あります。その内訳は、赤玉θ個と白玉n−θ個です。袋の中をかき混ぜて、中を見ないで玉を1個取り出します（ランダム）。もし赤玉が出たらこれにd個の赤玉を加えて袋にもどします。もし白玉が出れば同様にd個の白玉を加えて袋にもどします。これは、その選択自身が次の選択に正の影響をあたえることを意味します。成功は成功を呼ぶということです（数学的には、ガンマ分布することです）。この点が二項分布、ポアソン分布と異なります。こ

の操作をN回繰り返します。次のようにそれぞれの式をMとKと表します。大文字のM、Kは、カテゴリーのそれぞれの値を表し、m_j, k_j はブランドjのそれぞれの値を表します。M、Kの値は、カテゴリー、ブランドにより異なります。Kとk_jの関係は、後ほど「売上を支配する重要な式」のところで述べます。$d>0$

M（N回中赤玉が出る平均回数）$= N \cdot \dfrac{\theta}{n}$ 式（6）

$K = \dfrac{\theta}{d}$ 式（7）

次にN回中r回赤玉が出る確率をP_rとします。P_rは、次の式（8）で求められます。$\Gamma(r+1) = r!$ で、！を整数だけでなく、実数に拡張した関数です。これは、表1-2の洗剤の各購入回数に対応する消費者の購入者の全体に対する比率（％）を計算するのに使った式です。

r回出る（購入）確率：$P_r = \dfrac{\left(1+\dfrac{M}{K}\right)^{-K} \cdot \Gamma(K+r)}{\Gamma(r+1) \cdot \Gamma(K)} \cdot \left(\dfrac{M}{M+K}\right)^r$

式（8）

◆ 負の二項分布の式の導出

まず具体的な例を考えてから一般化した式の説明をします。

A）具体的な場合：N＝4、r（赤玉の出る回数）＝2の場合

赤玉の出方は下のように $\dfrac{N!}{r!(N-r)!} = \dfrac{4!}{2!(4-2)!} = 3 \cdot 2 = 6$ 通りあります。赤玉が出た時は○印で示し、それぞれの場合に次のようにケース1、ケース2と名前を付けます。

表9-2

場合の名前	1回目	2回目	3回目	4回目
ケース1	○	○		
ケース2	○		○	
ケース3	○			○
ケース4		○	○	
ケース5		○		○
ケース6			○	○

　それぞれのケースについて確率を計算し、赤玉の出たところがわかるように、その時々の確率の式の分子を（ ）で括ってあります。例えばケース1の場合、最初に赤玉が出る確率は$\frac{(\theta)}{n}$、2回目は全体に赤玉がd個増えたので、$\frac{(\theta+d)}{n+d}$です。3回目で白玉が初めて出るので分子は$n-\theta$、分母は3回目なので$n+2d$です。ケース1からケース6まで全体に比べると、すべてのケースの分母は全く同じです。分子も注意して見ると、順番が異なるだけで内容は同じです。4回中赤玉が2個、白玉が2個ですから、分子は、(θ)、$(\theta+d)$、$(n-\theta)$、$(n-\theta+d)$の組み合わせで順番が異なるだけです。このように分母は、玉を取り出す回数によって決まります。分子は赤玉の出る数によりきまります。異なるのは赤玉の出る順番だけで、全体としてはどのケースも同じ確率になります。

ケース1：確率$= \frac{(\theta)}{n} \times \frac{(\theta+d)}{n+d} \times \frac{n-\theta}{n+2d} \times \frac{n-\theta+d}{n+3d}$

ケース2：確率$= \frac{(\theta)}{n} \times \frac{n-\theta}{n+d} \times \frac{(\theta+d)}{n+2d} \times \frac{n-\theta+d}{n+3d}$

ケース3：確率$= \frac{(\theta)}{n} \times \frac{n-\theta}{n+d} \times \frac{n-\theta+d}{n+2d} \times \frac{(\theta+d)}{n+3d}$

ケース4：確率 $= \dfrac{n-\theta}{n} \times \dfrac{(\theta)}{n+d} \times \dfrac{(\theta+d)}{n+2d} \times \dfrac{n-\theta+d}{n+3d}$

ケース5：確率 $= \dfrac{n-\theta}{n} \times \dfrac{(\theta)}{n+d} \times \dfrac{n-\theta+d}{n+2d} \times \dfrac{(\theta+d)}{n+3d}$

ケース6：確率 $= \dfrac{n-\theta}{n} \times \dfrac{n-\theta+d}{n+d} \times \dfrac{(\theta)}{n+2d} \times \dfrac{(\theta+d)}{n+3d}$

求める確率（4回抽出する時に赤玉が2個出る確率）

$$P_2 = 6 \times \left(\dfrac{\theta}{n} \times \dfrac{\theta+d}{n+d} \times \dfrac{n-\theta}{n+2d} \times \dfrac{n-\theta+d}{n+3d} \right)$$ となります。

B）一般化した場合

　玉を取り出す操作をN回繰り返す内、r回だけ赤玉が出る確率P_rを考えます。今、N回中赤玉が最初から連続してr回出る場合の確率をPとします。Pは下記の様になります。

$$P = \left\{ \overbrace{\dfrac{\theta}{n} \times \dfrac{\theta+d}{n+d} \times \dfrac{\theta+2d}{n+2d} \times \cdots \times \dfrac{\theta+(r-1)\cdot d}{n+(r-1)\cdot d}}^{r回赤玉が連続して出る確率} \right\} \times \left\{ \overbrace{\dfrac{n-\theta}{n+rd} \times \dfrac{n-\theta+d}{n+(r+1)d} \times \cdots \times \dfrac{n-\theta+(N-r-1)\cdot d}{\underbrace{n+(N-1)d}_{n+(r+N-r-1)d}}}^{その後N-r回白玉が連続して出る確率} \right\}$$

　先ほどの具体例と同じように赤玉が何回目に出るかに関係なく、N回中にr回赤玉が出るそれぞれの場合の確率は、連続に出た場合の確率Pと同じです。N個の場所にr個の赤玉を並べる並べ方の数は式（4）により $\dfrac{N!}{(N-r)! \cdot r!}$ です。求めるr回だけ赤玉が出る確率P_rはこの並べ方の数にPを掛けた数になります。

$$P_r = \dfrac{N!}{r! \cdot (N-r)!} \cdot \overbrace{\left\{ \dfrac{\theta}{n} \times \dfrac{\theta+d}{n+d} \times \dfrac{\theta+2d}{n+2d} \times \cdots \times \dfrac{\theta+(r-1)d}{n+(r-1)d} \right\}}^{パート-1} \times \overbrace{\left\{ \dfrac{n-\theta}{n+rd} \times \dfrac{n-\theta+d}{n+(r+1)d} \times \cdots \times \dfrac{n-\theta+(N-r-1)\cdot d}{n+(N-1)d} \right\}}^{パート-2}$$

前記の式は複雑なので、パート-1とパート-2の2つに分けてそれぞれの式を変換して最終の式（8）を導きます。

$$\text{パート-1} = \frac{N!}{r! \cdot (N-r)!} \cdot \left\{ \frac{\theta}{n} \times \frac{\theta+d}{n+d} \times \frac{\theta+2d}{n+2d} \times \cdots \times \frac{\theta+(r-1)\cdot d}{n+(r-1)\cdot d} \right\}$$

$$= \frac{N \cdot (N-1) \cdot (N-2) \cdots (N-(r-1)) \cdot (N-r)!}{r! \cdot (N-r)!} \cdot \left\{ \frac{\theta}{n} \times \frac{\theta+d}{n+d} \times \frac{\theta+2d}{n+2d} \times \cdots \times \frac{\theta+(r-1)\cdot d}{n+(r-1)\cdot d} \right\}$$

$$= \frac{N \cdot (N-1) \cdot (N-2) \cdots (N-(r-1))}{r!} \cdot \left\{ \frac{\theta}{n} \times \frac{\theta+d}{n+d} \times \frac{\theta+2d}{n+2d} \times \cdots \times \frac{\theta+(r-1)\cdot d}{n+(r-1)\cdot d} \right\}$$

$$= \frac{1}{r!} \times \frac{N \cdot (N-1) \cdot (N-2) \cdots (N-(r-1))}{n \cdot (n+d)(n+2d) \cdots (n+(r-1)\cdot d)} \cdot \frac{\theta \cdot (\theta+d) \cdot (\theta+2d) \cdots (\theta+(r-1)\cdot d)}{1}$$

$$= \frac{1}{r!} \times \left\{ \frac{\left(\frac{1}{n}\right)^{r-1}}{\left(\frac{1}{n}\right)^{r-1}} \right\} \times \left[\frac{N}{n} \right] \cdot \left[\frac{N-1}{n+d} \right] \left[\frac{N-2}{n+2d} \right] \cdots \left[\frac{N-(r-1)}{n+(r-1)\cdot d} \right] \cdot \frac{\theta \cdot (\theta+d) \cdot (\theta+2d) \cdots (\theta+(r-1)\cdot d)}{1}$$

$$= \frac{1}{r!} \times \overbrace{\left[\frac{N}{n} \right] \cdot \left[\frac{\frac{N}{n} - \frac{1}{n}}{1+\frac{d}{n}} \right] \cdot \left[\frac{\frac{N}{n} - \frac{2}{n}}{1+\frac{2d}{n}} \right] \cdots \left[\frac{\frac{N}{n} - \frac{(r-1)}{n}}{1+\frac{(r-1)}{n}\cdot d} \right]}^{r\text{項あります}} \cdot \frac{\theta \cdot (\theta+d) \cdot (\theta+2d) \cdots (\theta+(r-1)\cdot d)}{1}$$

$\frac{N}{n}$ を固定して N→∞, n→∞, の時

$$\lim_{n\to\infty} \frac{1}{n} = 0, \cdots, \lim_{n\to\infty} \frac{(r-1)}{n} = 0, \lim_{n\to\infty} \frac{d}{n} = 0, \cdots, \lim_{n\to\infty} \frac{(r-1)\cdot d}{n} = 0, \text{となり、}$$

$$= \frac{1}{r!} \times \cdot \left(\frac{N}{n}\right)^r \overbrace{\theta \cdot (\theta+d) \cdot (\theta+2d) \cdots (\theta+(r-1)\cdot d)}^{r\text{項あります}}$$

$$= \frac{1}{r!} \times \frac{\theta \cdot \frac{N}{n} \cdot \left\{ \theta \cdot \frac{N}{n} + d \cdot \frac{N}{n} \right\} \cdot \left\{ \theta \cdot \frac{N}{n} + 2d \cdot \frac{N}{n} \right\} \cdots \left\{ \theta \cdot \frac{N}{n} + (r-1)\cdot d \cdot \frac{N}{n} \right\}}{1}$$

式（6）と（7）より、

$$\theta \cdot \frac{N}{n} = N \cdot \frac{\theta}{n} = M = M \cdot \frac{K}{K}, \quad d \cdot \frac{N}{n} = \left(\frac{d}{\theta}\right) \cdot \left(\frac{\theta \cdot N}{n}\right) = \frac{M}{K}$$ に置き換える。

$$= \frac{1}{r!} \times \frac{\left\{M \cdot \frac{K}{K}\right\} \cdot \left\{M \cdot \frac{K}{K} + \frac{M}{K}\right\} \cdot \left\{M \cdot \frac{K}{K} + 2 \cdot \frac{M}{K}\right\} \cdots \left\{M \cdot \frac{K}{K} + (r-1) \cdot \frac{M}{K}\right\}}{1}$$

$$= \frac{1}{r!} \times \left(\frac{M}{K}\right)^r \cdot \frac{K \cdot \{K+1\} \cdot \{K+2\} \cdots \{K+(r-1)\}}{1}$$

$$= \frac{1}{r!} \times \left(\frac{M}{K}\right)^r \cdot \frac{\{K+(r-1)\} \cdots \{K+2\} \cdot \{K+1\} \cdot K \times \{(K-1) \cdot (K-2) \cdots 1\}}{\{(K-1) \cdot (K-2) \cdots 1\}}$$

$$= \frac{1}{r!} \times \left(\frac{M}{K}\right)^r \cdot \frac{\Gamma(K+r)}{\Gamma(K)}$$

式（9）

$\Gamma(5) = 4 \cdot 3 \cdot 2 \cdot 1$ です。

ここからパート-2の変換をおこないます。

$$パート\text{-}2 = \left\{\frac{n-\theta}{n+rd} \times \frac{n-\theta+d}{n+(r+1)d} \times \cdots \times \frac{n-\theta+(N-r-1)d}{n+(N-1)d}\right\}$$

式（7）より $\theta = K \cdot d$

$$= \left\{\frac{n-Kd}{n+rd} \times \frac{n-Kd+d}{n+(r+1)d} \times \frac{n-Kd+2d}{n+(r+2)d} \times \cdots \times \overbrace{\frac{n-Kd+(K+1)d}{n+(K+1)d}}^{n+d} \cdots \times \overbrace{\frac{n-Kd+(N-r-1)d}{n+(N-1)d}}^{n+(N-r-K-1)d}\right\}$$

上の式は複雑なので分子と分母にわけてみます。（ ）が多いので見やすくするため一部（ ）の代わりに $\overline{K+r-1}$ の様に上傍線を使います。まず分子を詳しくみます。

$$\text{分子} = \overbrace{(n-Kd)\cdot(n-Kd+d)\cdots\underbrace{(n-Kd+\overline{K+r-1}d)}_{n+r-1d}}^{\text{分子第1グループ：項数}=(K+r)} \times \overbrace{\underbrace{(n-Kd+\overline{K+r}d)}_{n+rd}\cdots\underbrace{(n-Kd+\overline{N-r-1}d)}_{n+\overline{N-r-K-1}d}}^{\text{分子第2グループ：項数}=(N-2r-K)}$$

　分子は、第1項は、$n-Kd$ で最後の項は、$n-Kd+(N-r-1)d$ で1項ごとにdが1個増えているので、全部で $(N-r-1)-0+1 = N-r$ 個の項があります。$N>r>0$, $N-r-K-1>0$ とし、Kは整数と考えると分子が $n-Kd$ から1項ごとにd増えていくと、$K+r$ 項目は、$n-Kd+(K+r-1)d=n+(r-1)d$ となり、$K+r+1$ 項目は $n+rd$ となります。全部で $N-r$ 項があり1項ごとにd増えていくので、最後の項は $n-Kd+(N-r-1)d = n+(N-r-K-1)d$ です。分子の最初から $(K+r)$ 項目までを分子第1グループとし、$(K+r+1)$ 項目から最終項目までを分子第2グループとします。

$$\text{分母} = \overbrace{(n+rd)\cdot(n+\overline{r+1}d)\cdots(n+\overline{N-r-K-1}d)}^{\text{分母第1グループ：項数}=(N-2r-K)}\cdot\overbrace{(n+\overline{N-r-K}d)\cdots(n+\overline{N-1}d)}^{\text{分母第2グループ：項数}=(K+r)}$$

　分母を見てみると、分母の最初の項は $n+rd$ で1項ごとにd増えていき、最後の項は $n+(N-1)d=n+rd+(N-r-1)d$ です。分母も同様に $(N-r-1)-0+1=N-r$ 項があります。最初から $N-2r-K$ 項目は、$n+rd+(N-2r-K-1)d=n+(N-r-K-1)d$ となり、分子の最後の項と同じになります。分母の最初から $N-2r-K$ 項目までを分母第1グループとすると、このグループは、分子第2グループと同じであり相殺されます。
　分子と分母をともに示します。

$$= \frac{\overbrace{(n-Kd)\cdot(n-Kd+d)\cdots(n-Kd+\overline{K+r-1}d)}^{\text{分子第1グループ:項数}=(K+r)}}{\underbrace{(n+rd)\cdot(n+\overline{r+1}d)\cdots(n+\overline{N-r-K-1}d)}_{\text{分母第一グループ:項数}=(N-2r-K)}} \times \frac{\overbrace{(n-Kd+\overline{(K+r)}d)\cdots(n-Kd+\overline{(N-r-1)}d)}^{\text{分子第2グループ:項数}=(N-2r-K)}}{\underbrace{(n+\overline{N-r-Kd})\cdots(n+\overline{N-1}d)}_{\text{分母第二グループ:項数}=(K+r)}}$$

パート-2$= \dfrac{\overbrace{(n-Kd)\cdot(n-Kd+d)\cdots(n-Kd+\overline{K+r-1}d)}^{\text{分子第一グループ:項数}=(K+r)}}{\underbrace{(n+\overline{N-r-K}d)\cdots(n+\overline{N-1}d)}_{\text{分母第二グループ:項数}=(K+r)}}$ $Kd=\theta$ にもどします。

$$= \frac{(n-\theta)\cdot(n-\theta+d)\cdot(n-\theta+2d)\cdots(n+\overline{r-1}d)}{(n-\theta+\overline{N-r}d)\cdot(n-\theta+\overline{N-r+1}d)\cdots(n+\overline{N-1}d)} \times \frac{\left(\dfrac{1}{n}\right)^{K+r}}{\left(\dfrac{1}{n}\right)^{K+r}}$$

$$= \frac{\left(1-\dfrac{\theta}{n}\right)\cdot\left(1-\dfrac{\theta}{n}+\dfrac{d}{n}\right)\cdot\left(1-\dfrac{\theta}{n}+\dfrac{2d}{n}\right)\cdots\left(1+\dfrac{r}{n}d-\dfrac{d}{n}\right)}{\left(1-\dfrac{\theta}{n}+\dfrac{N}{n}d-\dfrac{r}{n}d\right)\cdot\left(1-\dfrac{\theta}{n}+\dfrac{N}{n}d-\dfrac{r}{n}d+\dfrac{1}{n}d\right)\cdots\left(1+\dfrac{N}{n}d-\dfrac{1}{n}d\right)}$$

$\dfrac{N}{n}$ を固定して$n\to\infty$、$N\to\infty$ とすると、$\dfrac{\theta}{n}\to 0$、$\dfrac{r}{n}\to 0$、$\dfrac{d}{n}\to 0$ になり分子は1となり、分母のすべての項は、$\left(1+\dfrac{N}{n}d\right)$ となり全部でK+r項あります。

式（6）と（7）より、

$$\frac{N}{n}d = \frac{N}{n}\times\frac{\theta}{\theta}\times d = \left(N\cdot\frac{\theta}{n}\right)\cdot\left(\frac{d}{\theta}\right) = \frac{M}{K}$$

$$= \left(\frac{1}{1+\dfrac{N}{n}d}\right)^{K+r} = \left(\frac{1}{1+\dfrac{M}{K}}\right)^{K+r} \qquad \text{式（10）}$$

パート-1の式（9）とパート-2の式（10）をまとめます。

$$= (\text{パート-1}) \times (\text{パート-2}) = \frac{1}{r!} \times \left(\frac{M}{K}\right)^r \cdot \frac{\Gamma(K+r)}{\Gamma(K)} \cdot \left(\frac{1}{1+\frac{M}{K}}\right)^{K+r}$$

$$= \frac{1}{\Gamma(r+1)} \cdot \frac{\Gamma(K+r)}{\Gamma(K)} \left(\frac{M}{K}\right)^r \left(\frac{1}{1+\frac{M}{K}}\right)^r \cdot \left(\frac{1}{1+\frac{M}{K}}\right)^K = \frac{1}{\Gamma(r+1)} \cdot \frac{\Gamma(K+r)}{\Gamma(K)} \cdot \left(\frac{M}{K+M}\right)^r \left(\frac{K}{K+M}\right)^K$$

$$\text{NBD}(r\text{回赤玉が出る確率}|M,K) = \frac{\left(1+\frac{M}{K}\right)^{-K} \cdot \Gamma(K+r)}{\Gamma(r+1) \cdot \Gamma(K)} \cdot \left(\frac{M}{M+K}\right)^r \quad \text{式 (11)}$$

　最終的に式 (8)、赤玉が最初θ個の時r回赤玉がでる確率が導きだされました。この式が消費者の何％がカテゴリー、ブランドを何回買っているか教えてくれます。

　この式を使い浸透率を計算しましょう。(11) の式に$r=0$、$\Gamma(1)=1$ を代入し一度も購入しない人の割合を計算して、100％から引きます。

$$Pen = 1 - \frac{\left(1+\frac{M}{K}\right)^{-K} \cdot \Gamma(K+0)}{\Gamma(0+1) \cdot \Gamma(K)} \cdot \left(\frac{M}{M+K}\right)^0 = 1 - \left(1+\frac{M}{K}\right)^{-K} \quad \text{式 (12)}$$

4 「ポアソン分布」と「負の二項分布（NBD）」のまとめ

　消費者個人の観点からカテゴリー及びブランドjの購買活動をまとめると次の4点になります。

あ）カテゴリー及びブランドの購買活動の仕組み（分布式）は全く同じである。

い）1消費者i(C_i)に焦点を当てて単位期間の購買回数を時系列で見ると「ポアソン分布」している。この2つを数式に表します。

R_i（単位期間の個人iのカテゴリー購入回数）〜 $Poisson(\mu_i)$

r_{ji}（単位期間の個人iのブランドjの購入回数）〜 $Poisson(\lambda_{ji})$

μ_i：単位期間の消費者（i）のカテゴリーの長期平均購入回数（定数）

λ_{ji}：単位期間の消費者（i）のブランドjの長期平均購入回数（定数）

う）ある期間において消費者全体を見ると購買回数の分布は「負の二項分布（NBD）」に従う。

え）上の2つより、消費者個人の単位期間当たりの長期的カテゴリー平均購入回数（μ）とブランドjの長期的平均購入回数（λ_j）の分布は、それぞれガンマ分布 $\left(K, \dfrac{M}{K}\right)$、ガンマ分布 $\left(k_j, \dfrac{m_j}{k_j}\right)$ に従う。

このことを数式に表します。

μ（単位期間のカテゴリー購入回数）〜 $Gamma\left(K, \dfrac{M}{K}\right)$

λ_j（単位期間のブランドjの購入回数）〜 $Gamma\left(k_j, \dfrac{m_j}{k_j}\right)$

第2章の図2-2は3つのガンマ分布（M＝5で異なるK：1, 3, 15）$Gamma(1,5)$, $Gamma\left(3, \dfrac{5}{3}\right)$, $Gamma\left(15, \dfrac{5}{15}\right)$ を表していました。ガンマ分布については、この章のデリシュレーNBDモデルのところでもう少し詳しく説明します。ここではとりあえず、あ）個人レベルでポアソン分布している、い）その長期的平均値μ, λ_jを消費者全体で見たときにガンマ分布している。その2つの前提が成り立つとき、消費者全体で見た時にある期間の実際の購入確率は負の二項分布すると覚えておいてください。

表9-3　個人別・カテゴリー単位期間別の購買活動

消費者	消費者別・連続する単位期間別購入回数				横の分布（パラメーター）	単位期間内長期平均購入回数
	期間1	...	期間t	...		
C_1	R_{11}	...	R_{1t}	...	$R_1 \sim Poisson(\mu_1)$	μ_1
⋮	⋮	⋮	⋮	⋮	⋮	⋮
C_i	R_{i1}	...	R_{it}	...	$R_i \sim Poisson(\mu_i)$	μ_i
⋮	⋮	⋮	⋮	⋮	⋮	⋮
C_{N_C}	$R_{N_C 1}$	...	$R_{N_C t}$	...	$R_{N_C} \sim Poisson(\mu_{N_C})$	μ_{N_C}
縦の分布	$R \sim NBD(K,M)$	...	$R \sim NBD(K,M)$	...	—	$\mu \sim Gamma(K, \frac{M}{K})$
平均値	$M = \frac{\sum_{i=1}^{N_C} R_{i1}}{N_C}$	...	$M = \frac{\sum_{i=1}^{N_C} R_{it}}{N_C}$	...	$E(R) = M$	$E(\mu) = M$

表9-4　個人別・ブランドj単位期間別の購買活動

消費者	消費者別・連続する単位期間別購入回数				横の分布（パラメーター）	単位期間内長期平均購入回数
	期間1	...	期間t	...		
C_1	r_{j1-1}	...	r_{j1-t}	...	$r_{j1} \sim Poisson(\lambda_{j1})$	λ_{j1}
⋮	⋮	⋮	⋮	⋮	⋮	⋮
C_i	r_{ji-1}	...	r_{ji-t}	...	$r_{ji} \sim Poisson(\lambda_{ji})$	λ_{ji}
⋮	⋮	⋮	⋮	⋮	⋮	⋮
C_{N_C}	r_{jN_C-1}	...	r_{jN_C-t}	...	$r_{jN_C} \sim Poisson(\lambda_{jN_C})$	λ_{jN_C}
縦の分布	$r_j \sim NBD(k_j, m_j)$	...	$r_j \sim NBD(k_j, m_j)$	...	—	$\lambda_j \sim Gamma(k_j, \frac{m_j}{k_j})$
平均値	$m_j = \frac{\sum_{i=1}^{N_C} r_{ji-1}}{N_C}$	...	$m_j = \frac{\sum_{i=1}^{N_C} r_{ji-t}}{N_C}$	...	$E(r_j) = m_j$	$E(\lambda_j) = m_j$

　以上を表にすると表9-3と表9-4のようになります。表9-3はカテゴリー全体、表9-4はブランドjを代表としてブランド・レベルの消費者の購買活動について表しています。

　R_{it}（定数）とはある単位期間t（たとえば1週間単位で30週目）の

巻末解説1　確率理論の導入とプレファレンスの数学的説明

消費者 i のこの期間におけるカテゴリーの購入回数を表します。

r_{ji-t}（定数）とはある単位期間 t の消費者 i のブランド j の購入回数です。$1\cdots i\cdots N_c$ は消費者の番号で $1\cdots j\cdots g$ はブランドを表します。

5 売上を支配する重要な式（プレファレンス、Kの正体）

我々の1つの目的である売上（ブランド j の購入回数）は、数式の中では平均値（m_j）で表されます。売上に関係する重要な式を直感的にわかるように赤玉・白玉の説明に使った記号を使い、表9-5に示しました。代表としてブランド（j）を使っています。消費者個人のレベルの場合は、消費者（i）を代表として使います。

注：$M=\sum_{j=1}^{g}m_j \leftrightarrow \theta=\sum_{j=1}^{g}\theta_j$　このことよりブランドレベルとカテゴリーレベルの n と N が同じになっている。また個人 i の玉の数を n_i、玉を取り出す回数を N_i とします。すると下のように $\dfrac{N_i}{n_i}=\dfrac{N}{n}$ になります。

$$\theta_j \times \frac{N}{n} = (\sum_{i=1}^{N_c}\theta_{ji}) \times \frac{N}{n} = \sum_{i=1}^{N_c}\left(\theta_{ji} \times \frac{N_i}{n_i}\right) \leftrightarrow \sum_{i=1}^{N_c}\left\{\theta_{ji}\left(\frac{N}{n}-\frac{N_i}{n_i}\right)\right\}=0 \to \frac{N_i}{n_i}=\frac{N}{n}$$

もし d（加える玉の数）が一定であれば、カテゴリーのKはブランドの k_j を合計したものであり、$k_j = K \times \dfrac{m_j}{M} = K \times$（ユニット・シェア）です。衣料用洗剤の場合この式から計算された k_j とブランドごとに式（12）から算出した k_j をグラフにするとほぼ直線状に並ぶ。これは、d_j があまりブランド間で変化しないことを物語っています。

$$\theta = \sum_{j=1}^{g}\theta_j \to K = \frac{\theta}{d} = \frac{\sum_{j=1}^{g}\theta_j}{d} = \sum_{j=1}^{g}\frac{\theta_j}{d} = \sum_{j=1}^{g}k_j$$

表9-5 売上に関係する重要な数式一覧

	ポアソン分布 [各個人レベル]	
項目	カテゴリー	ブランド(j)
長期的平均購入回数	$\mu_i = \dfrac{\theta_{\cdot i}(赤玉の数)}{n(全部の玉の数)} \times N(玉を取り出す回数)$	$\lambda_{ji} = \dfrac{\theta_{ji}}{n} \times N$

	負の二項分布 [消費者全体]	
項目	カテゴリー	ブランド(j)
期待される平均購入回数	$M(赤玉の平均回数) = \dfrac{\theta}{n} \times N$	$m_j(平均回数) = \dfrac{\theta_j}{n} \times N$
パラメーター	$K = \dfrac{\theta(最初にあった赤玉の数)}{d(1回毎に加えた玉の数)}$	$k_j = \dfrac{\theta_j}{d_j}$
分散	$M\left(1+\dfrac{M}{K}\right) = \theta \cdot \dfrac{N}{n}\left(1 + d \cdot \dfrac{N}{n}\right)$	$m_j\left(1+\dfrac{m_j}{k_j}\right) = \theta_j \cdot \dfrac{N}{n}\left(1 + d_j \cdot \dfrac{N}{n}\right)$
浸透率	$P_{en} = 1 - \left(1+\dfrac{M}{K}\right)^{-K} = 1 - \left(1 + d \cdot \dfrac{N}{n}\right)^{-\frac{\theta}{d}}$	$P_{en} = 1 - \left(1+\dfrac{m_j}{k_j}\right)^{-k_j} = 1 - \left(1 + d_j \cdot \dfrac{N}{n}\right)^{-\frac{\theta_j}{d_j}}$
	$P_{en}\dfrac{d}{d\theta} = \dfrac{1}{d} \log\left(1 + d \cdot \dfrac{N}{n}\right) \cdot \left(1 + d \cdot \dfrac{N}{n}\right)^{-\frac{\theta}{d}} > 0$	$P_{en}\dfrac{d}{d\theta_j} = \dfrac{1}{d_j} \log\left(1 + d_j \cdot \dfrac{N}{n}\right) \cdot \left(1 + d_j \cdot \dfrac{N}{n}\right)^{-\frac{\theta_j}{d_j}} > 0$

$$k_j = \dfrac{\theta_j}{d_j} = \dfrac{\theta_j}{d} = \dfrac{\theta}{d} \times \dfrac{\theta_j}{\theta} = K \times \dfrac{m_j}{M} \qquad 式（13）$$

確率的に期待されるブランドjの平均購入回数m_jは、最初に袋の中にあったブランドjの赤玉の比率$\dfrac{\theta_j}{n}$に玉を取り出す回数Nを掛けたものです。我々が集中すべきは個人レベルでは、$\dfrac{\theta_{ji}}{n}$、消費者全体では$\dfrac{\theta_j}{n}$、で表されるブランドjの選択される確率（プレファレンス）です。購入回数や浸透率は、この確率と我々が直接コントロールできない玉を袋から取り出す回数の結果なのです。全ての人の総和としての選ばれる確率がプレファレンス（消費者の相対的好意度）の正体です。θ_{ji}が個人レベルにおけるAKBの総選挙のj子ちゃんへの投票数であり、$\theta_j = \sum_{i=1}^{N_c} \theta_{ji}$がj子ちゃんへの総投票数に当たります。

概念的にはこういうことですが、$\frac{\theta_j}{n}$ は直接はかれないので、プレファレンスを実際に測るには、第6章で紹介したBP-10やコンセプト・テストの購入意向を使用します（第6章の式（3）と（4）を参照）。

ここで注意したいことがあります。玉を取り出す回数Nとカテゴリーを買う回数と混同しないでください。このNは馬に蹴られて死ぬ確率のところで話しました、何も起こらない（何も買わない）圧倒的に多い白玉を引くことも含めた回数です。

もう1つのパラメーター（k_j）は、最初にあった赤玉の数（θ_j）を1回ずつ袋に足す玉の数（d_j）で割った値でθ_jの関数です。分散の式が示す様に、赤玉が多くなる（プレファレンスが増える）ことにより分散が大きくなり、浸透率θに対しての微分（正）が示すように、より多くの人に広がります。市場の構造上（NBD）プレファレンスが高くなればより人々に広がり分散が高くなります。

最後にdを説明します。dは選ばれたこと自体が次の選ばれる確率に正の影響を与える要素です。例えば道路にたまたま穴ぼこができます。車がその上を通り少し穴は大きくなり、より多くの車が穴の上を通ります。この状態が繰り返され、穴はますます大きくなります。この仕組みと大きくなる度合を表すのがdです。

6 デリシュレーNBDモデル

デリシュレーNBDモデルは、「負の二項分布（NBD）」の考え方を拡張したモデルで、カテゴリーの中のブランド間の関係を教えてくれます。モデルの基本的な仮説に合わない非常に規則的に買われるタバコのような商品や短期間に急激に変貌しているカテゴリーには、うまく適合しません。式（14）の$P_r(R, r_1, r_2, \cdots, r_j, \cdots, r_g)$は、期間Tにカテゴリーの購入回数がR回で、その内訳が、ブランド

1 = r_1回、ブランドj = r_j回、ブランドg = r_g回の全体の世帯に対する割合を意味しています。表1・4のそれぞれのブランドの予測は、四半期の購入頻度に基づくマーケット・シェア、カテゴリーの全世帯当たりの平均購入回数（M＝1.46回）、NBDのK（K=0.78）、モデル特有のパラメーターS（S=1.2）をインプットに使い計算しています。年間の予測は、単位期間の四半期の4倍になっているので、M・T＝1.46回×4＝5.84回として同様に式（14）で計算しております。その他のインプットは、四半期とおなじです。

$$P_r(R,\ r_1,r_2,\cdots,r_j,\cdots,r_g) = \frac{\Gamma(S)}{\Pi_{j=1}^{g}\Gamma(\alpha_j)} \cdot \frac{\Pi_{j=1}^{g}\Gamma(r_j+\alpha_j)}{\Gamma(S+R)} \cdot \frac{1}{\Pi_{j=1}^{g}r_j!} \cdot \frac{\Gamma(R+K)}{\Gamma(K)} \cdot \left(1+\frac{K}{M\cdot T}\right)^{-R} \cdot \left(1+\frac{M\cdot T}{K}\right)^{-K}$$

式（14）

$\alpha_j = S \times$（ブランドjの購入頻度に基づくマーケットシェア）　式（15）

$S = \sum_{j=1}^{g}\alpha_j$　式（16）

このモデルは、表1-3に示すように広範囲のカテゴリーに適用可能で、日々我々が対応している、カテゴリーの構造の基本的理解に非常に役立ちます。すなわち現実の消費者の購買行動は、ほぼ仮説に沿って行われているのです。第1章で紹介した仮説をもう少し数学的に述べます。

仮説
1) 消費者各自の購買行動は独立事象（消費者1人1人が独自に購買決定をしている）。
2) 購入行動はランダムに発生している。
3) 消費者各自（C_i）は、一定なカテゴリーの長期的平均値μ_iを持つ（それぞれのカテゴリーに対してほぼ一定のプレファレンスを持っている）。消費者各自（C_i）のある単位期間のカテゴリ購入回数

(R_i）はポアソン分布している。$Ri \sim Poisson(\mu_i)$

4) カテゴリーの長期平均購入回数（μ）は消費者間で異なり、ガンマ分布している。 $\mu \sim Gamma\left(K, \frac{M}{K}\right)$

5) 期間Tにおける各ブランドの購入回数（r_j）の消費者間の違いは、ガンマ分布（α_j, β）に従う。本来4番目の仮定をブランドのレベルにあてはめると、長期の平均購入回数（λ_j）はガンマ分布 $\lambda_j \sim Gamma\left(k_j, \frac{m_j}{k_j}\right)$ しています。これを期間Tにおける各ブランドの購入回数（r_j）に適用したのがこの仮定です。ただ異なるのは、αはブランド間で異なるが、βはブランド間で一定であることです。この購入回数（r_j）に関する仮定は結果としてブランドを選ぶ確率（p）がデリシュレー分布することを述べています。ただ本来、1)～4)の仮定をブランドにあてはめると、期間Tにおける各ブランドの購入回数（r_j）は負の二項分布します。ですからこの仮定はガンマ分布でNBDを近似しているのです。

6) 各消費者は、各ブランドに対して一定の購買確率を持っており、ブランドの購入（r）は多項分布に従う。各人のカテゴリーの購入時のブランド購入確率（p）は、それぞれのブランドについて長期的に見ると決まっている。ただカテゴリー購入時にどれを選ぶかはランダムである。

7) 異なる人々の各々のカテゴリー平均購入回数と、人々のそれぞれのブランドを選択する確率とは、互いに独立。すなわち特定のカテゴリー購入回数の人が、特定のブランドを特定の確率で購入しているような事が起こらない。

上の1)から4)は、NBDと同じ仮定です。これら1)～7)の仮定

を概念的な式にまとめたのが式（17）です。

$$P(R, r_1, r_2, \cdots, r_j, \cdots, r_g)$$
$$= \{Multinomial(r\,|\,p,R)\widehat{p}\,Dirichlet\{p\,|\,\alpha\}\}\widehat{R}\underbrace{\left\{Poisson(R\,|\,\mu T)\widehat{\mu}\,Gamma\left(\mu\,|\,K,\frac{M}{K}\right)\right\}}_{NBD}$$

式（17）

　この式が意味しているのはこのようなことです。分布式の名前（変数｜パラメーター）がそれぞれ書いてあり、$\widehat{X}$ はその次の分布式に従って分布する事を表します。例えばポアソン分布の長期的単位期間当たりのカテゴリー平均購入回数の μ は、$\left(K, \dfrac{M}{K}\right)$ をパラメーターとするガンマ分布している。今度は各消費者（C_i）のレベルから順に見ましょう。カテゴリーの購入活動は、単位期間当たりの平均購入回数（μ_i）に期間Tを掛けた（$\mu_i T$）をパラメーターとするポアソン分布に従い、μ は消費者間で異なってガンマ分布し、これによりカテゴリーの購入回数（R）の分布が決まる。それぞれのカテゴリーの購入回数別のブランド間の購入状況は同じである（仮説7））。そして各ブランドの購入回数（r）は多項分布（Multinomial Distribution）により決まり、各ブランドの購入確率（p_j）は（α_j）をパラメーターとするデリシュレー分布している。これらの分布式の関係を期間Tにおいてブランド別にまとめたのが表9-6です。（E）列はNBDモデルとの関係を明瞭にするために参考として付け加えました。この（E）列で使うのはカテゴリーの分布 $R \sim NBD(K, MT)$ だけです。

表9-6 期間Tのカテゴリー・ブランド別の購買活動の分布式一覧

銘柄(j)	期間T				単位期間
	購入回数	購入確率 $1 \geq p \geq 0$	$r \sim Gamma(\alpha, \beta)$ Dirichlet分布の為の仮定	購入回数の分布式	長期的平均値の分布
(A)	(B)	(C)	(D)	(E)	(F)
ブランド$_1$	r_1	p_1	$r_1 \sim Gamma(\alpha_1, \beta)$	$r_1 \sim NBD(k_1, m_1 T)$	$\lambda_1 \sim Gamma(k_1, \frac{m_1}{k_1})$
⋮	⋮	⋮	⋮	⋮	⋮
ブランド$_j$	r_j	p_j	$r_j \sim Gamma(\alpha_j, \beta)$	$r_j \sim NBD(k_j, m_j T)$	$\lambda_j \sim Gamma(k_j, \frac{m_j}{k_j})$
⋮	⋮	⋮	⋮	⋮	⋮
ブランド$_g$	r_g	$1 - \sum_{j=1}^{g-1} P_j$	$r_g \sim Gamma(\alpha_g, \beta)$	$r_g \sim NBD(k_g, m_g T)$	$\lambda_g \sim Gamma(k_g, \frac{m_g}{k_g})$
カテゴリー	R	100%	$R \sim Gamma(S, \beta)$	$R \sim NBD(K, MT)$	$\mu \sim Gamma(K, \frac{M}{K})$
縦の分布その他	$p \sim Dirichlet(\alpha)$ $r \sim Multinomial(p, R)$		$E[r_j] = \alpha_j \cdot \beta = m_j T$ $S = \sum_{j=1}^{g} \alpha_j$	$E[R] = MT$ $= \sum_{j=1}^{g} m_j T$	$E(\mu) = \sum_{j=1}^{g} E(\lambda_j) = M$

式(17)は複雑なので大きく2つのパートに分けて説明します。

$P(R, r_1, r_2, \cdots, r_j, \cdots, r_g)$

$= \underbrace{\{Multinomial(r \mid p, R) \widehat{p} \, Dirichlet\{p \mid \alpha\}\}}_{\text{パート2}} \widehat{R} \underbrace{\{Poisson(R \mid \mu T) \widehat{\mu} \, Gamma(\mu \mid K, \frac{M}{K})\}}_{\text{パート1(NBD)}}$ 式(17)

パート1:

ア) ガンマ分布とSの正体:

　ガンマ分布は、ポアソン分布の回数に着目してr回購入する確率を時間軸で見るように変換した連続関数です。ただし時間軸にはこだわらないで下さい。大事な点は、連続的に変化するものに当てはめられることと、成功は成功を呼ぶ現象を反映できることです。

ガンマ分布をわかりやすく言えば、ある確率の発生がその確率発生を高めていくことを示す確率分布です。道路に1つ穴ぼこができれば、その穴ぼこに人や車が引っかかりやすくなり、どんどん穴ぼこが大きくなります。ある芸人が1つのTV番組に出て面白いと評価されると、多くの番組に呼ばれてますます知っている人が増え、どんどんブレイクしていきます。逆に、病気を1つすると、別の病気にも罹患（りかん）しやすくなって不健康が不健康を呼ぶような状態になるときもあります。これらが確率のガンマ分布です。

　ガンマ分布では、2つのパラメーター（母数）を含み、通常(α,β)の記号を使います。αが分布の形状をきめ、βがスケール（尺度）を決めます。平均は、$\alpha\cdot\beta$で求められます。分散は、$\alpha\cdot\beta^2$です。ブランドの購入回数rを変数としたとき分布式は下記になります。

$$Gamma(r\mid\alpha,\beta)=\frac{(r)^{\alpha-1}}{\Gamma(\alpha)\cdot\beta^\alpha}\cdot e^{-\frac{r}{\beta}} \qquad 式（18）$$

平均値は、$\alpha\cdot\beta$ 式（19）

分散は、$\alpha\cdot\beta^2$ 式（20）

　ガンマ分布には、加法性という特性があります。表9-6の（D）の列を見てください。$r_j\sim Gamma(\alpha_j,\beta)$で、$R=\sum_{j=1}^{g}r_j$です。Rの分布式はこの加法性により$R\sim Gamma(\sum_{j=1}^{g}\alpha_j,\beta)$となります。$S=\sum_{j=1}^{g}\alpha_j$とすると式（19）より$E(R)=S\beta=MT\to\beta=\frac{MT}{S}$, $S=\frac{MT}{\beta}$（SはMの関数。→Sはプレファレンスの関数）。$E[r_j]=\alpha_j\cdot\beta$より $\alpha_j=\frac{m_jT}{\beta}=\frac{m_jT}{1}\times\frac{S}{MT}=S\times\frac{m_j}{M}$と式（15）が得られる。$R\sim NBD(K,MT)$であり、仮定より$R\sim Gamma(S,\beta)$であるから、Sと$\beta$は$NBD(K,MT)$を近似するパラメーターである。今確認のため

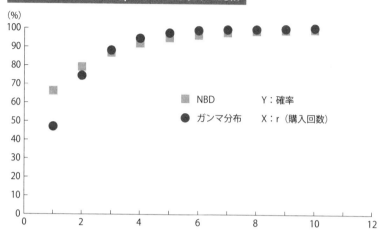

図9-1 ガンマ分布（S,β）とNBD（K,M）の比較

表1-4の歯磨き粉の四半期のデータ（K=0.78, M=1.46, T=1, S=1.20, β=1.22）でざっくり見てみましょう。図9-1はどのように購入回数ごとに購入確率が増加していくか示します。デリシュレーに変換する際にβは消去されてしまいますので、デリシュレーNBDモデルを使うときに計算が必要なのは、Sのみです。Sの計算の仕方は、巻末解説2を参考にしてください。最後に$E(R)=E(\mu \cdot T)$です。$\mu \cdot T \sim Gamma\left(K, \frac{MT}{K}\right)$なので$R \sim Gamma\left(K, \frac{MT}{K}\right)$であれば$S=K$。これで、Sが大体どのようなものか理解できたでしょうか。

イ）ポアソン分布とガンマ分布から負の二項分布へ：

ポアソン分布のμ_iが、$K, \frac{M}{K}$をパラメーターとするガンマ分布に従って分布すると負の二項分布になります。そのことを数式で確認してみましょう。ポアソン分布の式、ガンマ分布の式に書いてある、パラメーターを代入します。$Poisson(R|\mu T)$はμT（T期間における

個人別のカテゴリー平均購入回数）をパラメーターとするRの関数です。μT が決まった時カテゴリーの購入回数（R）別の個人の確率を与えてくれます。$Gamma\left(\mu | K, \frac{M}{K}\right)$ は、$K, \frac{M}{K}$ が決まった時、個人個人の単位期間当たりのカテゴリーの平均購入回数μがどのように分布しているか示します。ですから2つの分布式を掛けてμについて積分すれば、カテゴリーの購入回数（R）別の消費者全体の確率が得られます。

$$Poisson(R|\mu T) = \frac{(\mu \cdot T)^R \cdot e^{-\mu T}}{R!}, \quad Gamma\left(\mu | K, \frac{M}{K}\right) = \frac{\mu^{K-1}}{\Gamma(K) \cdot \left(\frac{M}{K}\right)^K} \cdot e^{-\frac{\mu}{\left(\frac{M}{K}\right)}}$$

$$\left\{ Poisson(R|\mu T) \widehat{\mu} \, Gamma\left(\mu | K, \frac{M}{K}\right) \right\}$$

$$= \int_0^\infty \left\{ \frac{(\mu \cdot T)^R \cdot e^{-\mu T}}{R!} \right\} \cdot \left\{ \frac{\mu^{K-1}}{\Gamma(K) \cdot \left(\frac{M}{K}\right)^K} \cdot e^{-\mu \cdot \frac{K}{M}} \right\} d\mu$$

$$= \int_0^\infty \frac{\left(\frac{M}{K}\right)^{-K} \cdot (T)^R}{R!} \cdot \frac{\mu^R}{\Gamma(K)} \cdot \frac{\mu^{K-1}}{1} \cdot \frac{e^{-\mu \cdot \left(T + \frac{K}{M}\right)}}{1} d\mu$$

$$= \int_0^\infty \overbrace{\left(\frac{\left(\frac{M}{K}\right)^{-K} \cdot (T)^R}{R! \cdot \Gamma(K)}\right)}^{\mu を含まない \int_0^\infty の外に取り出せる} \times \frac{\mu^{R+K-1} \cdot e^{-\mu \cdot \left(\frac{MT+K}{M}\right)}}{1} d\mu$$

$$= \left(\frac{\left(\frac{M}{K}\right)^{-K} \cdot (T)^R}{R! \cdot \Gamma(K)}\right) \cdot \int_0^\infty \frac{\Gamma(K+R)}{\Gamma(K+R)} \cdot \frac{\left(\frac{M}{MT+K}\right)^{K+R}}{\left(\frac{M}{MT+K}\right)^{K+R}} \cdot \frac{\mu^{K+R-1} \cdot e^{-\frac{\mu}{\left(\frac{M}{MT+K}\right)}}}{1} d\mu$$

$$= \frac{\left(\frac{M}{MT+K}\right)^{K+R} \cdot \Gamma(K+R)}{1} \cdot \left(\frac{\left(\frac{M}{K}\right)^{-K} (T)^R}{R! \cdot \Gamma(K)}\right).$$

$$\int_0^\infty \overbrace{\frac{\mu^{K+R-1}}{\Gamma(K+R)\cdot\left(\frac{M}{MT+K}\right)^{K+R}}\cdot e^{-\frac{\mu}{\left(\frac{M}{MT+K}\right)}}}^{=1,\,ガンマ分布\,(K+R,\,\frac{M}{MT+K})}d\mu$$

$$=\frac{\left(\frac{M}{MT+K}\right)^{K}\cdot\left(\frac{M}{MT+K}\right)^{R}\cdot\Gamma(K+R)\cdot\left(\frac{M}{K}\right)^{-K}\cdot(T)^{R}}{R!\cdot\Gamma(K)}$$

$$=\frac{\left(\frac{K+MT}{M}\right)^{-k}\left(\frac{M}{K}\right)^{-K}\cdot\Gamma(K+R)\cdot\left(\frac{MT}{MT+K}\right)^{R}}{R!\cdot\Gamma(K)}$$

$$=\left(1+\frac{MT}{K}\right)^{-k}\cdot\frac{\Gamma(K+R)}{R!\cdot\Gamma(K)}\cdot\left(\frac{MT}{MT+K}\right)^{R} \quad 式(21)$$

Rをr、T＝1、R!＝Γ（r＋1）に置き換えれば、負の二項分布で導きだした式（11）とまったく同じです。この式では赤玉の出る回数rの代わりに、カテゴリーの購入回数Rを使用しています。この式は、カテゴリーだけでなく、各ブランドにおいても現実のデータに当てはまります。これでパート1は、終わりました。では次にガンマ分布からデリシュレーを導きます。

パート2：
ウ）ガンマ分布からデリシュレー分布へ

　ブランド$1 \cdots j \cdots g$の購入回数　$r_1, r_2, r_3, \cdots, r_j, \cdots, r_g$は、独立な（掛け算して良い）確率変数で、それぞれ仮定によりガンマ分布(α_j, β)します。今$(r_1, r_2, r_3, \cdots, r_j, \cdots, r_g)$の関数をGとすると、$r_1, r_2, r_3, \cdots, r_j, \cdots, r_g$はそれぞれ独立でガンマ分布するので、関数Gはそれぞれの分布式を掛け合わせた形になります。$\prod_{j=1}^{g} x_j$を使い表してみましょう。この記号はシグマ記号の掛け算版で、この場合x_1から順にx_gまで掛けなさいと言う指示です。$\prod_{j=1}^{g} x_j = x_1 \times x_2 \times x_3 \times \cdots \times x_j \times \cdots \times x_g$とい

う意味です。

$$G(r_1, r_2, r_3, \cdots, r_j, \cdots, r_g) = \prod_{j=1}^{g} \frac{1}{\Gamma(\alpha_j) \cdot \beta^{\alpha_j}} \cdot (r_j)^{\alpha_j - 1} \cdot e^{-\frac{r_j}{\beta}}$$

これから、$G(r_1, r_2, r_3, \cdots, r_j, \cdots, r_g)$ の関数を、各銘柄の購入確率の関数 $H_{g-1}(p_1, p_2, p_3, \cdots, p_j, \cdots, p_{g-1})$ に変換します。DからFに射影変換します。

$D = \{(r_1, r_2, r_3, \cdots, r_j, \cdots, r_g) : 0 \leq r_j < \infty, j = 1, 2, 3 \cdots j \cdots g\}$

$F = \{(p_1, p_2, p_3, \cdots, p_j, \cdots, p_{g'}) : 0 \leq p_j \leq 1, j = 1, 2, 3 \cdots j \cdots g', p_1 + p_2 + p_3 \cdots + p_j + \cdots + p_{g-1} < 1\}$

$p_j = \frac{r_j}{r_1 + r_2 + r_3 + \cdots + r_j + \cdots + r_g}, j = \{1, 2, 3, \cdots, j, \cdots, g-1\}$, $p_{g'} = r_1 + r_2 + r_3 + \cdots + r_j + \cdots + r_g$ とする。

$r_j = w_j(p_1, p_2, p_3, \cdots, p_j, \cdots, p_{g'})$ を関数 w_j で表せ、$r_j = w_j(p_1, p_2, p_3, \cdots, p_j, \cdots, p_{g'}) = p_j \times p_{g'}$。

求める関数は、

$H_g(p_1, p_2, p_3, \cdots, p_j, \cdots, p_{g-1}, p_{g'}) = G\{w_1(p_1, \cdots, p_{g'}), \cdots, w_{g-1}(p_1, \cdots, p_{g'}), w_g(p_1, \cdots, p_{g'})\} \cdot |J|$

上記の規定より、

$r_1 = (p_1 \cdot p_{g'})$, $r_2 = (p_2 \cdot p_{g'})$, $\cdots$, $r_{g-1} = (p_{g-1} \cdot p_{g'})$, $r_g = (1 - \sum_{j=1}^{g-1} p_j) \cdot p_{g'}$

$$|J| = \begin{vmatrix} \frac{\partial r_1}{\partial p_1} & \frac{\partial r_1}{\partial p_2} & \cdots & \frac{\partial r_1}{\partial p_{g'}} \\ \frac{\partial r_2}{\partial p_1} & \frac{\partial r_2}{\partial p_2} & \vdots & \frac{\partial r_2}{\partial p_{g'}} \\ \frac{\partial r_3}{\partial p_1} & \frac{\partial r_3}{\partial p_2} & \ddots & \frac{\partial r_g}{\partial p_{g'}} \\ \vdots & \vdots & \vdots & \vdots \\ \frac{\partial r_g}{\partial p_1} & \frac{\partial r_g}{\partial p_2} & \cdots & \frac{\partial r_g}{\partial p_{g'}} \end{vmatrix} = \begin{vmatrix} p_{g'} & 0 & & \cdots & & 0 & p_1 \\ 0 & p_{g'} & & \ddots & \cdots & 0 & p_2 \\ \vdots & 0 & & \ddots & & \vdots & \vdots \\ \vdots & \vdots & & \ddots & 0 & & \vdots \\ \underbrace{-p_{g'} \; -p_{g'} \; -p_{g'} \; -p_{g'} \; -p_{g'} \; 1-\sum_{j=1}^{g-1} p_j}_{\text{行を足しても変わらない}} \end{vmatrix} = \begin{vmatrix} p_{g'} & 0 & 0 & \cdots & 0 & p_1 \\ 0 & p_{g'} & 0 & \cdots & 0 & p_2 \\ 0 & 0 & p_{g'} & 0 & 0 & p_3 \\ \vdots & \vdots & \ddots & \ddots & 0 & \vdots \\ 0 & 0 & 0 & 0 & p_{g'} & p_{g-1} \\ 0 & 0 & 0 & \cdots & 0 & 1 \end{vmatrix} = (p_{g'})^{g-1}$$

$$H_g(p_1, p_2, p_3, \cdots, p_j, \cdots, p_{g'}) = \left[\prod_{j=1}^{g-1} \frac{(p_j \cdot p_{g'})^{\alpha_j - 1} \cdot e^{-\frac{(p_j \cdot p_{g'})}{\beta}}}{\Gamma(\alpha_j) \cdot \beta^{\alpha_j}} \right] \cdot \left[\frac{\{(1 - \sum_{j=1}^{g-1} p_j) \cdot p_{g'}\}^{\alpha_g - 1}}{\Gamma(\alpha_g) \cdot \beta^{\alpha_g}} \cdot e^{-\frac{(1 - \sum_{j=1}^{g-1} p_j) \cdot p_{g'}}{\beta}} \right] |J|$$

$$= \frac{(p_1 \cdot p_{g'})^{\alpha_1-1} \cdots (p_{g-1} \cdot p_{g'})^{\alpha_{g-1}-1} \cdot \{(1-\sum_{j=1}^{g-1}p_j) \cdot p_{g'}\}^{\alpha_g-1}}{\prod_{j=1}^{g}\Gamma(\alpha_j)} \cdot \frac{\prod_{j=1}^{g-1}e^{-\frac{(p_j \cdot p_{g'})}{\beta}}}{\prod_{j=1}^{g}\beta^{\alpha_j}} \cdot \frac{e^{-\frac{(1-\sum_{j=1}^{g-1}p_j) \cdot p_{g'}}{\beta}}}{1} \cdot (p_{g'})^{g-1}$$

$$= \frac{\prod_{j=1}^{g-1}(p_j)^{\alpha_j-1} \cdot (p_{g'})^{\sum_{j=1}^{g-1}\alpha_j} \cdot (p_{g'})^{-(g-1)} \cdot (p_{g'})^{g-1} \cdot \{(1-\sum_{j=1}^{g-1}p_j) \cdot p_{g'}\}^{\alpha_g-1}}{\prod_{j=1}^{g}\Gamma(\alpha_j)} \cdot \frac{e^{-\frac{(\sum_{j=1}^{g-1}p_j) \cdot p_{g'}+(1-\sum_{j=1}^{g-1}p_j) \cdot p_{g'}}{\beta}}}{\beta^{\sum_{j=1}^{g}\alpha_j}}$$

$$= \frac{\prod_{j=1}^{g-1}(p_j)^{\alpha_j-1} \cdot (1-\sum_{j=1}^{g-1}p_j)^{\alpha_g-1} \cdot (p_{g'})^{(\sum_{j=1}^{g}\alpha_j)-1}}{\prod_{j=1}^{g}\Gamma(\alpha_j)} \cdot \frac{e^{-\frac{p_{g'}}{\beta}}}{\beta^{\sum_{j=1}^{g}\alpha_j}}$$

$$H_{g-1}(p_1,p_2,p_3,\cdots,p_j,\cdots,p_{g-1}) = \int_0^\infty H_g(p_1,p_2,p_3,\cdots,p_j,\cdots,p_{g'})dp_{g'}$$

$$= \int_0^\infty \frac{\prod_{j=1}^{g-1}(p_j)^{\alpha_j-1} \cdot (1-\sum_{j=1}^{g-1}p_j)^{\alpha_g-1} \cdot (p_{g'})^{(\sum_{j=1}^{g}\alpha_j)-1}}{\prod_{j=1}^{g}\Gamma(\alpha_j)} \cdot \frac{e^{-\frac{p_{g'}}{\beta}}}{\beta^{\sum_{j=1}^{g}\alpha_j}} dp_{g'}$$

$$= \frac{\prod_{j=1}^{g-1}(p_j)^{\alpha_j-1} \cdot (1-\sum_{j=1}^{g-1}p_j)^{\alpha_g-1}}{\prod_{j=1}^{g}\Gamma(\alpha_j)} \cdot \frac{\Gamma(\sum_{j=1}^{g}\alpha_j)}{\Gamma(\sum_{j=1}^{g}\alpha_j)} \int_0^\infty \frac{\cdot (p_{g'})^{(\sum_{j=1}^{g}\alpha_j)-1}}{1} \cdot \frac{e^{-\frac{p_{g'}}{\beta}}}{\beta^{\sum_{j=1}^{g}\alpha_j}} dp_{g'}$$

$$= \frac{\prod_{j=1}^{g-1}(p_j)^{\alpha_j-1} \cdot (1-\sum_{j=1}^{g-1}p_j)^{\alpha_g-1}}{\prod_{j=1}^{g}\Gamma(\alpha_j)} \cdot \frac{\Gamma(\sum_{j=1}^{g}\alpha_j)}{1} \cdot \overbrace{\int_0^\infty \frac{(p_{g'})^{(\sum_{j=1}^{g}\alpha_j)-1}}{\Gamma(\sum_{j=1}^{g}\alpha_j)} \cdot \frac{e^{-\frac{p_{g'}}{\beta}}}{\beta^{\sum_{j=1}^{g}\alpha_j}} dp_{g'}}^{=1, \text{ガンマ分布}(\sum_{j=1}^{g}\alpha_j, \beta)}$$

$$Dirichlet\{p|\alpha\} = \frac{\Gamma(\sum_{j=1}^{g}\alpha_j)}{\prod_{j=1}^{g}\Gamma(\alpha_j)} \cdot (\prod_{j=1}^{g-1}(p_j)^{\alpha_j-1}) \cdot (1-\sum_{j=1}^{g-1}p_j)^{\alpha_g-1} \quad \text{式 (22)}$$

これで各ブランドの購入回数のガンマ分布をとりまとめて、デリシュレーの分布式を導きだしました。

$g = 2$ の時、上記式は、ベータ分布となります。自社のブランドをブランド1と考え、それ以外をブランド2と考えれば、簡単に α_1, α_2 を計算できるので、分析と予測に使えます。

$$\frac{\Gamma(\alpha_1+\alpha_2)}{\Gamma(\alpha_1) \cdot \Gamma(\alpha_2)} p_1^{\alpha_1-1} \cdot (1-p_1)^{\alpha_2-1} \quad \text{式 (23)}$$

エ）多項分布とデリシュレー分布とを合体：

多項分布：

　多項分布は、二項分布を拡張したものです。例えば1からgまでのブランドがあり、それぞれのブランドjを1回で選ぶ確率がp_jとします。それぞれブランドが$r_1, r_2, \cdots, r_j, \cdots, r_{g-1}$回売れる時の確率は、それぞれ、$p_1^{r_1}, p_2^{r_2}, \cdots, p_j^{r_j}, \cdots, p_{g-1}^{r_{g-1}}$となり、$\sum_{j=1}^{g} p_j = 1$です。ですから最後のブランドgの確率は$1 - \sum_{j=1}^{g-1} p_j$となります。ブランドが1からgまで順に$r_1, r_2, \cdots, r_j, \cdots, r_g$の回数で現れる確率は、$\prod_{j=1}^{g-1} p_j^{r_j} \cdot (1 - \sum_{j=1}^{g-1} p_j)^{r_g}$になります。この確率に二項分布と同様にR回中に$r_1, r_2, \cdots, r_j, \cdots, r_g$現れる場合の数 $\dfrac{R!}{r_1! \, r_2! \cdots r_j! \cdots r_g!}$ を掛ければよいのです。もとめる式は下のようになります。

$$Multinomial(r \mid p, R) = \frac{R!}{r_1! \, r_2! \cdots r_j! \cdots r_g!} \prod_{j=1}^{g-1} p_j^{r_j} \cdot (1 - \sum_{j=1}^{g-1} p_j)^{r_g}$$

式（24）

多項分布とデリシュレー分布とを合体：

　多項分布のそれぞれのブランドの選択される確率(p_j)は、カテゴリーの購入回数（R）に対して独立してデリシュレー分布しているので掛け合わせることができます。次に各ブランドごとに確率(p_j)に対し順次積分すれば、$P(R, r_1, r_2, \cdots, r_j, \cdots, r_g)$を求めることができます。

$$P(R, r_1, r_2, \cdots, r_j, \cdots, r_g) = \int Multinomial(r \mid R, p) \cdot Dirichlet\{p \mid \alpha\} dp$$

$$= \int_0^1 \int_0^{1-p_1} \cdots \int_0^{1-\sum_{j=1}^{g-2} p_j} \overbrace{\binom{R}{r_1, r_2, \cdots, r_g} \prod_{j=1}^{g-1} p_j^{r_j} \cdot \left(1 - \sum_{j=1}^{g-1} p_j\right)^{r_g}}^{\text{多項分布}} \overbrace{\frac{\Gamma(\sum_{j=1}^{g} \alpha_j)}{\prod_{j=1}^{g} \Gamma(\alpha_j)} \cdot \left(\prod_{j=1}^{g-1} (p_j)^{\alpha_j - 1}\right) \cdot \left(1 - \sum_{j=1}^{g-1} p_j\right)^{\alpha_g - 1}}^{\text{デリシュレー}} dp_g \cdots dp_j \cdots dp_2 dp_1$$

巻末解説1　確率理論の導入とプレファレンスの数学的説明

$$= \binom{R}{r_1, r_2, \cdots, r_j, \cdots, r_g} \frac{\Gamma(\sum_{j=1}^{g}\alpha_j)}{\prod_{j=1}^{g}\Gamma(\alpha_j)} \cdot \int_0^1 \cdots \int_0^{1-\sum_{j=1}^{g-1}p_j} \left(\prod_{j=1}^{g-1} p_j^{\alpha_j+r_j-1}\right) \cdot \left(1-\sum_{j=1}^{g-1}p_j\right)^{r_g+\alpha_g-1} d_{p_g} \cdots d_{p_1}$$

$$= \frac{R!}{\prod_{j=1}^{g}r_j!} \cdot \frac{\Gamma(\sum_{j=1}^{g}\alpha_j)}{\prod_{j=1}^{g}\Gamma(\alpha_j)} \cdot \frac{\prod_{j=1}^{g}\Gamma(\alpha_j+r_j)}{\Gamma(\sum_{j=1}^{g}(\alpha_j+r_j))} \cdot \frac{\Gamma(\sum_{j=1}^{g}(\alpha_j+r_j))}{\prod_{j=1}^{g}\Gamma(\alpha_j+r_j)} \int_0^1 \cdots \int_0^{1-\sum_{j=1}^{g-1}p_j} \frac{\Gamma(\sum_{j=1}^{g}(\alpha_j+r_j))}{\prod_{j=1}^{g}\Gamma(\alpha_j+r_j)} \left(\prod_{j=1}^{g-1}p_j^{\alpha_j+r_j-1}\right) \cdot \left(1-\sum_{j=1}^{g-1}p_j\right)^{r_g+\alpha_g-1} d_{p_g} \cdots d_{p_1}$$

$$\overbrace{= 1, デリシュレー分布}$$

$$= \frac{R!}{\prod_{j=1}^{g}r_j!} \cdot \frac{\Gamma(\sum_{j=1}^{g}\alpha_j)}{\prod_{j=1}^{g}\Gamma(\alpha_j)} \cdot \frac{\prod_{j=1}^{g}\Gamma(\alpha_j+r_j)}{\Gamma(\sum_{j=1}^{g}(\alpha_j+r_j))} \int_0^1 \cdots \int_0^{1-\sum_{j=1}^{g-1}p_j} \frac{\Gamma(\sum_{j=1}^{g}(\alpha_j+r_j))}{\prod_{j=1}^{g}\Gamma(\alpha_j+r_j)} \cdot \left(\prod_{j=1}^{g-1}p_j^{\alpha_j+r_j-1}\right) \cdot \left(1-\sum_{j=1}^{g-1}p_j\right)^{\alpha_g+r_g-1} d_{p_g} \cdots d_{p_1}$$

$$= \frac{R!}{\prod_{j=1}^{g}r_j!} \cdot \frac{\Gamma(\sum_{j=1}^{g}\alpha_j)}{\prod_{j=1}^{g}\Gamma(\alpha_j)} \cdot \frac{\prod_{j=1}^{g}\Gamma(\alpha_j+r_j)}{\Gamma(\sum_{j=1}^{g}(\alpha_j+r_j))}$$

$$= \frac{R!}{\prod_{j=1}^{g}r_j!} \cdot \frac{\Gamma(S)}{\prod_{j=1}^{g}\Gamma(\alpha_j)} \cdot \frac{\prod_{j=1}^{g}\Gamma(\alpha_j+r_j)}{\Gamma(S+R)} \qquad 式（25）$$

パート3：
デリシュレーNBDモデル：

　式（21）でカテゴリーの購入回数別の分布（構成比）が分かり、式（25）で購入回数別の$(r_1, r_2, \cdots r_j \cdots r_g)$分布が計算でき、それぞれが独立なので掛け算することにより、$P(R, r_1, r_2, \cdots, r_j, \cdots, r_g)$が求められます。

$$P(R, r_1, r_2, \cdots, r_j, \cdots, r_g) = \{Multinomial(r \mid p, R) \widehat{p} Dirichlet\{p \mid \alpha\}\} \widehat{R} \left\{Poisson(R \mid \mu T) \widehat{\mu} Gamma\left(\mu \mid K, \frac{M}{K}\right)\right\}$$

$$= \left\{\frac{R!}{\prod_{j=1}^{g}r_j!} \cdot \frac{\Gamma(S)}{\prod_{j=1}^{g}\Gamma(\alpha_j)} \cdot \frac{\prod_{j=1}^{g}\Gamma(\alpha_j+r_j)}{\Gamma(S+R)}\right\} \cdot \left\{\left(1+\frac{MT}{K}\right)^{-K} \frac{\Gamma(K+R)}{R! \cdot \Gamma(K)} \cdot \left(\frac{MT}{MT+K}\right)^R\right\} \quad 式(26)$$

$$= \frac{\Gamma(S)}{\prod_{j=1}^{g}r_j! \cdot \prod_{j=1}^{g}\Gamma(\alpha_j)} \cdot \frac{\prod_{j=1}^{g}\Gamma(\alpha_j+r_j)}{\Gamma(S+R)} \cdot \frac{\Gamma(K+R)}{\Gamma(K)} \left(\frac{MT}{MT+K}\right)^R \cdot \left(1+\frac{MT}{K}\right)^{-K}$$

$$= \frac{\Gamma(S)}{\Gamma(K)} \cdot \frac{\Gamma(K+R)}{\Gamma(S+R)} \cdot \frac{\prod_{j=1}^{g} \Gamma(\alpha_j + r_j)}{\prod_{j=1}^{g} \Gamma(\alpha_j) \cdot \prod_{j=1}^{g} r_j!} \cdot \left(\frac{MT}{MT+K}\right)^R \cdot \left(1+\frac{MT}{K}\right)^{-K} \quad \text{式 (27)}$$

g = 2（ブランドjとその他をまとめて1つのブランドとして扱う）の場合：

式 (26) より $P(R, r_j, R-r_j)$

$$= \left\{ \frac{R!}{r_j! \cdot (R-r_j)!} \frac{\Gamma(S)}{\Gamma(\alpha_j)\Gamma(S-\alpha_j)} \frac{\Gamma(\alpha_j+r_j) \cdot \Gamma(S-\alpha_j+R-r_j)}{\Gamma(S+R)} \right\}$$

$$\cdot \left\{ \left(1+\frac{MT}{K}\right)^{-K} \frac{\Gamma(K+R)}{R! \cdot \Gamma(K)} \left(\frac{MT}{MT+K}\right)^R \right\} \quad \text{式 (28)}$$

$\frac{\Gamma(S)}{\Gamma(\alpha_j)\Gamma(S-\alpha_j)} = \frac{1}{B(\alpha_j, S-\alpha_j)}$, $\frac{\Gamma(\alpha_j+r_j) \cdot \Gamma(S-\alpha_j+R-r_j)}{\Gamma(S+R)}$

$= B(\alpha_j+r_j, S-\alpha_j+R-r_j)$ に置き換える。

$B(\ )$：はベータ関数を表します。

$$= \overbrace{\left\{ \frac{R!}{r_j! \cdot (R-r_j)!} \cdot \frac{B(\alpha_j+r_j, S-\alpha_j+R-r_j)}{B(\alpha_j, S-\alpha_j)} \right\}}^{=p(r_j|R)}$$

$$\cdot \left\{ \left(1+\frac{MT}{K}\right)^{-K} \frac{\Gamma(K+R)}{R! \cdot \Gamma(K)} \cdot \left(\frac{MT}{MT+K}\right)^R \right\} \quad \text{式 (29)}$$

S = K の場合式 (27) より

$$P(R, r_1, r_2, \cdots, r_j, \cdots, r_g) = \frac{\prod_{j=1}^{g} \Gamma(\alpha_j+r_j)}{\prod_{j=1}^{g} \Gamma(\alpha_j) \cdot \prod_{j=1}^{g} r_j!} \cdot \left(\frac{MT}{MT+K}\right)^R \cdot \left(1+\frac{MT}{K}\right)^{-K} \quad \text{式 (30)}$$

g = 2 の場合：式 (29) より $P(R, r_j, R-r_j)$

$$= \overbrace{\left\{ \frac{R!}{r_j! \cdot (R-r_j)!} \cdot \frac{B(\alpha_j+r_j, K-\alpha_j+R-r_j)}{B(\alpha_j, K-\alpha_j)} \right\}}^{=p(r_j|R)}$$

$$\cdot \left\{ \left(1+\frac{MT}{K}\right)^{-K} \cdot \frac{\Gamma(K+R)}{R! \cdot \Gamma(K)} \cdot \left(\frac{MT}{MT+K}\right)^R \right\} \quad 式（31）$$

いかがだったでしょうか？　二項分布、ポアソン分布、負の二項分布（NBD）、ガンマ分布、多項分布、デリシュレー分布（デリシュレーNBD）を紹介しながら、消費者の購買決定がプレファレンスによって支配されているという考え方を数学的に説明してきました。数学に興味を持たれる読者の皆様の思索の一助になれば幸いです。

記号一覧

記号	内容	その他
p_r	r回取り出す・購入する確率	P（大文字）：確率 p（小文字）：ブランド購入確率一般（変数）
Pen	浸透率（Penetration）	
r	購入回数。 デリシュレーNBDモデルの文脈では、ブランドの購入回数	カテゴリーとブランドを区別する必要のある場合、基本的にブランドは小文字。
N	玉を取り出す回数	
n	（最初にある）全部の玉数	
θ（シータ）	最初にある赤玉の数	
$n-\theta$	最初にある白玉の数	
d	1回毎に増やす玉の数	
t	単位期間	例えば1年、4週間など。
T	或る期間（複数の単位期間）	変数
C_i	消費者（i）	
$1 \cdots i \cdots N_c$	消費者の個人番号	
N_c	消費者の数	
$1 \cdots j \cdots g$	ブランドの略号	
S	デリシュレーS（パラメーター）	
μ（ミュー）	単位期間のカテゴリー長期平均購入回数	変数
μ_i	単位期間の消費者（i）のカテゴリーの長期平均購入回数	定数
λ_j（ラムダ）	単位期間のブランド（j）の長期平均購入回数	変数
λ_{ji}	単位期間の消費者（i）のブランドjの長期平均購入回数	定数
R_i	単位期間の消費者（i）のカテゴリーの購入回数	変数
R_{it}	単位期間tの消費者（i）のカテゴリー購入回数	定数
r_{ji}	単位期間の消費者（i）のブランド（j）の購入回数	変数
r_{ji-t}	単位期間tの消費者（i）のブランドjの購入回数	定数

記号一覧

記号	内容	その他
p_j	ブランドjが選ばれる確率 (変数)	
$p_{g'}$	$p_{g'} = r_1 + r_2 + \cdots + r_j + \cdots + r_g$	
$r!$	rの階乗。rが整数の場合。	$4! = 4 \times 3 \times 2 \times 1$
$\Gamma(r+1)$	ガンマ関数 (分布ではありません) rを実数に拡張した階乗。	$\Gamma(r+1) = r \cdot \Gamma(r)$ $\Gamma(1) = 1$
$E[\ ]$	期待値 (Expectation)	
$\sum_{j=1}^{g} a_j$	$\sum_{j=1}^{g} a_j = a_1 + a_2 + \cdots + a_j + \cdots + a_g$	
$\prod_{j=1}^{g} a_j$	$\prod_{j=1}^{g} a_j = a_1 \times a_2 \times \cdots \times a_j \times \cdots \times a_g$	
$\sim$	分布に従う	$r_{ji} \sim$ ポアソン分布 (λ_{ji})
$|J|$	ヤコビ行列	関数変換に使用

消費者全体		個人	内容
カテゴリー	ブランド (j)	消費者 (i)	i (消費者): $1 \cdots i \cdots N_c$ t (単位期間) $= 1, 2, \cdots, t, \cdots$ j (ブランド): $1, 2, \cdots, j, \cdots, g$
θ (シータ)		$\theta_{\cdot i}$	カテゴリーが赤玉の場合 (赤玉のブランドの記号を無視) $\theta = \sum_{j=1}^{g} \sum_{i=1}^{N_c} \theta_{ji}, \theta_{\cdot i} = \sum_{j=1}^{g} \theta_{ji}$
—	θ_j	θ_{ji}	ブランドが赤玉の場合 (赤玉のブランド記号に注目) $\theta_j = \sum_{i=1}^{N_c} \theta_{ji}$
α (アルファ)	α_j	—	ガンマ分布のパラメーター (分布の形)
β (ベータ)	β	—	ガンマ分布のパラメーター (スケール)
d	d_j	—	1回毎に増やす玉の数
K	k_j	—	NBD、ガンマ分布のパラメーター
M	m_j	—	単位期間の平均購入回数
MT	$m_j T$	—	期間Tの平均購入回数
n	n	$n_i = n$	最初にある全部の玉数
N	N	$N_i = N$	玉を取り出す回数
R	r_j	—	購入回数 (変数)

注) 記号の説明は、この巻末解説1のみに適用。その他の章の記号と必ずしも整合性はありません。たとえば他の章では、平均値はすべてMで統一していますが、この巻末解説1ではMはカテゴリーの平均値で、ブランドは小文字のmを使っています。

巻末解説2
市場理解と予測に役立つ数学ツール

本文中に登場した、我々がビジネスでよく用いる6つの道具（数学ツール）を紹介します。それぞれどのような役に立つのか簡単に説明してあります。独立した説明になっているので全部理解できなくても大丈夫です。必要なところだけ読んでください。

1) <u>ガンマ・ポアソン・リーセンシー・モデル</u>（Gamma Poisson Recency Model）

　「最近いつ買ったか」、「最近いつ訪れたか」というデータ（最近購入時期：Recency）から、相対的にどのブランド、どの施設、どの時期に資源を集中すべきか教えてくれます。

2) <u>負の二項分布</u>（NBD Model:Negative Binomial Distribution）

　消費者世帯パネルの自社ブランドのデータと、実際の売上高との異なりを正確に補正します。予測時のトライアル率、リピート率、購入回数のベンチマークにも非常に有効です。

3) <u>カテゴリーの進出順位モデル</u>（Order of Entry Model）

　新しく創造されたカテゴリーに、例えば3番目に参入したとき、どの程度のシェアが取れるかを教えてくれます。またマーケティングの計画に基づくシェアのシミュレーションができます。

4) <u>トライアルモデル・リピートモデル</u>（新製品の売上）

　コンセプト・テスト、コンセプト・ユース・テストのデータと世帯パネル・データを使い、新製品の発売1年目の売上を予測できます。

5) <u>平均購入額・量モデル</u>（VPP Model：Volume per Purchase）

　製品のサイズを決める手助けをしてくれます。

6) <u>デリシュレーNBDモデル</u>

　表1-4のコルゲートの四半期購入率、四半期購入回数、100％ロイヤル顧客の割合の予測、NBDのカテゴリーKとデリシュレーSがどのように計算されているかを参考のために紹介しま

す。
注）第1章の式（1）はExcelでは、次のようになります。
NBDモデル：P_r(r回出る確率)

$$= \frac{\left(1+\frac{M}{K}\right)^{-K} \cdot \Gamma(K+r)}{\Gamma(r+1) \cdot \Gamma(K)} \cdot \left(\frac{M}{M+K}\right)^r \quad \text{式(1)}$$

$$= \left(\left(1+\frac{M}{K}\right)^{\wedge(-K)}\right) * EXP\bigl(GAMMALN(K+r) - GAMMALN(r+1) - GAMMALN(K)\bigr) * \left(\frac{M}{(M+K)}\right)^{\wedge r} \quad \text{式(2)}$$

1 ガンマ・ポアソン・リーセンシー・モデル (Gamma Poisson Recency Model)

「最近いつ買ったか」、「最近いつ訪れたか」というデータ（最近購入時期：Recency）から、相対的にどのブランド、どの施設、どの時期に資源を集中すべきか教えてくれます。なぜなら、ガンマ・ポアソン・リーセンシー・モデルは、このリーセンシーのデータから浸透率（顔数で何人の人が買ったか、また訪れたか）と平均の購入回数や訪問回数を計算で導くことができるからです。信頼できる購入回数のデータが得にくい場合に特に有効です。このモデルは実は何度も紹介してきたNBDモデルから導くことができます。

第1章の式（1）のNBDモデルを応用した数式です。

NBDモデル：P_r(r回出る確率) $= \dfrac{\left(1+\dfrac{M}{K}\right)^{-K} \cdot \Gamma(K+r)}{\Gamma(r+1) \cdot \Gamma(K)} \cdot \left(\dfrac{M}{M+K}\right)^r$

今、質問「最近いつ買ったか」、「最近いつ訪れたか」に答える消費者の観点から、期間を下記の様に規定します。

現在　$\underbrace{----time(時間)---→}_{t}$　過去

（上部に $t-1$、期間：$\{t-(t-1)\}$）

期間	Pn：期間別の浸透率（人口に対する来場率）
$T_0 \sim T_1$	$Pn(1-0)$
$T_1 \sim T_2$	$Pn(2-1)$
$T_{t-1} \sim T_t$	$Pn\{t-(t-1)\}$

　式（1）において、ある製品の期間tの対応する平均値Mをmtとし、Kに対してkとします。浸透率は100％から一度もこの製品を期間tに購入のない人の浸透率（0回出る確率）を引いて求めます。期間（t−1）におけるMは、$m \cdot (t-1)$でK＝kです。同じ製品であればKは期間に関係なく一定です。期間$\{t-(t-1)\}$における浸透率は、期間tの浸透率から期間（t−1）の浸透率を差し引いた確率です。

$$P_n(t) = 1 - P_0(r=0, 0回出る確率) = 1 - \frac{\left(1+\frac{mt}{k}\right)^{-k} \cdot \Gamma(k+0)}{\Gamma(0+1) \cdot \Gamma(k)} \cdot \left(\frac{m}{m+k}\right)^0 = 1 - \left(1+\frac{mt}{k}\right)^{-k}$$

$$P_n(t-1) = 1 - \frac{\left[1+\frac{m(t-1)}{k}\right]^{-k} \cdot \Gamma(k+0)}{\Gamma(0+1) \cdot \Gamma(k)} \cdot \left\{\frac{m(t-1)}{m(t-1)+k}\right\}^0 = 1 - \left(1+\frac{m(t-1)}{k}\right)^{-k}$$

$$P_n\{t-(t-1)\} = P_n(t) - P_n(t-1) = \left(1+\frac{m(t-1)}{k}\right)^{-k} - \left(1+\frac{mt}{k}\right)^{-k} \quad 式（3）$$

　式（2）を使い各期間の実査と予測の差の2乗をすべて合わせた数が最小になるようm, kをもとめます。

表10-1

制汗剤（デオドラント）の購入
（1ヶ月の平均購入回数 m = 1.37552, k = 4.061）

期間	実査	各期間の浸透率の予測式	予測値
2週間以内	43.9%	$1 - \left(1 + \dfrac{m \times \frac{14}{31}}{k}\right)^{-k}$	43.9%
2週間〜1ヶ月前	25.6%	$\left(1 + \dfrac{m \times \frac{14}{31}}{k}\right)^{-k} - \left(1 + \dfrac{m \times 1}{k}\right)^{-k}$	25.5%
1ヶ月〜2ヶ月前	19.1%	$\left(1 + \dfrac{m \times 1}{k}\right)^{-k} - \left(1 + \dfrac{m \times 2}{k}\right)^{-k}$	18.3%
2ヶ月〜3ヶ月前	5.1%	$\left(1 + \dfrac{m \times 2}{k}\right)^{-k} - \left(1 + \dfrac{m \times 3}{k}\right)^{-k}$	6.4%
3ヶ月〜4ヶ月前	1.5%	$\left(1 + \dfrac{m \times 3}{k}\right)^{-k} - \left(1 + \dfrac{m \times 4}{k}\right)^{-k}$	2.7%
4ヶ月〜5ヶ月前	0.7%	$\left(1 + \dfrac{m \times 4}{k}\right)^{-k} - \left(1 + \dfrac{m \times 5}{k}\right)^{-k}$	1.3%
5ヶ月〜6ヶ月前	1.4%	$\left(1 + \dfrac{m \times 5}{k}\right)^{-k} - \left(1 + \dfrac{m \times 6}{k}\right)^{-k}$	0.7%
それ以前*	2.7%	$\left(1 + \dfrac{m \times 6}{k}\right)^{-k}$	1.1%
合計	100.0%	—	100.0%

＊この場合、予測式は t = ∞, t − 1 = 6, と考えられます。

$$lim_{t \to \infty} \left(1 + \frac{mt}{k}\right)^{-k} = 0$$

$$P_n(t = \infty) - P_n(t-1) = \left(1 + \frac{m(t-1)}{k}\right)^{-k} - \left(1 + \frac{mt}{k}\right)^{-k} = \left(1 + \frac{m \times 6}{k}\right)^{-k} \quad 式 (4)$$

表10-1は制汗剤（デオドラント）を最近いつ購入したかという質問です。実際の計算に使ったkと1ヶ月の平均購入回数mは私が計算したもので、Jeorome D. Greeneの本の数字と少し異なります。
注）この方法が上手くデータと合わない場合は、2つの原因が考えられます。
（1）　調査のデータに問題がある。
（2）　製品・カテゴリーの購入がNBDモデルに合わない。個人レベルの購入がポアソン分布していない。

2 負の二項分布（NBD Model: Negative Binomial Distribution）

　世帯パネル・データは消費者の現実の購買行動を知るのに非常に有用ですが、すべての購入が記録されるわけではありません。米国のパネル・データでは、通常30％程度の記録の抜け落ちがあります。抜け落ちは主に記入漏れにより起こります。抜け落ちは通常ランダムに起こるので、Kは一定と考えることができ、NBDモデルで補正することができます。

　消費者の購買パネルの自社の銘柄の売上高：（世帯数×浸透率×平均購入回数×平均購入個数×平均購入単価）のデータと自社の実際の売上高との異なりを、正確に補正し現実を教えてくれます。補正されたこれらのデータは、新製品の売上予測時のトライアル率、リピート率、購入回数のベンチマークに非常に有効です。

　表10-2はある仮定の1年間の世帯パネル・データです。表10-3は補正に使用した数値です。今売上の実績58.9億円が分っており、パネル・データによる売上高は41.2億円で実績の70％で、「1回当たり平均購入個数」、「1個当たり平均購入単価」はパネル・データと現実

表10-2　あるブランドのパネル・データの補正

	1年間の世帯パネル・データ		
	項目	補正前	補正後
(A)	平成20年の総世帯数（千）	49973	49973
(B)	浸透率	15.0%	17.47%
(C)	平均購入回数	2.50	3.07
(D)	1回当たり平均購入個数	1.10	1.10
(E)	1個当たり平均購入単価	200円	200円
(F)	2回以上購入者比率	50%	55%
(G)	年間売上高（A×B×C×D×E）	41.2億円	58.9億円
(H)	実績に対する(G)の比率	70%	100%

表10-3　補正の計算

	1年間の世帯パネル・データ		
(I)	ブランドのm：$(B \times C \times D)$	0.4125	0.5893
(J)	ブランドのk	0.09899	0.09899
(K)	P_0（1回も買わない確率）	85.00%	82.53%
(L)	P_1（1回買う確率）	6.79%	7.00%
(M)	$P_2+=100\%-P_0-P_1$	8.21%	10.47%
(N)	モデルによる2回以上の購入者比率：(M/B)	54.76%	59.95%

は同じと仮定します。

　下記のようにステップを踏んで補正の仕方を説明します。
1) ブランドのm：浸透率×平均購入回数×平均購入個数＝
 15.0%×2.50×1.10＝0.4125
2) ブランドのk：NBDモデル（r回出る確率）：

$$P_r = \frac{\left(1+\frac{M}{K}\right)^{-K} \cdot \Gamma(K+r)}{\Gamma(r+1) \cdot \Gamma(K)} \cdot \left(\frac{M}{M+K}\right)^r$$

に$K=k$, $M=m=0.4125$,

$r=0$ を代入します。P_0（1回も購入しない確率）＝100%－（浸透率）＝$100\%-15.0\%=0.850$

$$P_0 = \frac{\left(1+\frac{m}{k}\right)^{-k} \cdot \Gamma(k+0)}{\underbrace{\Gamma(0+1)}_{=1} \cdot \Gamma(k)} \cdot \left(\frac{m}{m+k}\right)^0 = \left(1+\frac{m}{k}\right)^{-k} = \left(1+\frac{0.4125}{k}\right)^{-k} = 0.85 \to k = 0.09899$$

この式を満たすkは直接解くことができません。Excelのソルバーを使うか適当に数字を入れて下5桁(けた)程度求めます。

3) P_1（1回買う確率），$P_1 = \dfrac{\left(1+\frac{m}{k}\right)^{-k} \cdot \Gamma(k+r)}{\Gamma(r+1) \cdot \Gamma(k)} \cdot \left(\dfrac{m}{m+k}\right)^r$ 式に $k=0.09899$，$m=0.4125$，$r=1$ を代入してそれぞれ計算します。

NBDモデル (r=1回出る確率)：$P_1 = \dfrac{\left(1+\frac{0.4125}{0.09899}\right)^{-0.09899} \cdot \Gamma(0.09899+1)}{\Gamma(1+1) \cdot \Gamma(0.09899)} \cdot \left(\dfrac{0.4125}{0.4125+0.09899}\right)^1$

$\to 6.79\%$

式（2）を使いExcelで計算します。

4) P_{2+}(2回以上買う確率)＝$100\%-P_0-P_1=1.00-0.85-0.0679=0.0821$

5) モデルによる購入者の中で2回以上買う人の比率（補正前）：

$$\frac{P_{2+}}{1-P_0} = \frac{0.0821}{1-0.85} = \frac{0.0821}{0.1500} = 0.5476 \to 54.76\%$$

6) 補正後の $m = \dfrac{0.4125}{0.7} = 0.5893$ と $k=0.09899$ を使い

$P_0 = \left(1+\dfrac{0.5893}{0.09899}\right)^{-0.09899} = 0.8253$ を計算し浸透率 $(1-0.8253)$

$=0.1747$ を求める。

7) 補正後のmから購入回数を求める。

$$\frac{補正後のm}{補正後の浸透率 \times 1回当たり平均購入個数} = \frac{0.5893}{0.1747 \times 1.1} = 3.07$$

8) 補正前と同様にして「モデルによる購入者の中で2回以上買う人の比率」を求める。

9) 2回以上購入者比率を次のようにして求める。パネル・データの計測値を含めた方がより現実に即していると考えてこのように計算します。

（2回以上購入者比率）
= （パネル・データの数値）
$\times \dfrac{補正後のモデルによる2回以上購入者比率}{補正前のモデルによる2回以上購入者比率} = 50\% \times \dfrac{59.95\%}{54.76\%} = 55\%$

3 カテゴリーの進出順位モデル（Order of Entry Model）

新しいカテゴリーを上手く創造したらどのぐらいのマーケットシェアを維持できるか、また遅れて参入した時、その順番によってどのぐらいのマーケットシェアを獲得できるか示唆してくれます。またマーケティングの計画に基づくシェアのシミュレーションをすることができます。

　このモデルは、MITのグレン・アーバン教授が、1986年に過去の米国の36の大衆消費のカテゴリーにわたる129のブランドのデータ

より導きだした式です。柔軟剤、衣料用液体洗剤、フリーズドライ・コーヒーなどのカテゴリーが含まれます。パイオニア・ブランドとは、例えば、古くは津村順天堂の広く人々に認知使用された初めての入浴剤の「バスクリン」、最近ではニオイを消すという新機能のカテゴリーを創造した「ファブリーズ」のような商品です。

マーケットシェアのパイオニアブランドに対する比率＝
(参入順位)$^{-0.49}$×(相対的好意度)$^{1.11}$×(宣伝費の比率)$^{0.28}$×(間合いの年数)$^{0.07}$　式 (5)

相対的好意度：この場合パイオニアブランドと相対的な好意度。同じであれば、1.00。
宣伝費の比率：過去3年間のパイオニアブランドの年平均の広告宣伝費に対する対象ブランドの比率。
間合いの年数：直前に参入した製品と間合いの年数＋1年

例：4番目にマーケットに参入、相対的好意度（少し落ちる）0.9、広告宣伝費の比率：0.7、3番目の製品と同じ年に参入：0＋1＝1。パイオニアブランドのシェアが35％であるとします。予測されるシェアは、以下のように計算されます。

予測されるシェア＝
$35\% \times (4)^{-0.49} \times (0.9)^{1.11} \times (0.7)^{0.28} \times (1)^{0.07} = 35\% \times 0.408 = 14\%$

　参考のために相対的好意度：1.0、広告宣伝費の比率：1.0、間合いの年数1年以下：1.0を使い、参入者の数とそれぞれの参入順序別の予測される、シェアを示しておきます。

表10-4

参入順	一番との比率	予測されるシェア					
		1番目	2番目	3番目	4番目	5番目	6番目
1番目	1.00	100%					
2番目	0.71	59%	42%				
3番目	0.58	44%	31%	25%			
4番目	0.51	36%	25%	21%	18%		
5番目	0.45	31%	22%	18%	16%	14%	
6番目	0.42	27%	19%	16%	14%	12%	11%

　表10-5は先ほどの式を統計的に処理した結果を示しています。これによると、シェアに影響する要素として、プレファレンス、宣伝費、参入順位が、その順番で大きな影響を与えます。やはり、選択される確率であるプレファレンスが一番大事であり、認知［広告費］が影響します。そして順位、これは配荷率に深くかかわるのではないでしょうか。今まで見てきたモデルと一致します。

表10-5

	パイオニアのシェアに対する比率への要素別影響度		
	標準化していない値	標準化した値	t－値
参入順位	−0.49	−0.21	−6.5*
好意度	1.11	0.57	9.5*
宣伝費	0.28	0.44	7.2*
間合い	0.07	0.07	1.5

*99%の信頼度で有意

4 トライアルモデル・リピートモデル（新製品の売上）

コンセプト・テスト、コンセプト・ユース・テスト（C&U: Concept

&Use）のデータと世帯パネル・データを使い、新製品の1年目の売上を予測することができます。

a) トライアル・モデル、リピートモデル：
年間売上＝年間のトライアルによる売上＋年間のリピーターによる売上
トライアルによる売上（Pop）×（トライアル率）×（トライアルVPP）
リピーターによる売上（Pop）×（トライアル率）×（リピート率）×（リピート回数）×（リピートVPP）

トライアル率＝(必ず買う×補正係数$_1$＋たぶん買う×補正係数$_2$)×認知率×配荷率
補正係数$_1$, 補正係数$_2$はデーターベースより導き出す。

b) 各項目の説明
Pop：消費者全体・世帯全体の数。
トライアル率：1年間に初めて対象の製品を購入した人のPopの割合。
リピート率：1年間に初めて購入した人の内、もう一度1年間に購入した人の率。
リピート回数：リピートした人の平均購入回数から1回（トライアル分）除いた回数。
　共にC&U（コンセプト・ユース・テスト）の製品使用後の新製品とベンチマークの製品のデータと世帯パネル・データより導く。

トライアルVPP（Trial Volume per Purchase）：トライアル時の平均購入金額（VPPモデル参照）

リピートVPP（Repeat Volume per Purchase）：リピート時の平均購入金額

c) 例：

　全世帯の10%が発売から1年間にある新製品のシャンプーを購入。購入者の30%が期間内に少なくとももう一度購入。リピーターの平均購入回数は、2.5回。トライアル時の平均購入金額は、383円（365円の製品を1.05個）、リピート時の平均購入金額475円（431円の製品を1.10個）を計算に使用する。それぞれの項目は、消費者調査をもとに予測します。

1年間の売上
= $\underbrace{4997万世帯 \times 10\% \times ¥383}_{トライアルによる売り上げ}$ + $\underbrace{4997万世帯 \times 10\% \times 30\% \times 1.5 \times ¥475}_{リピーターによる売り上げ}$

1年間の売上 = 19.1億円 + 10.7億円 = 29.8億円

5 平均購入額・量モデル（VPP Model：Volume per Purchase）

　製品のサイズを決める手助けをしてくれます。特にライン・エクステンションを出す時に、どのようなサイズにすればブランド全体として売上が増えるか計画できます。ライン・エクステンション（LX:Line-Extention）とは同じカテゴリーで同じブランド名のもと少し異なる名称をたした製品のこと。たとえば、アタックNeoは、アタックのLXです。

　コンセプト・テストまたはコンセプト・ユース・テストより得た、消費者の「好みのサイズ（選択したサイズ）」と計画のサイズ別の配荷率を使って、VPPを、下表のように計算することができます。表10-6 トライアルVPP（¥383）と表10-7 リピートVPP（¥475）の例を示

表10-6 トライアル VPPの計算

トライアル時の 平均購入金額			消費者調査時		市場	選択-配荷率		TVPP
サイズ		単価 (A)	選択 (B)	個数 (C)	配荷率 (D)	調整 (B)×(D)	調整後 (E)	(A)×(C)×(E)
レギュラー	200mℓ	¥350	90%	1.05	80%	72%	90%	¥331
詰め替え用	340mℓ	¥400	0%	0	70%	0%	0%	¥0
ポンプサイズ	480mℓ	¥500	10%	1.05	80%	8%	10%	¥53
合計			100%			80%	100%	¥383

表10-7 リピート VPPの計算

リピート時の 平均購入金額			消費者調査時		市場	選択-配荷率		RVPP
サイズ		単価 (A)	選択 (B)	個数 (C)	配荷率 (D)	調整 (B)×(D)	調整後 (E)	(A)×(C)×(E)
レギュラー	200mℓ	¥350	20%	1.10	80%	16%	21%	¥81
詰め替え用	340mℓ	¥400	40%	1.10	70%	28%	37%	¥162
ポンプサイズ	480mℓ	¥500	40%	1.10	80%	32%	42%	¥232
合計			100%			76%	100%	¥475

しておきます。このモデルの精度は高くサイズのプランニングに非常に有効です。

6 デリシュレーNBDモデル

表1-4のコルゲートの四半期購入率、四半期購入回数、NBDのカテゴリーK、デリシュレーSと100％ロイヤル顧客の割合（表1-4には載っていません）の予測がどの様に計算されているかを参考のために紹介します。この計算の例においては、Sを求めるのにコルゲートの四半期購入率の実績を使っています。購入率の実績値がない場合

は、カテゴリーKよりブランドのk＝K×ユニット・シェアを求め式（1）から購入率を計算します。

◆ Kの算出

表1-1（2）より歯磨き粉の四半期（単位期間）の平均購入回数 $M=1.46$ が分かっており、この期間に一度も購入していない世帯は全体の44％であることも分かっています。巻末解説1の式（28）のNBDモデルの式に, $M=1.46, T=1, R=0, r_j=0, P_0=0.44$ を代入してKを求めます。$p(r_j|R)=p(0|0)=1$。

$$P(R, r_j) = \overbrace{\left\{\frac{R!}{r_j! \cdot (R-r_j)!} \frac{\Gamma(S)}{\Gamma(\alpha_j)\Gamma(S-\alpha_j)} \frac{\Gamma(\alpha_j+r_j) \cdot \Gamma(S-\alpha_j+R-r_j)}{\Gamma(S+R)}\right\}}^{=p(r_j|R)}$$

$$\cdot \overbrace{\left\{\left(1+\frac{MT}{K}\right)^{-K} \frac{\Gamma(K+R)}{R! \cdot \Gamma(K)} \left(\frac{MT}{MT+K}\right)^R\right\}}^{p_R(\text{NBD}モデル)} \quad \text{式(6)}$$

$$p_0 = \left\{\left(1+\frac{1.46}{K}\right)^{-K} \frac{\Gamma(K+0)}{0! \cdot \Gamma(K)} \cdot \left(\frac{1.46}{1.46+K}\right)^0\right\} = \left(1+\frac{1.46}{K}\right)^{-K} = 0.44 \rightarrow K=0.780$$

NBDのカテゴリーKは直接求めることはできません。Excelで適当な数字を入れて求めるか、Excelのソルバーを使いこの式を満たすKを求めます。

◆ Sの算出

次にSを求めます。表1-4よりコルゲートの四半期購入率の実績は20％です。ですから、この期間にコルゲートを1回も買っていない世帯 $P(R, r_j=0, R)$ は0.80で下記の方程式が得られます。

$$= \sum_{R=0}^{\infty}\left[\overbrace{\left\{\frac{R!}{r_j!\cdot(R-r_j)!}\frac{\Gamma(S)}{\Gamma(\alpha_j)\Gamma(S-\alpha_j)}\frac{\Gamma(\alpha_j+r_j)\cdot\Gamma(S-\alpha_j+R-r_j)}{\Gamma(S+R)}\right\}}^{=p(r_j=0|R)} \cdot \overbrace{\left\{\left(1+\frac{MT}{K}\right)^{-K}\frac{\Gamma(K+R)}{R!\cdot\Gamma(K)}\cdot\left(\frac{MT}{MT+K}\right)^R\right\}}^{=p_R(\text{NBD}モデル)}\right] = 0.80$$

表10-8　1回も買っていない世帯の比率 0.80→S＝1.2

R	p_R (NBDモデル)	$p(r_j=0|R)$	$p(r_j=0|R) \times p_R$
0	43.9%	1.000	43.9%
1	22.3%	0.750	16.7%
2	13.0%	0.648	8.4%
3	7.8%	0.587	4.6%
︙	︙	︙	︙
10	0.3%	0.424	0.1%
合計	100%	—	80.0%

注) Excelでは、$R!＝Fact(R)$, $\Gamma(S)＝EXP(GAMMALN(S))$ です。

　この方程式をExcelにR=10まであらわすと、表10-8のようになります。Kと同じようにして、$p(r_j=0|R) \times p_R$の合計が80.0%になるようにSを求めます。アレンバーグ教授は、ブランドごとにSを求め、求めたSをユニット・シェアで加重して、最終的なSを求めるとしています。表10-8はS＝1.20の場合のR=10までの計算値です。

　次に$K=0.780$, $S=1.2$, $α_j=1.2×$(コルゲート・シェア25%)を式(6)に代入します。

　表10-9は$p(r_j|R)$の部分で、各カテゴリーの購入数別にブランドj（コルゲート）がどのような比率で買われているか示しています。例えば、R=2の行を見て下さい。最初の0.648はカテゴリーを2回購入した世帯のうち64.8%はコルゲートを1回も買っていないことを示しています。0.148はカテゴリーを2回購入した世帯のうち14.8%はコルゲートを2回とも買いました。この表の対角線上の数字は各カテゴリーの購入回数別のコルゲートの100%ロイヤルの顧客の比率です。0.148は式(6)の$p(r_j|R)$に$R=2, r_j=2$を代入して計算します。

$$P(R=2, r_1=2) = \overbrace{\left\{\frac{2!}{2!\cdot(2-2)!} \frac{\Gamma(1.2)}{\Gamma(0.3)\Gamma(1.2-0.3)} \frac{\Gamma(0.3+2)\cdot\Gamma(1.2-0.3+2-2)}{\Gamma(1.2+2)}\right\}}^{=p(r_1=2|R=2)} = 0.148$$

表10-10は表10-9のそれぞれにカテゴリーの購入率を掛けた数値です。同じようにR=2の行を見て下さい。最初の数字13.0％は、全世帯の内13.0％の世帯がカテゴリーを2回購入したことを予測しています。その横の8.4％は13.0％に表10-9からカテゴリーを2回購入する人のうちコルゲートを1回も買わない人の比率0.648を掛けた数字です（13.0％×0.648＝8.4％）。1.9％は13.0％に0.148を掛けた数値です。全世帯の1.9％が2回カテゴリーを購入し2回ともコルゲートを購入した比率です。

コルゲートの100％ロイヤル顧客の比率：

表10-10の対角線上の購入者の％の合計を一番下の行のコルゲートの購入回数別の購入率の合計で除した数値です。

$$\frac{5.6\% + 1.9\% + 0.8\% + 0.4\% + 0.2\% + 0.1\% + 0.1\% + 0\% + 0\% + 0\%}{11.6\% + 4.18\% + 1.86\% + 0.91\% + 0.46\% + 0.24\% + 0.1\% + 0.1\% + 0\% + 0\%} = \frac{9.2\%}{19.5\%} = 47\%$$

◆ コルゲートの平均購入回数

表10-10のコルゲートの購入回数別の購入率を使い計算します。表1-4のコルゲートの購入率（20％）と平均購入回数（1.8）とそれぞれの計算値が異なるのは、R=10以降の計算を加味していないためです。

$$\frac{1\times11.6\% + 2\times4.18\% + 3\times1.86\% + 4\times0.91\% + 5\times0.46\% + 6\times0.24\% + 7\times0.1\% + 8\times0.1\% + 9\times0\% + 10\times0\%}{19.5\%}$$

$$= 1.78$$

表10-9　S=1.2の時のカテゴリー購入回数別の比率

$$p(r_j|R) = \frac{R!}{r_j! \cdot (R-r_j)!} \frac{\Gamma(S)}{\Gamma(a_j)\Gamma(S-a_j)} \frac{\Gamma(a_j+r_j) \cdot \Gamma(S-a_j+R-r_j)}{\Gamma(S+R)}$$

r_j（ブランドjの購入回数）

R	0	1	2	3	4	5	6	7	8	9	10	合計
0	1.000											1.000
1	0.750	0.250										1.000
2	0.648	0.205	0.148									1.000
3	0.587	0.182	0.125	0.106								1.000
4	0.545	0.168	0.113	0.091	0.083							1.000
5	0.514	0.157	0.105	0.083	0.072	0.069						1.000
6	0.489	0.149	0.099	0.078	0.066	0.060	0.059					1.000
7	0.468	0.143	0.094	0.074	0.062	0.055	0.052	0.052				1.000
8	0.451	0.137	0.090	0.070	0.059	0.052	0.048	0.045	0.046			1.000
9	0.437	0.132	0.087	0.068	0.057	0.050	0.045	0.042	0.040	0.041		1.000
10	0.424	0.128	0.084	0.066	0.055	0.048	0.043	0.040	0.038	0.037	0.038	1.000

　以上、我々がよく使う「数学マーケティング」の代表的な6つの道具を紹介しました。今後の日本の合理的な意志決定の促進による大いなる発展を願って、数式とその使い方も含めて開示することにしました。この他にも様々な数学ツールが存在します。我々は新しい道具の開発も貪欲に進めています。

　実務者として実際のビジネスの生々しい課題に直面することで、「こんな道具が欲しい！」という純粋な欲求に初めて気がつくものです。そこから試行錯誤と実戦での運用テストが始まります。我々にとって数学とは、様々な現象が複雑に入り組んでわかりにくいこの世界において、その見えない「本質」を知るための欠かせないツールです。今後とも数学マーケティングによってビジネスの知の水平線を拡げるように、新たな試みに挑戦していきたいと思います。

表10-10　S＝0.12時のカテゴリー・ブランドjの購入回数別の確率

$$p(R, r_j) = p(r_j|R) \times p_R$$

r_j（ブランドjの購入回数）

R	p_R	0	1	2	3	4	5	6	7	8	9	10	合計
0	43.9%	43.9%											43.9%
1	22.3%	16.7%	5.6%										22.3%
2	13.0%	8.4%	2.6%	1.9%									13.0%
3	7.8%	4.6%	1.4%	1.0%	0.8%								7.8%
4	4.8%	2.6%	0.8%	0.5%	0.4%	0.4%							4.8%
5	3.0%	1.5%	0.5%	0.3%	0.2%	0.2%	0.2%						3.0%
6	1.9%	0.9%	0.3%	0.2%	0.1%	0.1%	0.1%	0.1%					1.9%
7	1.2%	0.6%	0.2%	0.1%	0.1%	0.1%	0.1%	0.1%	0.1%				1.2%
8	0.8%	0.3%	0.1%	0.1%	0.1%	0.0%	0.0%	0.0%	0.0%	0.0%			0.8%
9	0.5%	0.2%	0.1%	0.0%	0.0%	0.0%	0.0%	0.0%	0.0%	0.0%	0.0%		0.5%
10	0.3%	0.1%	0.0%	0.0%	0.0%	0.0%	0.0%	0.0%	0.0%	0.0%	0.0%	0.0%	0.3%
合計	100%	79.97%	11.6%	4.18%	1.86%	0.91%	0.46%	0.24%	0.1%	0.1%	0.0%	0.0%	99.5%

終章
2015年10月にUSJがTDLを超えた数学的論拠

今西よりご挨拶

「記憶に残る出来事」が誰しもあると思います。特に社会に出てから間もなくの頃に起こったことは、新鮮でインパクトが大きいので、その先の人生で記憶に残る確率は高いのではないでしょうか。私は63歳になりましたが、40年近く前の社会人になりたての頃の忘れられない記憶があります。私はP&Gに入社する前には、今とは全く違う畑にいました。日本の会社で営業を担当していたのです。新米営業マンだった私の当時の基本業務の1つは、月末に得意先を集金のために訪問することでした。その忘れられない出来事はある集金日に起こったのです。ある取引先の問屋の社長に会いに行ったところ、その社長が私の顔を見るなり、柔らかな説得力のある声で言ったのです。

「お前、そんな苦虫嚙み潰したような不景気な顔してても何の得もあれへんぞ。ちょっと笑ったらどうや。ニコニコしたからと言うてお金がかかる訳じゃないし。おまえのニコニコした顔を見たら他の人も気分がええやろ。その方が、ちょっとは人のためにもなるし、お前の運も良くなるぞ」と。

「その通りやな！」と、私は素直に思ったのです。日々資金繰りが大変な中小企業の社長なのに良いことをおっしゃると感心しました。その日から自分もできるだけ笑顔でいようと決めました。作った笑顔が脳に影響するのでしょう。「笑顔を心がける」と、おのずと物事や状況に前向きに取り組めるようになりました。そのことがどれだけその後の人生に直接的に影響したのか、客観的に示すことは難しいのですが、「笑顔でいること」はその後の人生に大きなプラス

になったと私自身は感じています。この後、自分の希望することはほとんど叶いました。希望の仕事に転職でき、アメリカで働く夢も叶い、様々なエキサイティングなプロジェクトに携わることができましたし、数学をもう一度勉強し直すこともできました。

　良いことは良いことを呼び、成功は成功を呼ぶのです。笑顔は次の笑顔を呼ぶ確率を高くします。逆に暗い顔は次の暗い出来事を呼び寄せる確率を高くします。それは本書の中で示した「ガンマ分布」の考え方です。あの問屋の社長が若い私にくれた言葉の意味を本当に理解するまで、ずいぶんと長い年月がかかりました。気がつけば、私自身があの時の社長と同じくらいの年齢に差し掛かっています。あの時の社長のように、ビジネスだけでなく今後の人生に向き合う処世の言葉として、僭越ではありますが私が大切にしている言葉をいくつかお伝えしておきたいのです。

1　「人生は、確率」

　「できることは確率を上げること、結果に対して悔いはない」。常にこのような姿勢でいろいろなことに臨んでいただきたい。起こったことは変更できない。変えることができるのは未来のみです。これは「人事を尽くして天命を待つ」に近いと思います。ただ人事を尽くす過程で、目的に対する確率の概念を考慮して選択するよう心がけていただきたい。

2　「判断に迷った時は、目的を明確化する」

　人は知性を持ってしまったがゆえに、選択に迷い苦しみます。そのような時には、目的に立ち返りましょう。自分の人生の重要な目的を自分以外の誰かに決めさせてはいけません。ご自身でよくよく考えて明瞭にしていただきたい。目的が定まれば、目的に対して

純粋に確率が高くなる選択肢を選ぶのです。

3 「物事や問題の本質を見極める」

　物事の多くは「現象」なので、考えない限り本質はなかなか見えるものではありません。本質を見極める方法は、極端な状況を思い浮かべること、あるいは自分と関係のない状況に置き換えてみること。不思議と本質が見えてきます。

　本書に書いたことは、我々の今までの経験、社会に出ていろいろな方々から直接いただいた示唆やご意見、またこれまで我々が読んだ学術論文・書籍から獲得し、使用してきた道具、我々が考案した方法などを、マーケティング実務者の視点から議論を通してまとめたものです。この本が日本の「数学マーケティング」の改善の一助となり、次の改善を引き起こし、それが更なる日本の会社の業績の改善につながり、どんどん日本全体が明るくなればと願います。

　会社・組織で働いていると属する組織そのものの自己保存のために政治的な決断がされることが良くあります。しかし、まずは真実を明らかにする必要があります。この本では、私達なりにマーケティングにおける真実に到達する方法論を述べました。何かを信じると、そこで論理的思考が止まってしまい、真実が見えなくなります。本書に書かれていることも全てを信じないで、とりあえずご自分で試して確認してみて下さい。目的を明瞭にし、自分のおかれた状況を考慮して適用すれば、高い確率で実際に業績を改善していくことができます。

　森岡さんとは「我々の培ってきた数学マーケティングのノウハウを開示して遺（のこ）したら、お世話になった日本社会に少しは恩返しでき

る」と、10年以上前から2人でよく話していました。実際に彼からこの本を一緒に書く誘いがあった時は驚きつつも、昔の話を覚えていてくれたことが嬉しく、喜んで承諾しました。いざ書いてみると信じられないくらい大変でしたが、議論を通じて我々の考えがより明確になり、読者の皆様にもわかりやすくなったと思います。少し大袈裟かもしれませんが、森岡さんのおかげで私が生きてきた証も遺すことができ、感謝しております。

最後になりましたが、ご協力いただいたJune Hahn博士と、本書出版を実現して下さった株式会社KADOKAWAの亀井さんに感謝いたします。ありがとうございました。

著者　今西　聖貴

森岡よりご挨拶

ついに終章となりました。本書のどこかでカバーしようと思いつつ、できていないことが1つありますので、それを最後にやっておきましょう。

「2015年10月、USJが東京ディズニーランド（TDL）の集客を超えて、ついに日本一になった」と推測した根拠を示すことです。オリエンタルランドは、月ごとの集客はおろか、ランドとシーの割合も、四半期ごとの集客数でさえ発表していないのに、どうしてUSJにはそれがわかるのか？　という疑問をお持ちの方は多いようです。本書を最後まで読んでくださった皆様なら、その程度の数学的分析は我々にとって造作もないことだとすでにご理解いただいていると思います。

実は3つの異なる分析手法を用いて結論に確証を持ったのですが、ここで詳しく紹介するのはそのうちの最もわかりやすい1例です。この分析のもたらした結論を正確に言えば、「数学的に96%以上の確率で、2015年10月の月間集客数において、USJはTDLを上回っている」というものです。大きな考え方は、東京ディズニーランドの10月の集客数を算定し、その誤差の確率を正規分布の標準偏差（standard deviation）で診てみたのです。

東京ディズニーランドの10月の集客数の算定の道筋はこうです。まず、発表されている東京ディズニーリゾート（ランドとシーの合算）の「年間集客数」と「第3四半期の売上金額の割合」のデータから、2014年の第3四半期のTDR全体の集客数を割り出しました。次に、

その2014年の数字を、2015年の東京ディズニーリゾートの集客トレンドで補正して、2015年の第3四半期の数字を導きます。

更に「2014 THEME INDEX（by Themed Entertainment Association）」に掲載されていたランドとシーの集客比率の割合から、<u>TDLの2015年の第3四半期の集客を試算</u>しました。そこからUSJにおける10月・11月・12月の割合を用いて、<u>TDLの10月の数字を算定</u>したのです。この場合、第3四半期におけるUSJでの10月の比重は爆発的なハロウィーンイベントのせいで、クリスマスに比重があるTDLにおける10月の割合よりも高いので、USJの10月の割合を使うことは分析の目的に照らしてコンサバで正しいのです。このようにして、2015年10月のTDLの月間集客数をまず162万人であると推計しました。

USJの10月は175万人でしたから、TDLの試算である162万人は大きく超えているはずですが、念を入れて確率計算をしておきました。突発的な理由でTDLが175万人を超えている確率もゼロではないはずですから。そこで標準偏差にはUSJの実際のデータを使い、TDLの10月の162万人の予測をど真ん中に設定して、推計値と実際値の誤差の確率を正規分布で診てみました。そうすると、標準偏差から推定されるUSJがTDLを上回った確率は96％以上であることがわかるのです。

我々は、メディアにもこの分析フローを開示した上で「96％以上の確率で、USJがついに東京ディズニーランドを超えて集客日本一になった可能性が高い」と発表したのです。決して「絶対」だとは言っておりません。あくまで推計値です。100％と0％はなかなか無いのです。

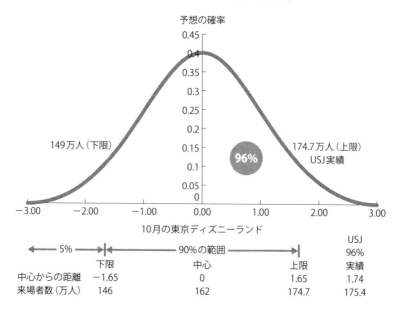

　実際には、他にも2つの方法を使って、もっと精密にその10月を計算で導き出しています。たとえば、本書でも紹介した「ガンマ・ポアソン・リーセンシー・モデル」を使えば、リーセンシー（最近購入時期）の消費者データから2014年の10月実績を計算することができるので、それをTDLの直近の消費者データで補正して2015年の10月の集客数を算定しました。ちなみにそちらの予測結果は158万人となります。おそらくですが、158万人の予測には非常に質が高い消費者データを用いたので、ほぼビンゴの値ではないかと私は考えています。

　最初に紹介した分析では、10月の比重が高いUSJのデータを使っているので、実際のTDLの10月の実数は162万人よりも若干だけ低

くなるはずです。158万人は非常に良い線のはずです。他にももう1つ異なる考え方でTDLの10月集客数を試算しましたが、それは更に若干下回るものの、同じような予測値となりました。それら3つの異なる考え方を用いるのは、相手様のある話であり、結論が間違っていたら大変だからです。それは、本書で何度も確認してきた「昆虫の複眼で診るように、現実をできるだけ異なる多くの視点で理解する知恵」です。

　TDLを運営するオリエンタルランドは、月ごとやパークごとの集客データを開示してないので、これらの推計値162万人や158万人がどこまで正確かは永遠にわかりません。しかし、USJが2015年の10月にあの最強の東京ディズニーランドの集客を抜いたことは、私には確信があります。その確信の根拠こそが数学の力です。数学を使えば、世の中の多くの現実がわかります。<u>数学は、この世の中の「本質」を見極めて理解していくための欠かせない道具なのです</u>。

　たった1ヶ月でもあの東京ディズニーランドに勝てたこと、それはとてつもない奇跡です。このことがUSJに与えた自信は計り知れません。USJのある関西よりも3倍も大きい巨大人口圏である関東に陣取り、世界最強の「ディズニー」ブランドを冠した圧倒的なガリバーである東京ディズニーランドに、たった1ヶ月でも勝てたことがどれ程の奇跡か？　これはラグビー日本代表が南アフリカに勝ったことよりも奇跡です。<u>まるで日本代表が5人だけで、3倍の15人の南アフリカに勝ったようなものなのです</u>。その2015年10月は、前社長のグレン・ガンペルのUSJのCEOとしての最後の月でしたので、彼の12年にも及ぶ日本での戦いの最後の最後に、この1勝を餞(はなむけ)にできたことも、私には感慨深いものがありました。

相対的にこれだけ小さな市場にいるUSJが勝つことは、TDLよりもずっと丁寧に市場を開拓する能力が無ければ起こらないのです。ハリー・ポッターをオープンした年の2014年10月に、USJは月間記録として過去最高の146万人を集客しました。私としては、多くの人が下がると思っていたその翌年に、「M」を増やす確率計算どおりに10月の数字を175万人にまで伸ばせたことが重要なのです。この一件で、確率思考の勝ちパターンを実証するデータがまた1セット手に入りました。こうやって我々は、やればやるほどもっと賢くなれるのです。

　USJがボロボロだった10年以上前に、ここまで持ち直す日を予想できた人がいたでしょうか？　その奇跡を可能にしたものは何なのか？　700万人台だった集客数をわずか5年やそこらで1400万人に近いところまで激増させた現象の本質は何なのか？　それが本書で皆様にお伝えしたかった「確率思考」です。「確率思考」をDNAにして、USJは消費者視点の会社へと変貌したのです。経営資源の配分も、マーケティング戦略も、様々な奇抜なアイデアも、V字回復へ繋がる様々な現象が発生して、短期間で大きな変化が起こったのです。確率思考の戦略は、テーマパークだけでなく、ほぼ全ての企業やカテゴリーで実践可能なはずです。市場構造の核である顧客のプレファレンスに集中し、「M」を増やす確率を上げることでビジネスは必ず好転します。確率思考の戦略は、魔法ではなく、種も仕掛けもある手品ですから、誰がやっても再現性があるのです。

　私にとって、本書はずっと以前から最も書きたかった本でした。これからの日本にとって、最も重要だと考えていた課題に対して自分なりの考えを広くお伝えしたかったからです。その課題とは「日本人は、もっと合理的に準備してから、精神的に戦うべき」という

こと。その1つの答えになる、我々が培ってきたノウハウを広く知っていただく機会が本書の出版なのです。

　2年前に書いた最初の拙著『USJのジェットコースターはなぜ後ろ向きに走ったのか？』（角川文庫）では、革新的なアイデアを生み出すノウハウである「イノベーション・フレームワーク」を中心に書きました。実はその時に、是非とも盛り込みたくて書き起こした多くの原稿が大量に残してあったのです。「マーケティング・フレームワーク」と「数学的フレームワーク」についての原稿です。しかし、それらの内容の難易度と紙数の事情からボツになってしまいました。

　その時以来、それら2つを世に出すことは私の願いだったのです。マーケティング・フレームワークについては、マーケティング入門書として出版した2冊目『USJを劇的に変えた、たった1つの考え方』（KADOKAWA）の中でわかりやすく解説し、2016年4月に出版できました。本書では主眼をおいていないマーケティングの基本的な知識と考え方は、この本で学べます。そして最後の心残りだった「数学的フレームワーク」こそが、ようやく実現した本書『確率思考の戦略論』なのです。

　本書の執筆に当たっては、文系の人でも本書の言わんとしている結論を理解できるように、構成や文章の推敲を重ねることに労力を費やしました。数式はともかく、導き出された結論や示唆がそれなりに理解できる本になったように思うのですが、いかがでしたでしょうか？　絶滅危惧種の「数学マーケター」なりに今の精一杯をぶつけました。少しでも読者の皆様のお役に立てることを願っています。

本書の出版に際しては、私が尊敬してやまない今西さんを引きずり込めたことが、最大の付加価値であり最良の判断でした。尖(とが)ったものに偏った私の道具箱からだけではなく、今西さんのおかげで、需要予測専門家としての視点ならではの考え方と幅広いノウハウ、より意義深い数学ツールの奥行きを紹介することができました。多忙の時期に執筆に加わって下さった今西さんに深い感謝を表します。米国シンシナティで安いドーナツとコーヒーを手に、時間を忘れて2人で数式をいじりまくっていたあの頃から、この本はいつか成し遂げたかった私の夢の1つだったのです。その夢がついに叶いました。ありがとうございました！

　また、この一般ウケしそうにない？本を出版して下さった皆様に感謝と敬意を表したいと思います。間違いなく多くの人がアレルギー反応を起こすであろう「数学」を使った企画……合理的な意志決定を可能にする「数学マーケティング」という難しそうな企画……これを商業ベースの出版物にすることは出版社としては勇気のいる決断だったはずです。本書の出版を実現させて下さった、亀井さんを始めとする株式会社KADOKAWAの皆様に深い感謝を申し述べたいと思います。このノウハウを遺せて後の世に何かのお役に立てたのであれば、それは皆様のお力です。ありがとうございました！

　本書全体の中で、我々の基本となる確率思考の考え方と、数学ツール導入の重要なものを盛り込めたと思います。これで我々がいつ昇天したとしても、積み上げてきた思索の芽や種は遺るのです。それがありがたい。「本書をきっかけにして、数学をマーケティングに活用することに興味を持つ若い才能がいつか必ず現れて、今後の日本のために知の水平線を拡げてくれるはずだ！」と念じながら2人

で書いておりました。もちろん、私もまだ43歳なのでそんなに早く昇天するつもりはありません。これからも自分自身が世の中に貢献できる機会を求めて日々の研鑽(けんさん)を積み重ね、この素晴らしい奇跡のような国「日本」の発展に微力を尽くしたいと考えております。

　これからも世界が憧(あこが)れる日本であって欲しいと我々は願っています。世界がもっと豊かで平和になるためにも、日本の価値観がもっと広まった方が良いと信じているからです。一神教を信じる人々の善悪二元論とは違い、多神教の土台で緩やかに育(はぐく)まれてきた日本のマジョリティは、他の価値観や文化に対しても寛容で、排他的でも攻撃的でもありません。また、日本のマジョリティは自分以外の人々に対して配慮と思いやりのある人々です。しかし世界の多くの国ではマジョリティが、他人に対して配慮する前に自己本位のアジェンダを追求することに迷いがないのです。彼らは第4章で紹介したサイコパスのような強さを持っています。我々は、日下公人氏も言うように「世界はみんな腹黒い」と覚悟しておくべきです。

　日本はそんな世界と繋がっているのです。そんな世界の中で、日本の価値観が広まるためには、日本の経済と文化がこれからも豊かで、世界の中で光っていなくてはならないのです。そのためには、世界での競争に勝っていかなくてはならない。だから日本人にも、日本の企業にも、「もっと合理的に準備してから、精神的に戦う」ノウハウが必要なのです。

　そして国としての日本も、「日本ブランド」を国際社会でもっと戦略的にマーケティングする能力を備えねばなりません。世界中の消費者は、商品を買うのも、サービスを買うのも、どこかの「国」について考えるのも、頭の中で同じ情報処理システムを使っていま

す。それは情緒的であり、プレファレンスが支配する世界。だから「日本製品」や「日本文化」や「観光地としての日本」などについても、全て日本への「M」を増やす確率思考のフレームワークが当てはまるのです。人の頭の中の認識を変革する最先端のマーケティング力を、国際PR戦略や自国民の啓蒙(けいもう)に本気で導入すべきだと思います。日本へのプレファレンスを高めるために、志と能力のある誰かがこれをやらねばなりません。今後も日本を世界の中で光らせるために、日本のブランディングは極めて重要です。

　個人でも企業でも国でも、「M獲得の合理的準備」が重要であると、本書では我々の精一杯の方法論を提示させていただきました。どうか本書をお役立てください。本書が少しでも日本の未来に繋がることを願っています。

　全ての読者の皆様に最大の御礼を申し上げます。
　ありがとうございました！

　100年先も、愛するこの日本が豊かであり続けますように。

著者　森岡　毅
2016年2月吉日

◆ 参考文献・資料（4/16/16）

第1章
A.S.C. Ehrenberg「Repeat-Buying」1988 Oxford University Press
Oscar Schisgall「Eyes On Tomorrow -The Evolution of Procter & Gamble」J. G. Ferguson Publishing Company 1981
WWW. sciencecentres.org.uk/projects/handsondna

表1-1
（1）Jerome D. Greene「Consumer Behavior Models for Non-statisticians」1982 Praeger Publishers
（2）A.S.C. Ehrenberg「Repeat-Buying」1988 Oxford University Press
（3）岸田和明　「図書の貸出頻度を記述する負の二項分布モデルの演繹的導出とその一般化」
Library and Information Science No.27 1989

表1-2
Udo Wagner and Alfred Taudes「A Multivariate Polya Model of Brand Choice and Purchase Incidence」Marketing Science Vol.5, No.3. Summer 1986

表1-3
Byron Sharp and Carl Driesener「The Dirichlet's Buyer Behaviour Assumptions Really Do Matter」ANZMAC 2000 Visionary Marketing for the 21st Century: Facing the Challenge

表1-4
A.S.C. Ehrenberg「Repeat-Buying」1988 Oxford University Press

第2章
A.S.C. Ehrenberg「Repeat-Buying」1988 Oxford University Press

第3章
Jerome D. Greene「Consumer Behavior Models for Non-statisticians」1982 Praeger Publishers
D. J. Reibstein and P. W. Farris「Market Share and Distribution: A Generalization, a Speculation, and Some Implications」Marketing Science Vol.14, 1995
高木貞治　「近世数学史談」（岩波文庫33-939-1）
松下幸之助　商売心得帖（PHP文庫）

第4章
NHK Eテレ「心と脳の白熱教室」
B. V. Gnedenko and A. Ya. Khinchin「An Elementary Introduction to the Theory of Probability」1962 Dover Publications, Inc.

◆ 参考文献・資料（4/16/16）

第 1 章
A.S.C. Ehrenberg「Repeat-Buying」1988 Oxford University Press
Oscar Schisgall「Eyes On Tomorrow -The Evolution of Procter & Gamble」J. G. Ferguson Publishing Company 1981
WWW. sciencecentres.org.uk/projects/handsondna

表 1-1
(1) Jerome D. Greene「Consumer Behavior Models for Non-statisticians」1982 Praeger Publishers
(2) A.S.C. Ehrenberg「Repeat-Buying」1988 Oxford University Press
(3) 岸田和明 「図書の貸出頻度を記述する負の二項分布モデルの演繹的導出とその一般化」
Library and Information Science No.27 1989

表 1-2
Udo Wagner and Alfred Taudes「A Multivariate Polya Model of Brand Choice and Purchase Incidence」Marketing Science Vol.5, No.3. Summer 1986

表 1-3
Byron Sharp and Carl Driesener「The Dirichlet's Buyer Behaviour Assumptions Really Do Matter」
ANZMAC 2000 Visionary Marketing for the 21st Century: Facing the Challenge

表 1-4
A.S.C. Ehrenberg「Repeat-Buying」1988 Oxford University Press

第 2 章
A.S.C. Ehrenberg「Repeat-Buying」1988 Oxford University Press

第 3 章
Jerome D. Greene「Consumer Behavior Models for Non-statisticians」1982 Praeger Publishers
D. J. Reibstein and P. W. Farris「Market Share and Distribution: A Generalization, a Speculation, and Some Implications」Marketing Science Vol.14, 1995
高木貞治 「近世数学史談」（岩波文庫 33-939-1）
松下幸之助 商売心得帖 （PHP 文庫）

第 4 章
NHK E テレ「心と脳の白熱教室」
B. V. Gnedenko and A. Ya. Khinchin「An Elementary Introduction to the Theory of Probability」1962 Dover Publications, Inc.

第5章
PBS「THE 1900 HOUSE」
Clotaire Rapaille「The Culture Code」2007　Crown Business
Procter & Gamble Co.v. Chesebrough-Pond's Inc.Leagle.com
日下公人「すぐに未来予測ができるようになる62の法則」2002、PHP研究所
(社)日本作業療法士協会広報誌「Opera 15」2011.3

第6章
Lynn Ying-Shiang Lin「New Product Sales Forecasting Model」National Chung-Hsing University Research Institute of Agricultural Economics
Oriental Land Annual Report
「Universal Orlando ponders how to take full advantage of Wizarding World's popularity」December 16, 2010 Orlando Sentinel
Eric Marder「The Laws of Choice」1997 The Free Press
日本映画産業統計（一般社団法人日本映画製作者連盟）
Year End Report「Top 50 North America Amusement/Theme Parks」Amusement Business
「Themed Entertainment Association/Economics Research Associates' Attraction Attendance Report」Thorburn Associates

第7章
Advertising Age May 09, 1996
Francis Galton「Vox Populi」March 7, 1907, Nature
月刊「美容界」2014年2月号
平成22年国勢調査人口等基本集計結果（総務省統計局）
表7・3「PRESIDENT　2011.8.1号」プレジデント社

第8章
「Parkinson's Law」The Econoimist Nov 19th 1955

巻末解説1
成実清松・坂井忠次「数理統計学要説」1955 培風館
A.S.C. Ehrenberg「Repeat-Buying」1988 Oxford University Press
G. J. Goodhardt, A.S.C. Ehrenberg and C. Chatfield「The Dirichlet: A Comprehensive Model of Buying Behaviour」Journal of the Royal Statistical Society: Series A 147（1984）

巻末解説2
Jerome D. Greene「Consumer Behavior Models for Non-statisticians」1982 Praeger Publishers
G. L. Urban, T. Carter, S. Gaskin and Z. Mucha「Market Share Rewards To Pioneering Brands: An Empirical Analysis and Strategic Implications」Management Science Vol.32, No.6, June 1986
A. S. C. Ehrenberg「Repeat-Buying」1988 Oxford University Press

終章
日下公人・高山正之「日本はどれほどいい国か」2008、PHP研究所

森岡 毅（もりおか つよし）
戦略家・マーケター。1972年生まれ。神戸大学経営学部卒業後、1996年、P&G入社。日本ヴィダルサスーンのブランドマネージャー、P&G世界本社（米国シンシナティ）で北米パンテーンのブランドマネージャー、ヘアケアカテゴリー アソシエイトマーケティングディレクター、ウエラジャパン副代表を歴任。2010年にUSJ入社。革新的なアイデアを次々投入し、わずか数年で経営危機にあったUSJをV字回復させる。USJ再建の使命完了後、2017年、マーケティング精鋭集団「株式会社刀」を設立、代表取締役CEOに。「マーケティングで日本を元気に」という大義の下、数々のプロジェクトを推進。著書に、『USJのジェットコースターはなぜ後ろ向きに走ったのか？』（角川文庫）、『USJを劇的に変えた、たった１つの考え方 成功を引き寄せるマーケティング入門』（KADOKAWA）など。

今西聖貴（いまにし せいき）
1953年生まれ。米国シンシナティ大学大学院理学部数学科修士課程修了。水産会社を経て、1983年、P&G入社。日本の市場調査部で頭角を現し、1992年、P&G世界本社へ転籍。世界各国にまたがって、有効な需要予測モデルの開発、世界中の市場分析・売上予測をリードし、量的調査における屈指のスペシャリストとして長年にわたり世界の第一線で活躍。2012年、盟友・森岡毅の招聘によりUSJ入社。わずか数年でマーケティング分析ができる会社に変貌させた。現在、株式会社刀でシニアパートナー、インテリジェンス部門を牽引。

確率思考の戦略論　USJでも実証された数学マーケティングの力
（かくりつしこう　せんりゃくろん　　　　じっしょう　　すうがく　　　　　　　　ちから）

2016年 5月31日　初版発行
2025年 5月15日　39版発行

著者／森岡 毅
　　　（もりおか つよし）
著者／今西聖貴
　　　（いまにし せいき）

発行者／山下直久

発行／株式会社KADOKAWA
〒102-8177　東京都千代田区富士見2-13-3
電話 0570-002-301(ナビダイヤル)

印刷所／株式会社暁印刷

製本所／本間製本株式会社

本書の無断複製（コピー、スキャン、デジタル化等）並びに
無断複製物の譲渡及び配信は、著作権法上での例外を除き禁じられています。
また、本書を代行業者などの第三者に依頼して複製する行為は、
たとえ個人や家庭内での利用であっても一切認められておりません。

●お問い合わせ
https://www.kadokawa.co.jp/（「お問い合わせ」へお進みください）
※内容によっては、お答えできない場合があります。
※サポートは日本国内のみとさせていただきます。
※Japanese text only

定価はカバーに表示してあります。

©Tsuyoshi Morioka, Seiki Imanishi 2016　Printed in Japan
ISBN 978-4-04-104142-0　C0095